あいを育てて染める

あいの生葉たたき

フェルトのタピストリー

枝を曲げて毛糸を織る

てるてる坊主のタピストリ

あい染め板絞めしぼり

穴あけによる照明

シャンデリア

照明・コラージュ

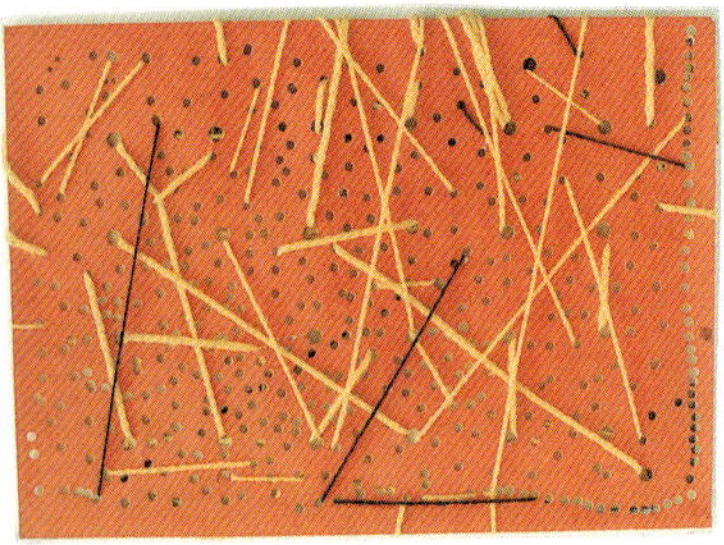

点と線による構成

照明・チューリップの茎葉花の繊維を漉いた紙

木の葉のフロッタージュ

森のお話し

島

モグラと太陽

詩を絵に表す

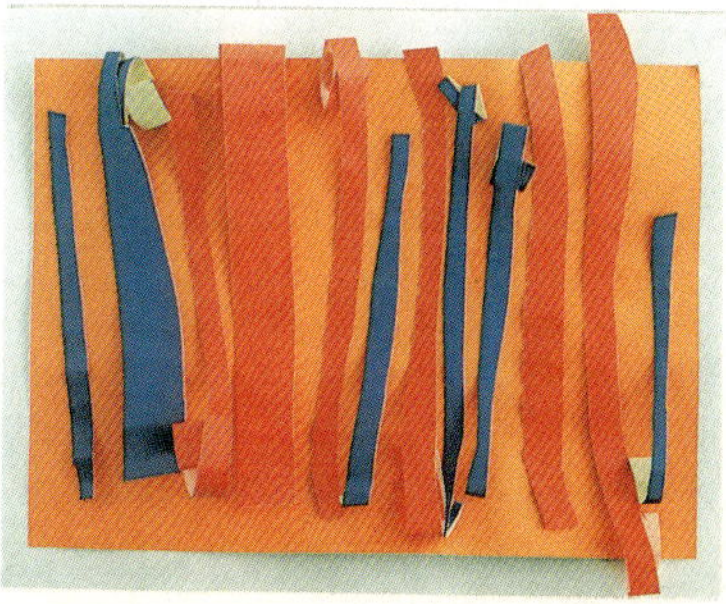

くるくる巻きの構成

三角形がいっぱい

でんぐり返しの三角形

円による構成

内から外へ

手のフォルムの誕生

円に内接する三角形

葉山　登

色彩造形教育の実践

——自我形成へのアプローチ——

はる書房

「生きる力」とは何か――序にかえて

「登君、美術の勉強をしたら、能代さ帰ってきていっしょに美術の先生をやってみないか。本気になってやる仲間が何人か集まれば、能代の美術教育ばかりでなく、日本の美術教育だって変えていげる。おもしろいごとになるべぇな」

大学の彫刻科に進学することになった私を中学校の恩師である宮腰吉則先生は、そう言って、未来を担う仲間として迎え入れてくれたのでした。今にして思うと、これが、私の色彩造形教育の始まりでした。結果として郷里に帰って教職に就くことにはなりませんでしたが、私は、自分の存在が認められていると感じ、それを支えに以後の歩みを選択してきたように思います。

学生のときに発掘や民具調査に参加したのも無意識のうちに視野の広い柔軟性のある教師を目指してのことでしたし、彫刻の本質をつかみたいと大学の研究室に残ったのもそのためでした。教師になることを前提に飛び込んだ彫刻の世界でしたが、この世界は、私にとって、それまで考えもしなかったほど新鮮で魅力に富んだものでした。実際にその制作を重ねて行くと、生命感のある表現はどうしたら生まれるのだろう、構築とは何だろう、どうしたら彫刻の本質をつかむことができるのだろう、時間とは、空間とは、はっきりと掴みたいと思う課題が、次々と現れてきました。

「ああ、こんなにも広い世界があるのだなぁ」と感じたとき、一瞬、私の心は明るく輝いたのですが、その反面、何も知らない自分にも気づかされて、自らの存在が情けないほどに小さく見えてしまい、心もとなさが募るばかりでした。私は、本当のことを分かりたい、より所となる確かなものをもちたいと、すがるような気持ちで、さらに制作を進めていきました。

次第に、この仕事のおもしろさに魅せられていき、彫刻家として生きたい、この仕事に専念したいという思いが高まって行きました。しかし、どんなにその思いが高まっても、私の心の片隅では、教師になろうという気持ちが生き続けており、その気持ちを振り切ることはできませんでした。私は、彫刻家と教師という二つの仕事のどちらか一方を選択しなければと思いながらも、どちらにも決断できず、結局のところ、その両方を手に入れようと突き進んでいたようです。

紆余曲折を経て、彫刻の制作時間を確保しやすく、しかも教師という立場も持てる公立中学校・高等学校の美術科講師の職を得たのは、一九八一年(昭和五六年)のことでした。

この講師という仕事は、専任の先生方が持ち切れない端数の授業時数を補うものです。毎年四校から五校を掛け持ち、同時に進行させるカリキュラムも多く、二〇〇〇年度(平成一二年度)も十指を数えています(その週単位の内訳は、中学校心障学級四時間・普通学級一三時間・高校の美術工芸八時間です)。したがって、地域や学年など全く条件の違う生徒たちを大勢受け持つことになり、また、多くのクラス担任の先生方や学年・学校単位の集まりとしての先生方、とりわけ何人もの美術の先生方とともに仕事をすることになりました。

この多様性に富んでいて極度に切り替えを必要とする仕事の性格が、ややもすると一つのことに執着して、自分の殻に籠りがちな私の性格を容赦なく打ち壊し、新しい世界へと歩み出させてくれたのだと思います。

また、一九八一年には、講師の仕事のほかに保母さんや小学校の先生方や小さな子供をもつ若いお母さん方を対象にした「幼児のための美術教育研究会」がはじまり、それは現在も続いています。さらに二〇〇〇年度からは美術大学で教職過程を履修する学生の介護等体験の事前事後指導を含む教職総合演習「美術と福祉プログラム」の指導が加わりました。このように私は、美術教師としてさまざまな世代に多重にかかわり、現代という時代をつぶさに見る機会に恵まれてきました。

美術という教科は、〈色彩〉と〈造形〉の表現活動によって成り立つものです。その表現は、心の在り様と密接に結び付いており、必然的に生徒たちの心と真正面に向き合い、ぶつかり合い、触れ合うことを求められました。彼らの表現をありのままに素直に見ようとすると、そこには、現代の子供たちの「切ない現実」が見えてきました。その現実とは、自分の存在が認められていると素直に思えないことであり、自信となるべき〃生きる力〃が育てられていないということです。内側からも外側からも存在を肯定されないとしたら、耐えられないほどの不安感・焦燥感・空虚さが襲いかかるのは当然のことです。

この二〇年間に教育の荒廃が叫ばれ、教育問題は、大きな社会問題となってきました。八〇年代は、校内暴力や家庭内暴力であり、九〇年代は、いじめ・自殺・不登校となり、近年は、麻薬・援助交際・バタフライナイフなどの凶器の携帯・凶悪化する犯罪、さらには学級崩壊等々です。

これらのすべては、子供たちから大人たちへ発せられた自我の不調を訴える表現であり、不安感・焦燥感・空虚さから逃れるための〈逃避行動〉だと捉えることができないでしょうか。

なおも教育問題が深刻化し、子供たちの行動が過激さを増しているのを見ると、大人たちが彼らの〈表現〉を依然として受け止めず、彼らの存在を圧迫し脅かし続けて順調な『自我形成』を阻んでいることを窺い知ることができます。

もう一つ、これらの問題を他人事として見ることができなかった理由は、我が家の子育ての時期と重なり合っていたからでした。私の息子や娘もまた、現代という病んだ時代の巨波に揉まれていました。そして、彼らが抱える切実な問題を親である私に突き付け、どのように考えるかを求めていました。その問いかけを率直に受け止め、自らの考えを表明し、責任をとるのでなければ、彼らを守り支えることができないほど切迫した状況に立たされていたのでした。

多様で多重な教師としての立場だけではなく、彫刻家という表現者・作り手の立場そして親としての立場をもって生徒たちを見続けることができ、その中で美術教育を考え実践できたことは幸いでした。

今、さまざまに顕在化している教育問題を解決するために、生きる力を育てなければならない、心の教育が必要だと言われています。私もそうだと実感しています。その一方で、心の教育を担うはずの芸術教科の削減が進められています。これは、全く矛盾しているにもかかわらず、その流れを押し止めることができません。ではどこでそれを実現するというのでしょうか。

私たち大人は、子供たちの心がどのようにして育まれるのかを全く理解していないようです。その無理解が、場当たり的な対処療法しか生み出さず、彼らの成長に必要な要素を何もかも取り上げてしまう結果を招いていると言えないでしょうか。

なおも存在を脅かされ続けている子供たちは、大人たちが「自我とは何か」「生きる力とは何か」を深く考え、理解し、確かに位置付けてくれることを切望しています。そして、何よりも具体的に手を差し伸べてくれることを待ち望んでいるのです。私は、親として、教師として、彫刻家として、彼らの求めに応えたいと願いました。

第一章「過程のある授業―花で心を染め上げる―」は、チューリップを球根から育てて、その花びらをつかって染めるまでの過程を中心に述べています。どのようにしたら子供たちが生きていると実感できるか、何が感性を開かせ、感情・意志・思考力などを呼び覚まして、心の底から湧き上がる生きる力を育てられるのかを具体的に明らかにしたいと考えました。行為することの大切さや過程を歩むことの大切さを考えるきっかけになることを願います。特に幼児教育や小学校の図工や生活科の授業に一つの方向性を与え得る事例ではないかと考えています。

第二章「中学校普通学級の美術の授業から」では、私の目から見た普通学級の生徒たちのありのままの様子を書きました。これまで推し進めてきた教育、これは学校教育ばかりではなく、家庭教育や日本の社会が、どのような子供たちを育てているかが明らかになると思います。

本来、子供たちは、可能性に満ち、意欲的な明るい存在であるはずです。それが、なぜ閉塞感やストレスに蝕まれ、空虚で自信のない存在になってしまうのか、それを考えずにはいられませんでした。そこには、思春期を迎えてもなお、すでに開かれているべき感性・感情・意志・思考の芽が萎縮したままでその成長を滞らせている現実、つまり自我形成不調の事実が浮かび上がって見えてきます。

　また、美術教育の現状にも触れました。美術における表現は、必然的に自分自身の心と向き合わせる性格を持っています。表現した色彩とフォルムが、鏡のようにありのままに心の姿を映してしまうからです。消極的な生き方をしているとき、心に深く傷を負っているとき、ある種の潔癖な気持ちから（多くの場合、体験の不足がもたらすのですが）自分を善しと思えないとき、どんなときでも容赦なく、それを暴いてしまいます。美術の特質が、自我形成の不調を暴き、生徒たちの心を引き裂くように苦しめることがあるのです。当然のこととして、表現を拒む生徒も出てきます。

　そのために美術科では、現実的な対応として、内面の活動になるべく刺激を与えない、当たり障りのない半加工された教材を選択する傾向にあります。確かに生徒たちも無理をしなくていいし、教師も楽に授業を進めることができます。しかし、現実を追認だけの消極的な姿勢で良いのでしょうか。積極的に自我形成に働きかけないということは、自らが美術教育の可能性を否定することにならないでしょうか。

　美術は、厳しく現実を暴きますが、反対にそれを乗り越える力を与え、癒してくれるものだとも言えると私は考えます。生徒たちの本心は、人間として高まり自我を確立したいと思っています。どんなに現実から逃避しているように見えても、必ず、その本心が顔を覗かせているものです。作品を壊している部分を削り、取り除いて見せると、生徒自身が求めている本当の姿が、生きた表現として現れてくるものです。すると、自分も捨てたものじゃないな、遺れることがあるかもしれないという思いが宿ります。

自分の可能性を見い出す体験を幾度も重ねていくと、自信が生まれ、ありのままの自分を受け容れる勇気が湧いてきます。自身と向き合い、自我の確立や問題の解決に向かって歩み出すことができるのです。そこには、美術科の限りない可能性と存在意義があると考えます。半加工教材に頼るのは、明らかにそこから逆行していると思われてなりません。

この章では、中学校のありのままの様子を述べるにとどめ、普通学級の美術科の授業において、いかにして、美術を通して自我を確立していくかという具体的な試みについては、改めて一冊にまとめたいと思っております。

第三章「私の色彩造形教育」では、美術教育に対する私の基本的な考えをまとめました。子供たちの自律を願うとき、私自身が、人類の叡知を素直に受け容れると同時に、どんな教育法にも縛られない自由さが必要であり、自律した創造的な存在でなければならないと考えました。誰かが創り出した教育法を鵜呑みにして、それを咀嚼《そしゃく》することなしに子供たちに当てはめ、押し付けるのでは、心を育むことができません。

どこまでも、目の前にいる子供たちが何を感じ、何を思っているのか、それを自分の目と耳を通して、全身の五感を駆使して、見て聞くことが大切だと考えました。さらに子供たちの様子を見ている教師であり人間としての私は、何を感じ、何を思い、何を願っているのか、自分自身の心をもまた、素直に客観的に見て大切にしようと思いました。

私の色彩造形教育は、生きて動いている生徒たちの心と、生きて動いている私の心とのぶつかり合いと触れ合いの中から生まれ、育まれたものです。教師の心が生きていて、血の通った選択と判断がなされるなら、子供たちに邪気のない明るい表情が、必ず戻ってくると確信します。

第四章「身近な自然を活かした教材」では、行為の〈性格〉によって、自ずと引き出される心の動きがあるということに着目して生まれた教材を紹介しています。

この発想を与えてくれたのは、学生のときに参加した考古学の発掘調査と民俗学の民具調査でした。そこで、私は、私たちの祖先が作り出した生活用具に直に触れることができ、その体験の中で、日本人の精神文化がどのようにして生まれてきたのか、何がその基層にあるのかについて興味を持つことになりました。

いつしかこれらの興味は醸《かも》されて、無意識のうちに行為の〈性格〉について考えるようになり、また行為によって呼び覚まされる心の動きに注目することになりました。その意識化が始まったのは、教師となって生徒たちの前に立ち、彼らの人間として高まりたいという内なる力の胎動を実感してからのことです。行為と心理を結ぶ視点に立つと、教材は、面白いほど身近なところにゴロゴロと転がっており、嬉々として教材研究を進めることができました。

もう一つ付け加えるとすれば、私が彫刻家としての立場を手放さずにきたということです。彫刻の制作をするときに重要な要素として避けることのできなかった問題は、〝空間〟と〝時間〟でした。それが教育の問題として捉えてきた〝行為〟と〝心理〟に結びつき一体化していったのには驚きました。ある日、欅《けやき》の木を削りながら、「そうか、すべての行為は時間を伴う〝空間運動〟と捉えることができるな。その運動の性格によって、さまざまな心理が呼び覚まれると言うこともできるぞ」と思い至ったとき、私の世界は一変したのでした。それまで時間と空間という形而上の難問と思われたことが、次々と具体的な問題に置き換えられていくのです。私は、踊るような気持ちで歩みを進めました。

生徒たちと共に意識的に空間を動き、行為を重ねると、確かに心が動かされ、温められ、内なる生きる力が高まっていくのが分かります。それを糧にした色彩と造形表現は、生き生きとして生命があり、心が晴れ渡るように清々しいものになるのでした。

この本は一九九二年にはる書房より出版された『生きる力を強めるために―心障学級での色彩造形教育―』の続編にあたります。その後の九年間もこの中学校に併設された中軽度の精神薄弱や情緒障害などの障害をもった生徒たちで構成されている学級での仕事は続いており、再びこれまでの試行錯誤をまとめて思うことは、この学級での試みが、単にここだけに止まるものではなく、もっと普遍的なものを含んでいて、考えあぐねている教育問題を根本的に解決する鍵にもなり得るのではないかということでした。書き進んでいくうちに私自身が、無意識の内に指向していたこの本を書く目的に気づかされていきました。

本書の目的は、単に心障学級の色彩造形教育の実践を紹介して〈行為〉や〈過程〉の大切さを述べるばかりでなく、教育問題の根底にある自我形成の不調をいかに解決するか、その具体的な手掛かりを提示することにあったのです。

これから子供たちを育てたいと考えている若い人たちや子育てに奮闘中のお父さんやお母さん方、さらに幼児教育・初等教育・美術教育に携わる保育者や先生方に、是非読んで戴きたいと思います。「生きる力とは何か」「自我はどのようにして形成されるのか」その理解を深める手掛かりとなり、行為や過程の大切さをともに考えるきっかけとなって、子供たちの未来を少しでも明るくするために役立つことができたらと心から願っております。

色彩造形教育の実践——

目次

I

過程のある授業

―花で心を染め上げる―

1　色彩につつまれて生命に触れる

過程を生きることの大切さ

目の前の自然を見よ

一九九三年七月五日、東京都多摩地区にある中学校の心障学級H組は、緊張と熱気につつまれていました。これから始まる朝日テレビの『親の目、子の目』の番組が、放映されるのを、今か今かと待ちわびていたのです。

生徒たちは、番組が始まると、友達や自分の姿が映し出されるたびに、喚声をあげたり、恥ずかしそうに小さくなったり、にぎやかに画面を見入っておりました。一人一人の心の中に、秋のチューリップの球根植えから、絹布を染めるまでの様々な思いが湧き上がっているようでした。

三〇分という時間は、あっという間に終り、皆の顔を見ると、満足そうな表情をしています。拍手が起こり、教室は、笑顔でいっぱいになりました。

私は、この番組を少しでも多くの方々に見ていただきたいと思い、案内状を送りました。

それは、次のようなものでした。

拝啓　雨あがりの大けやきは、黒々として風に動き、ざくろの花の朱色は、朝日に、すき透るようにあざやかです。

皆様、いかがお過ごしでしょうか。

早速ですが、ご案内申し上げます。

民族文化映像研究所の伊藤碩男さん・吉野奈保子さんを中心とするスタッフが、私が講師をしている中学校心障学級の授業の様子を撮影してくれました。それが、三〇分に編集されて、平成五年七月五日（月）午前十一時より、朝日テレビ〈親の目・子の目〉という番組で、「花で心を染め上げる―心障学級の子供たち―」と題して放映されることになりました。

この撮影は、保護者の皆様・学級担任の土屋美紗子先生・堂東稔彦先生・校長先生をはじめとする教職員の皆様の快諾と全面的な協力によって、また、五人の生徒たちの心からの協力によって実現しましたことを深い感謝と共にご報告申し上げます。

私が、この学級の生徒たちと歩みを共にしたのは、今から八年前の昭和六〇年四月のことでした。それ以来、生徒たちからは彼らの真正直な表情を通して数多くの問いかけを受けることになりました。

美術とは何だろう、なぜ学ぶ必要があるの、表現とは、人間とは、芸術とは、教育とは、文化とは………等々。

＊

彫刻家として生きたいと願う私には、どれも避けて通ることのできないことばかりでした。彼らの一途な心は、鮮明なイメージのある具体的な答えでない限り、納得しませんでした。そして、いつも私を、よく観てくれました。私の考えや思いが一歩進んだり、彼らに必要な要素を含んだ教材を提供できた時には、必ず全身を明るく輝かせて答えてくれました。どんなに励まされ、助けられてきたことでしょう。

教材研究の大切に気付かされ、さまざまな試行錯誤の中で出会った教材の一つが、「身近な植物で染める」ということでした。美術の授業の一環として、その実践を始めたのは、昭和六三年の春のことです。

この教材の特質は、多くの過程を含み、自然のリズムと共にあるということです。四季の移ろいの中で、その時々の一番美しい花や草を選び、それを摘み、洗い、手でもみ、熱を加え、そして染める。これらの工程を自らの体を動かし、一つ一つ体験していくと、心もまた動いているのを感じます。季節の色につつまれながら、時を重ね、自然の動きや植物の生命の営みに接していると、生徒たちの心の深い所に、また、私自身の中に、何かできることがあると自らの可能性を信じる気持ちが湧きあがっていました。

このような体験から、心の支えとなり、生きる力となるのは、結果ではなく、それぞれがそれぞれのテンポで、実感を深めながら過程をしっかり生きることではないかという思いを強く致します。

今回の撮影を承諾するのに、少し勇気を必要としましたが、実際に、テレビカメラの前に自分をさらけ出すと、思いのほか発見も多く、このような機会を与えて下さった民族文化映像研究所所長の姫田忠義さんはじめ多くの方々に感謝せずにはいられません。芸術も教育も、自らの生き方を明らかにすることによる文化活動であると気付かされたことが、大きな収穫でした。

映像は、桜とチューリップの秋から冬、冬から春への動きと子供たちの表情を追ったものです。四月はじめの桜の満開の日には、お母さんや子供たちとともに、桜とチューリップの花びらでスカーフを染めました。

お忙しいことと存じますが、どうぞご覧下さい。

敬具

平成五年六月二六日

色彩造形研究所

葉山　登

*

この撮影のクライマックスである「母と子のスカーフ染め」を行ったのは、一九九三年四月四日の日曜日でした。染井吉野の花は、三月二六日に咲きはじめ、春の嵐と急な冷え込みを経て、当日は満開でした。二日続きの晴天が、一気に花を咲かせてくれたのです。

この日も暖かく、薄い雲がベールのように空に広がっていましたが、そこを通りぬけてくる光は、細かに砕けて明るく空気に溶け込んでおりました。

自宅から学校まで、自転車のペダルを踏みながら、一日の予定をあれこれと思い描いて学校に着くと、「おはようございます」という声がします。ディレクターの吉野さんでした。撮影スタッフを迎え、生徒たちやお母さん方を迎える彼女の心にも、一日の予定が、ぎっしり詰まっているようです。今日の一日、良い仕事ができますようにと祈りながら、あいさつを交しました。

早速、校庭に出て、桜の咲き具合いを確かめ、次に、チューリップの咲く花壇に向いました。花壇は、校舎の南側にあります。ここは、市中で、最も早くチューリップが花を咲かせる花壇なのです。北風が遮られ、しかも校庭に面していますから、陽が、すこぶる良くあたります。

これまでの体験から、立地条件や暖冬であったことを考慮すると、チューリップが咲きそろうのは、四月七日ごろと予想されました。撮影の日取りは、お母さん方が参加しやすい休日にしなければなりませんので、その前後の日曜日で、桜の開花期と重なる日を選び、四日に決めたのでした。それが、急な冷え込みで、開花の日がずれて、果して間に合うかと気をもんでいたのです。

花壇に立つと、思い描いたほどには咲きそろってはいませんでしたが、それでも千球植えた球根の四分の一、二五〇輪ほどが、赤や黄や白の花を咲かせていました。その内九〇輪が赤で、一輪五グラムとしても四五〇グラムにはなりそうです。それは、十分に染色できる量でした。

ほっとして顔を上げると、職員室の窓は、すでに開けられています。中には、堂東稔彦先生の姿が見え、窓越しにあいさつを交しました。先生は、新年度から養護学校に転勤され、生徒たちと一日を過ごすのは、今日が最後の日でした。彼らには、まだそのことが知らされていません。堂東先生の心には、この学級の生徒たちと過ごした八年間の思い出が、駆け巡っているように見えました。

彼が、生徒たちの前に立つと、何だか生徒たちの心が静かになって、授業に自然な流れが生まれます。いつだったか、そのことを「どうして先生が教室にいるだけで授業がスムーズに進むんだろう」と尋ねたことがあります。彼は、ほんの少し考えてから、「子供たちをよく観るように

準備　子供は、大人たちが働く姿を見ることが好きだ。ノコギリの音を聞き付けて、生徒たちが集まってきた。「何をしているの」その問いかけが、彼らの意欲を呼び覚ます。

していたからかなあ」と答えられました。

それは、美術の一番の基本である「目の前の自然を見よ」という言葉に通じたものでした。全て、現実をよく観て、受け容れることから始まるのだなと、改めて思わされました。

私は、子供たちが落ち着きを無くしたとき、その言葉をくり返し思い出します。まず、「子供たちをよく観よう」そうすると、確かに自分の仕事が見えてきて、子供たちが何を必要としているかが分かってきます。いつの間にか、私自身の心も静かになって、授業が、生き生きと進み始めているから不思議です。

美術室の鍵を開け、準備を始めました。染めの順序を模造紙に書き、桜の枝を引き寄せるための鉤《かぎ》棒を作りました。

生徒たちが、次々に登校してくると、鋸《のこぎり》を挽く音や鉋《かんな》をかける音を聞きつけて、美術室を覗いて興味深そうに近寄ってきます。

「何してるの」

「今日使うものだよ。何だと思う。ちょっと手伝って」

といいながら、生徒たちを引き入れて仕事を進めていきます。

彼らにとって、このように準備を見せることが、いかに大切であるかを思います。「何に使うのかなあ。何だろう」と心を動かすことによって、これから起こることを思い描いて、イメージを膨らませていくのです。期待が高まり、自然に心の準備ができたところで、授業が展開されたとしたら、それは楽しくないはずはありません。

九時、お母さん方をはじめ、今日の参加者は、全員そろいました。

透明な花摘みバッグ

お母さんといっしょの特別授業はいよいよ始まりました。

「さあ、これから摘んだ花を入れるための手提げ袋を作ります。先生のお友達は、これをお散歩バッグと呼んでいます」

透明なビニール袋（30×45㎝）をそれぞれに一枚ずつ渡し、色画用紙（B4判）を一枚ずつ選ばせました。この画用紙の色は、赤いチューリップや桜の花の色を引き立てるために、私が、あらかじめ一〇色ほど選んでおきました。たくさんある色の中から、花の色をイメージして選ぶと、その背後に自ずと花の色が浮かび上がってきます。選ぶことが、すでに表現なのだと思わされます。画用紙の色が美しく響き合っているのを見ると、それだけで、生徒たちや私の心は和み、ウキウキしてくるのを感じます。

私が、あらかじめ画用紙の色を選んでおいたのは、花摘みの過程で、花の色がより美しく輝き続けるように、そして、生徒たちの心が生き生きとした色彩の世界に解き放されるようにと願ってのことでした。このような積極的な働きかけをおせっかいで横暴なことだ、教師の趣味を押し付けるべきではないという意見があるかも知れません。しかし、私は、私の教師としての願いをはっきりと表現する必要を感じました。

教師は、生徒たちに対して、自らの存在を曖昧にするのではなく、明快に表現をして自身の価値観を示す必要があると考えたからです。彼らの人生の叩き台となるように、責任をもって選択して見せることが大切だと思ったのです。責任の所在が明らかな選択を捧げてこそ、生徒たちも

透明な花摘みバッグ　透明な花摘みバッグを作ろう。バッグの中が、赤い花びらや黄色やオレンジ色の葉っぱでいっぱいになったら、どんな気持ちが生まれるかな。

勇気をもって、個性に合った選択をすることができるのではないでしょうか。

生徒たちが一番学んでいるのは、何色を選んだかという教師の趣味ではなく、選択させているものが何であるか、選択の根拠となるより本質的な教師の生きる姿勢ではないかと思わされます。だからこそ、彼らの可能性を引き出すためには、教師は、日ごろから色彩に親しみ、その感覚を高め、自分はどのように生きたいと考え、彼らに何を願うかを絶えず意識化して、その考えを更新して自我を高めていく厳しさを求められているのだと思います。

その裏付けを持たなければ、単なる色合わせに終わり、生徒たちの心を動かすことができないばかりか、明らかに横暴な行為となって、彼らの心を混乱させ、膠着《こうちゃく》させ、成長の妨げとなってしまいます。教師として子供たちの前に立つ以上、その表現は子供たちを傷つける凶器ともなり得るのだという自覚が必要であり、子供たちがどんな表情で表現を受け止めたかを何度も思い浮かべ、自省を繰り返す必要を感じます。

「今日は、これだけの色を準備しました。この中から好きな色を選んでください」と言いながら、一人一人と顔を合わせて選ばせます。ちゃんと向き合う行為もまた対話の基礎となる大切なチャンスです。

選んだ紙を二つに折り、できた折り線の上をはさみで切ります。二枚になった紙をそれぞれ縦に二つ折りにし、さらにそれを二つ折りにして四重にします。

折った紙をビニール袋の口の長さより少し短めに切り、挿絵のように半分を中に入れてセロテープで止めます。

次に、紙を袋の中に数回巻き込んで、また、セロテープで止めます。

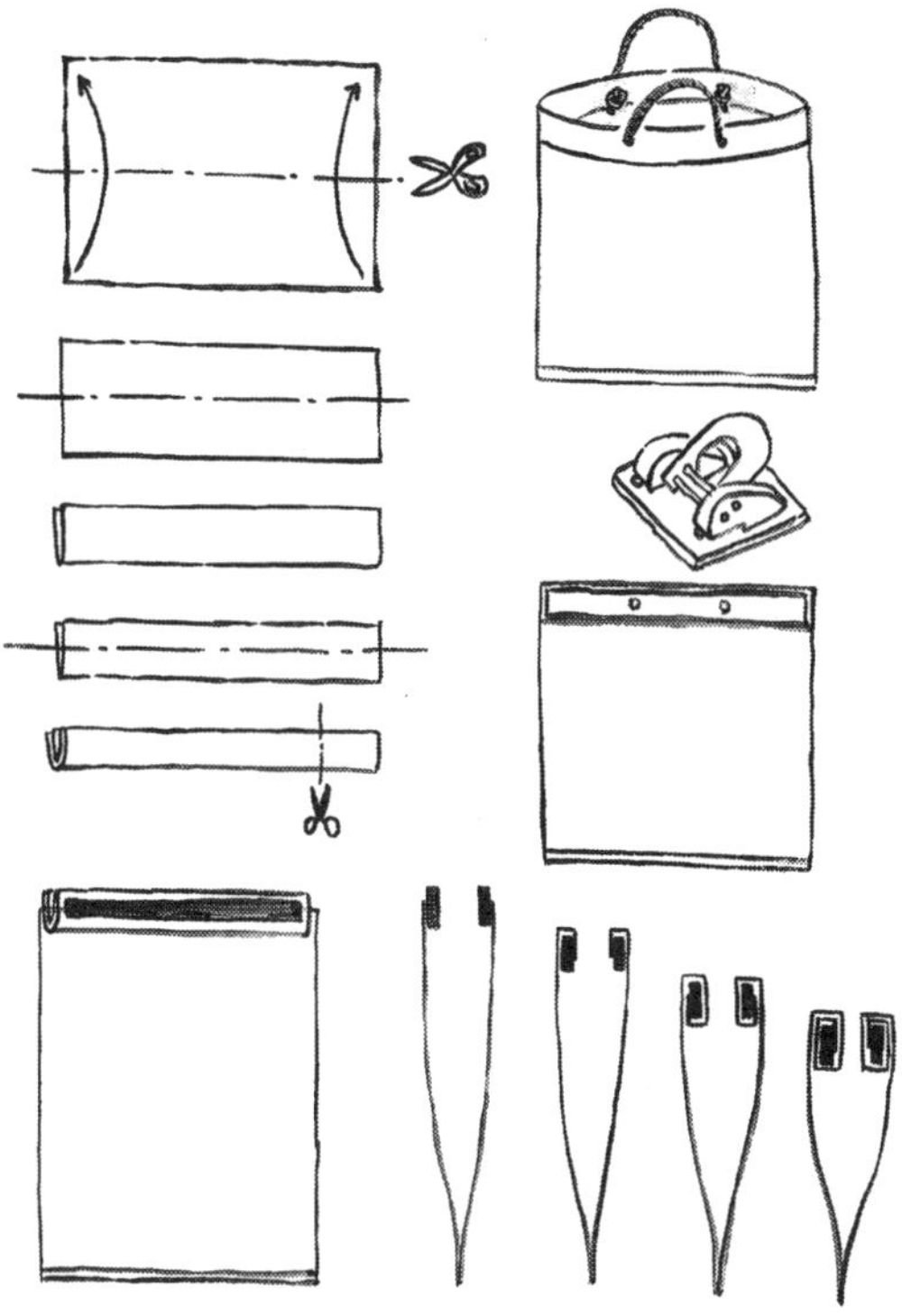

透明な花摘みバッグの作り方

《材料・道具》色画用紙（縦の長さが袋の口より長いもの）・透明なビニール袋・太い荷造りひも・セロテープ・はさみ

①B 4 の色画用紙を縦に折り、折り線をはさみで切る。

②切り離した色画用紙を縦に四つ折りにして 2 本の紙ひもを作る。

③②の紙ひもをビニール袋の口よりやや短めに切り、縦の半分を袋の中に入れてセロテープで止める。

④紙ひもを袋の中に数回巻き込む。

⑤穴あけ機やポンチで、持ち手のひもを通すための穴をあける。

⑥荷造りひもを35cm に 2 本切り、ひもの両端を袋の外側から穴に通して結び目を作ると素敵なバッグが出来上がり。

最後に、持ち手のひもを取り付けます。紙を巻き込んだ袋の口に、二穴の穴あけ機やポンチで四つの穴をあけ、三五センチほどに荷造りひもを二本切って、それぞれの端を袋の外側から中へ通して中側に結び目を作ります。これで素敵なバッグの出来上がりです。

この袋は、花を摘むという行為の過程で、何度も花の色に触れられるようにと願う気持ちから考えられたものです。私は、このような色彩に親しむ場面をあらゆる機会を捉らえて積極的に創りたいと思っています。生きた色彩に触れる機会が多ければ多いほど、子供たちの感情が、豊かに活きづき深められるからです。

この日の撮影をスムーズに進めるためには、あらかじめ袋作りをしておくことも考えられました。しかし、私は、すべての過程を記録して欲しいと願いました。それが、生徒たちに無理を強いることになると承知しながらも、心で「ごめん」と許しを請いつつ、欲張らずにはいられませんでした。限られた条件の中での撮影ですから、あまりに盛り沢山にすることは、全体性を失う危険があります。それでも無理を通さずにはいられなかったのです。

その理由は、子供たちのほんとうの成長のためには、もちろん結果も大切ですが、それ以上に濃《こま》やかに過程を生きることが大切だと実感していたからです。八年間、この学級の生徒たちと共に歩むなかで、「生きる力は、濃やかに過程を歩むことによってこそ育てられる」という思いが深まり、確信になっていました。ですから、私は、できるだけ多くの過程を撮って欲しいと執着したのだと思います。そして、それが様々な教育問題を解決する鍵にも成り得ることを、大勢の人たちに知って欲しいと願っていたのでした。

この日の生徒たちは、私が強いる盛り沢山の要求を実に伸び伸びとした表情で受け容れてくれました。私は、彼らのこの好意に心から感謝せずにはいられませんでした。

感情のともなった行為

チューリップの花摘み

生徒たちもお母さん方も、それぞれが作った色とりどりのバッグを片手に、チューリップ畑に立ちました。

「今日は、赤い花だけ摘んでください」

「黄色や白の花は、新学期に染めることにしますからね」

花をポキッ、ポキッと音を聞きながら折ります。音を聞こうとすると、動作がていねいになり、自然になります。"折る"という行為の結果だけを求めたときと違って、五感を働かせて折ると、気持ちよくポキッと折れるのです。折った花茎から透明な汁が湧き上がってくると、花の命をいただいたことを実感します。

「チューリップの花を採るなんて、かわいそうだよ」という声がしました。

「お肉の好きな人は誰かな。朝、野菜を食べてきたのは誰かな」「みんな、一番美しい時に採ったり、つぶしたりして食べているんじゃないのかなぁ」「今日の花は、きっと、一番おいしいときだよね」

そこには、収穫の喜びと花の命を断つという二つの思いが生まれておりました。なんと楽しく、緊張感を伴う行為でしょう。生徒たちは、生きるということの現実に出会っているのでした。

九〇個の花は、またたく間に摘み取られました。赤い花が、透明のバッグに集められると、花壇には、黄色と白の花だけが残って、急に寂しくなりました。赤い色を失ったときのこの寂しさは何でしょう。そこには、赤い色の果していた役割が見えてくるようです。

生徒たちは、そのことを何も言いません。しかし、心の中では、このような劇的な色彩体験が生きていて蓄積され、いつか心をいっぱいに満たし、体から溢れでるような生きた色彩表現となって、生まれ変わるのです。これは、まさに生きた色彩教育だと思われました。

桜の花を摘む

「今度は桜の花を摘みましょう」

花壇から校庭に目をうつすと、満開の染井吉野の花が、中から湧き上がるようなボリュームをもったかたまりとなって、いくつもいくつも重なり合い、校庭をぐるりと取り巻いています。花々は、やわらかい春の光に映えて神々しくさえ感じられました。

私は、桜の木の下に立って、枝を引き寄せ、それを皆に見せました。

「さあ、見てごらん。花の房と葉の新芽が見えますか」「この花の房を採って、葉の新芽は残します。いいですか」と言って、実際に摘んでみせました。

「分かったかな。分かった人は、いっぱい摘んでください」

この時、生徒たちの手を借りて作った鉤棒が役立ちました。私たちの手が一メートル長くなると、思いがけないほど手の及ぶ範囲が広がるものです。棒の先に鉤をつけただけのほんの少しの工夫が、威力を発揮し、手の延長としての道具の便利さを実感させられました。

音を聞きながら花を折る　ポキッという音が聞こえたかい。音を聞こうとすると、なぜか動作がていねいになって、心が静かになりますね。

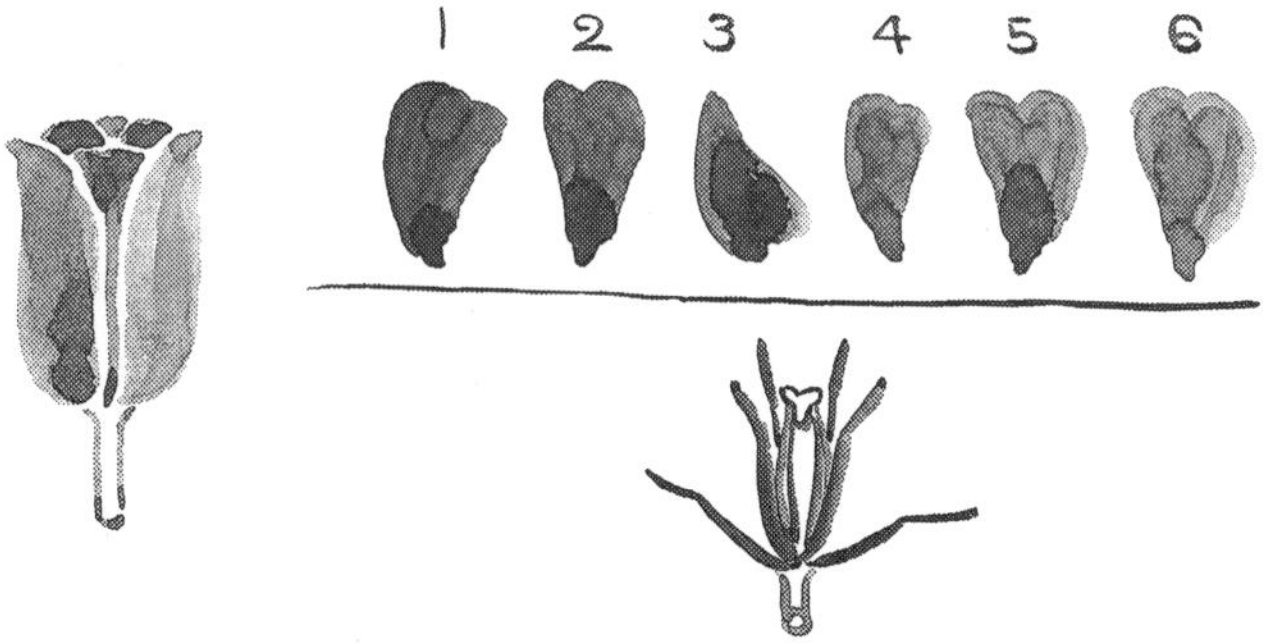

花びらと花芯を分ける　花には、鮮やかな色彩のコントラストがあり、おしべやめしべという性があるからだろうか。分けるという意識的な行為であっても心は華やぐ。

どんなに小さな工夫でも、それを試みる大人たちの姿に触れることが、子供たちを勇気付け、創造力を目覚めさせ、それを育む力になると思われます。ものごとを実現していく力もこのような体験によって培われるのではないでしょうか。

枝を引き寄せると、その枝を誰かが支えなければなりません。互いの協力を必要とすることも、私の中では意識されたものでした。

花の華やかさと匂いにつつまれて、花摘みは順調に進みました。お母さん方もやる気満々で一心に摘んでいました。

そうなると私は、教師であることをすぐに忘れてしまいます。自分も摘みたいという衝動を抑えることができなくなるのです。気が付くと生徒たちをそっち退けで摘み始めています。

目が届かなくなると、必ず糸の切れた凧《たこ》のようにフラフラと所在をなくす生徒もでてくるものです。堂東先生が、なにげなくその生徒に近づいて花を摘ませはじめました。ちょっと助けがあると、また輝きのある表情に変わるのが見えます。

桜の花摘みは、ずっと手を上げたままで続ける仕事です。しかも、紙や布などを裂いたり、ちぎったりするのと同様に集中力を必要とする行為です。いくら花のかおりに助けられているとは言え、しばらくすると、体に堪えてきます。三〇分ぐらいすると、

「先生、これぐらいでいいですか」とお母さん方や生徒たちから声をかけられます。みんなが摘んだ花を合わせると、目分量で、二キログラムほどでした。

「もう少し、全体で三キロ欲しいですから、これまで摘んだ量の半分を追加してください」

さらに一五分ほど摘みました。バッグの中は、水々しい淡いピンクの花でいっぱいになりまし

た。

集中を求める仕事が続くと、どこかでそれを発散し解放したくなります。元気のよい生徒が二人、桜の木に登りはじめました。竹の垣に足をかけると、シュロ縄がゆるんで、あやうく落ちそうになりました。やっとの思いでよじ登り、木の叉の所で立とうとするのですが、足がすくんでいます。恐る恐る枝につかまって立ち、イェーとVサインをする顔は、少々、引きつっておりました。

たとえ、小さな冒険でも思いがけないことに出会うと心がキュッと縮んだり、躍ったりします。花摘みなど生命あるものに触れ、自然につつまれることによって、このような意欲的な行為が引き出されたようです。

花びらと花芯を分ける

チューリップの花と桜の花を教室に持ち帰って、まず、チューリップの花を大きな机の上に広げました。すると、教室が、いっぺんに明るく華やかになります。それは、花の性格を表しています。花は、植物が雌雄をもっていることを意味しており、その花につつまれると、私たちの心は、自ずとときめきます。

「さあ、これから、花びらと花芯とを分けます。花の中を見てください。赤い花びらの元の所は、何色ですか。黄色になっていますね。花の中心に太い芯が立っています。これは、めしべです。黄緑色をしていますね。それから黒い花粉をつけたおしべがありますね。この花びらのグループとおしべとめしべのグループに分けるのです」

「それぞれ、花を一個持って下さい。そして花びらをはずして下さい。一枚、二枚……。花びらは何枚あったかな」

このように、色に親しませ、数をかぞえさせ、様々な場面に立たせていきます。

赤い花びらに意識を向け、一枚一枚はずしていると、赤い色が全身に浸み込んできます。黒い花粉のついた手は、紫色に変わっていました。その手を皆の前に差し出して、「ほらっ、見て」と関心を誘う姿も見られました。

この行為は、花摘みと同じように、ただ、手を伸ばすだけで行えるものではありません。はっきりとした気持ちで、花びらを持たなくてはなりません。おしゃべりに夢中になって、その気持ちが薄れてしまうと、途端に手元から目が離れ、仕事は進まなくなってしまいます。

この分けるという行為は、必然的に対象から目を逸《そら》すことを嫌い、対象と向き合うことを求めます。その中で、自分自身と向き合う姿勢を培ってくれるのだと思います。しかも、この意志力や判断力を必要とする行為を重ねていくと、漠然としていた意識が目覚めさせられ、次第に分化し、理解力が高められるように感じます。〈分ける〉という行為が、〈分かる〉という理解力と潜在的に結びついていて、それを引き出してくれると考えられます。

生徒たちは、花びらをはずすという極めて意識的な行為を、色彩のダイナミックなドラマとともに体験していたのでした。花びらの赤と付け根の黄色があり、めしべの黄緑、おしべの黒い紫があります。これらのあざやかなコントラストは、性を伴い、その匂いを伴っています。

それらが、活き活きと五感に働きかけ、心の深い所から感情をゆり動かしてくれるのでした。知らず知らずのうちに、自然の力に照らされ、励まされて行う行為でした。

知的障害者は、くり返しの作業に強い。だから単純労働に適しているという考え方があります。しかし、生命をもたないものを単調に移動させているときの彼らが、どんな表情をしているか、この花の命に触れ、五感を伸び伸びと働かせているこの生徒たちの表情と重ね合わせる時、このような非人間的な考えは、一掃されなければならないと強く思います。

障害があろうとなかろうと、私たちの可能性を切り開くのは、感情の伴った行為であることを、私は実感し、確信します。感情とともに行為があるとき、私たちの無意識の中に眠っている無限の可能性が呼び覚まされます。さらに、自分自身ときちんと向き合うことができたら、人は、誰でも驚くほど能力を持っているものだと思います。

生徒たちは、自信がなかったり、できないと決めつけて自分と向き合うことができないとき、視線を逸したり、多動になったりします。しかし、感情を深める行為を重ねて、それが積極的に働きはじめると、視線が定まり、今までできなかったことができるようになります。そして、自分の力に自らが驚き、心から感動するのです。私たちの精神を育むための糧となるものは、豊かな感情を呼び覚ます行為なのです。

このようにして、うきうきさせてくれる花の魅力につつまれて、作業は進んでいきました。

2　意識を呼び覚ます創造的体験

粘りと熱のある行為

花びらを洗う

　花びらを分け終えて、その重さを計ると、およそ五〇〇グラムありました。

　染色の仕事は、洗いの場面をたくさん含んでいます。染材を洗い、布を洗い、容器を何度も洗います。この水と触れ合う行為をたびたび必要とすることも、この教材の魅力です。

　花びらを二つのタライに分けて、二人の生徒を指名して、行わせました。

「この花びらを水で洗って下さい。花粉をきれいに洗い流してくださいね」

　蛇口をひねると勢いよく水が流れ出てきます。青いタライの中に、真赤な花びらが浮かび上がりました。水を止めて、軽く押し洗いします。新鮮な花びらは、笊《ざる》に上げると、表面張力の働きによって、小さな水玉をその表面につくりました。

タライの中に浮かぶ花びら　蛇口をひねると青いタライの中に赤い花びらが浮かんだ。花びらは水をはじいて無数の水晶玉をつくり、生徒たちを中に引き込んだ。

「ほら、見て、きれいだね」「うん」と言葉を交す生徒たちは、真赤な花びらの上の透明な輝きに見入っておりました。

黒い花粉が、すっかり流れ落ちるまで、この洗いを何度もくり返します。花粉は、染色後の退色の原因となりますので、この洗いも大切な仕事です。ジャーと水の流れる音を聞き、冷たい水に触れていると、生徒たちの心の中にある何ものかが、目覚めさせられていくようです。

それは、心の表面に働きかけるのではなく、もっと深いところにある生きる力そのものに働きかけているように感じられました。

花びらをもむ

洗い終ると、よく水を切り、今度はそれをグチャグチャと手で揉みます。

「手のひらに目をつけて揉むんだよ」

「そうすると、なぜか、仕事が、ていねいに、しかも早くできるんだよ」

触覚という感性を働かせると、意識が対象ときちんと向き合うからでしょうか。最も触覚が敏感な手のひらに花びらをはさんで、すりつぶすように内から外へと手のひらを動かします。また、ぎゅうと握らせもします。指と指の間から、血のような赤いブドウジュースのような汁がじわっと出てきます。

ポッカリと咲く屈託のない花の色からは、想像できない暗くて深い色あいです。この色が、あの華やかさの背後にあって、花をいっそう鮮やかに引き立てていたのでしょうか。

手のひらを使った揉む・握るという行為は、花を摘んだり、紙を折ったりする行為と違って、

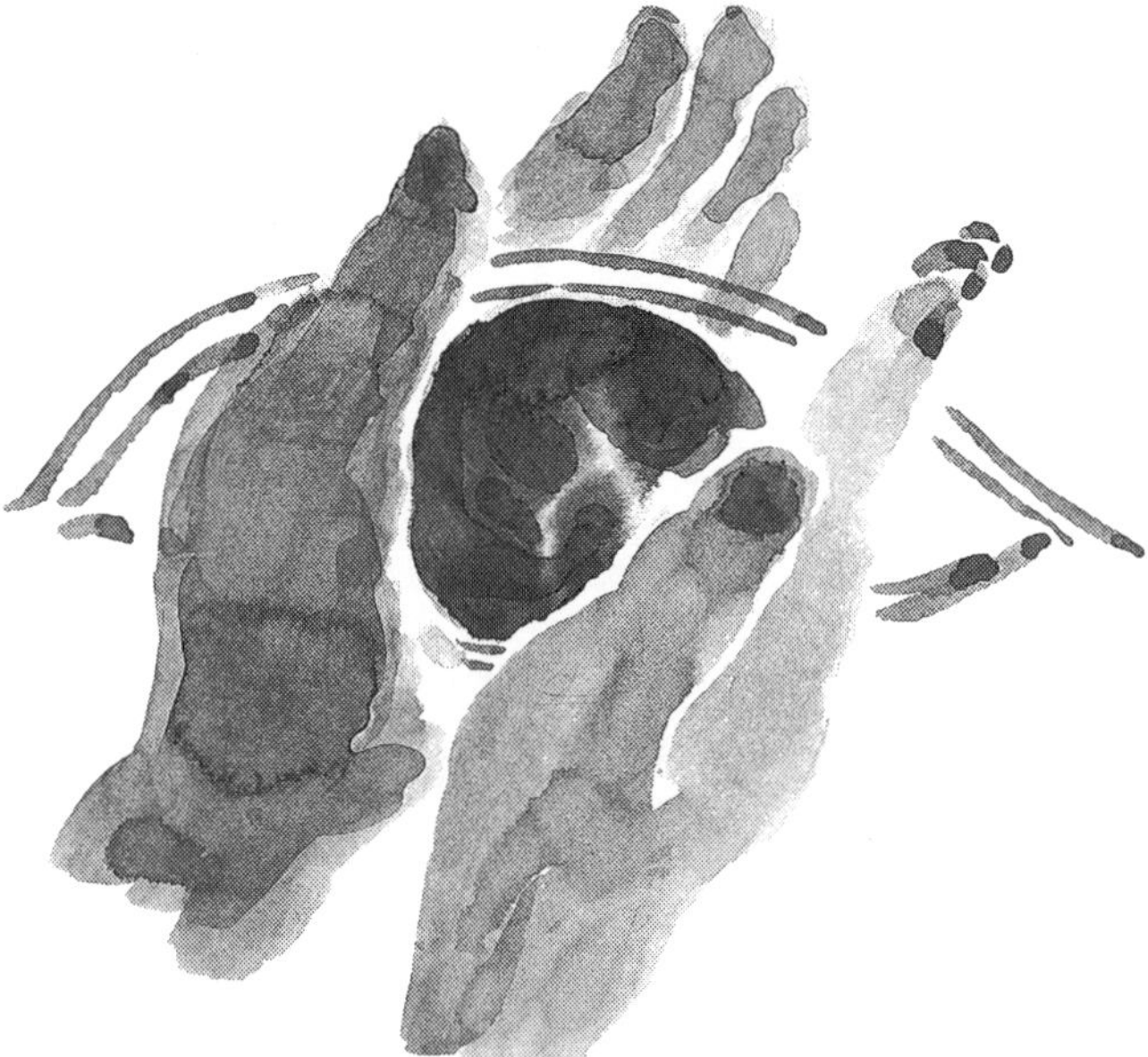

花びらを揉む　いいかい、手のひらに目をつけて揉んだよ。それが、ていねいに早く仕事を進めるコツなんだ。手ひらの中が見えてきたかな、感じられるかな。

体の芯を熱くする粘りのあるエネルギッシュなものでした。その体験を濃い赤い色とともに行ったのでした。

近ごろの子供は、粘りがない、熱意が乏しいとよく言われます。子供たちは、現代の都市生活の中で、このような粘りや熱のある行為をほとんど体験していません。その機会がないのです。私たちの精神は、粘りと熱の体験を渇望していながら、それに気付かずにいるようです。私たちの精神と肉体が、ほんとうは何を望んでいるのか、それを素直に聴き取る必要を感じます。

花びらを煎じる

全身を使って、しっかりと揉んだ鮮やかな赤い花びらは、赤黒い色に変わり、あの流れるようなフォルムも全く形をとどめていません。

ボールの花びらと搾り出した汁をホーローびきの染め釜に移し、水を加えます。花びら一〇〇グラムに対して、水一リットルです。牛乳パックで作ったリットル升で、五人の生徒が一杯ずつ交代で入れました。皆で大きな声で数え、「一、二、三、四、五、はい、五リットルです」、そして火にかけ煎《せん》じました。

沸騰するまで一五分、さらに沸騰してから二〇分煎じることにしました。しばらくは、火の力と時間の経過に委ねるしかありません。連続した作業は、ここでひと休みです。生徒たちの顔にも少しホッとした表情が見られます。時間とともに染液の温度が上がっていきます。色素が染液によく溶け出すように、棒で何度か花びらをかき混ぜます。その度に皆で、湯気の立つ染め釜に顔を近付けて見ると、何と表現してよいのか分らないような不思議な匂いが、温度の上昇とともにに強まってきます。

それと同時に、花びらの赤みは次第にぬけて、黄色に変わっていきます。揉んで赤黒くなった花びらのさらに奥に潜んでいる色は、黄土色に近い赤みを含んだ透明感のある黄色でした。ここでも、生徒たちは、色の動きをごく自然に無意識に受け容れています。沸騰する染液の中で、すっかり硬さを失った花びらが、目まぐるしく動いています。

やがて、花びらの色素は、染液の中にすっかり溶けて、液の色を赤ぶどう酒のような暗くて深い色合いに変えておりました。

染液を漉す

染液ができると、すぐに漉《こ》します。ポリバケツの上に大きなステンレスの笊をのせて、さらにテトロン紗《しゃ》（これは、シルクスクリーン用のものを使いました）をのせて、片手なべで染液をすくって漉しました。沸騰していた染液からは、湯気が立ちこめて、気を緩めると大火傷《やけど》をしてしまいます。また、熱湯を怖がり慌てても危険です。

しかし、とても危険に見えたり、難し過ぎると思われることであっても、大人が、その行為を深く理解できていて、具体的に示すことができると、安全に体験させることができます。

そこで、「ゆっくりでいいよ」「そして、汲んで、運んで、入れる」と、私は言葉かけをしました。

これは、動作に〈時間〉を与えるためです。つまり、沸騰する染液をひしゃくで汲んで、運んで、漉すという一連の動作の過程に意識的に区切りをつけるのです。過去・現在・未来という時

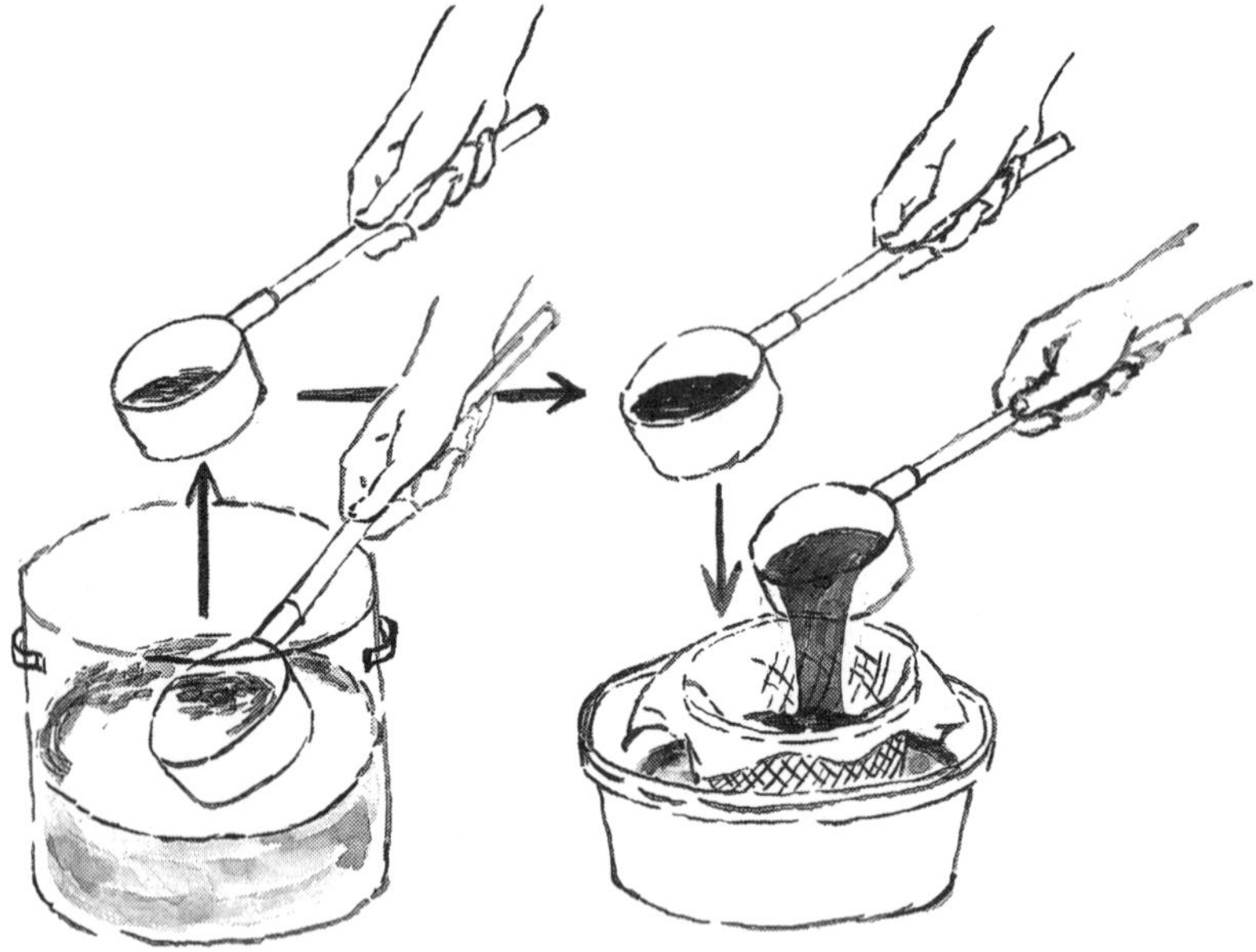

動作に時間を与える　　汲んで、運んで、入れる。漉すという一連の動作に過去・現在・未来という区切りをつける。時間意識は心に空間をつくり、危険な作業も安全にさせてくれる。

間の展開をイメージできると自然に心が落ち着いて、安全に作業できるようになるのです。
このような危険を伴う仕事も、子供たち（特に思春期を迎えた子供たち）の意識を目覚めさせ、鍛えてくれる大切な要素となります。生徒たちの表情が、打って変わって、キリリと引き締まります。

いつも安全を保証されてばかりいると、幼稚な精神の温床となって、注意力や独立心などが育ちにくいばかりか、生命を身近に感じさせてくれません。

漉し終るとテトロン紗の中に花びらが残ります。それを紗でつつんで、すっかりと染液を搾り出します。両手で、グゥーと圧力をかけ、じわじわ搾ると、やはり体が熱くなります。ここでも、粘りのある行為を体験することができます。

これで染液はでき上がりました。

やれやれと思うと心に隙が生まれます。一人の生徒が、よそ見をして、花びらのつつみをボチャと床に落してしまいました。彼の顔には、しまった、いけないことをしてしまったという感情が走りました。

「だれかな、床の掃除をしたいと思っているのは。ご苦労さん、しっかりと後始末をして下さい」
そう言って、明るく、しかもきっぱりとした態度で責任をとらせます。皆の注目を一身に集めた彼は、周りを見回して、「ドンマイ、ドンマイ」と言いながら、さっさと片付けを始めました。

漉した染液は、タライに移し、体温と同じくらいの温度にまで下げます。使った容器を洗って、これで、午前中の生徒たちの仕事は終りました。

心に働きかける色彩のドラマ

桜の花を洗い、煎じる

この日は、生徒たちはチューリップ染めに、お母さん方は桜染めに分かれて行いました。生徒たちの染めの腕前を、少し距離をおいてお母さん方に見て欲しいと思ったからです。また、お母さん方にも彼らの世話から離れて、染めの過程を味わって欲しいと思いました。

桜の花は、花びらと花茎とを分けることなしにそのまま使いました。よく洗って花粉を流します。一回目の洗いでは、水が黄色になるほど花粉が落ちます。二回、三回と洗っていくうちに水は透明になっていきました。そこで、チューリップのときと同じように、力をこめて揉みます。うすいピンク色の花びらは、茶色みを帯びて、目立たなかった花茎は、緑色を強めて存在をアピールしてきました。

桜の花の匂いが、ツーンと鼻を突いてきます。およそ三、六キログラムあった花を二つの染め釜に分けて、それぞれ一八リットルの水を加えて煎じ始めました。

沸騰するまでが、およそ三〇分。それから弱火にして、さらに三〇分煎じ続けます。お母さん方にもようやく昼食の時間がやってきました。

しかし、食事の間にも染め釜の中は、変化を続けています。たびたび釜の蓋をあけて、中の様子を確かめました。染液の温度が上がりはじめると、花びらや花茎の色素が溶け出していくのが分かります。

染材は、次第に白っぽくなり、液は黄みを含んだ茶色になり、沸騰すると赤みと濃さを増していきました。それは、強烈で、しかも爽やかさのある桜もちの匂いを発し、透明感があって、ほれぼれとするような美しい染液になりました。

絹布を裁つ

午後の仕事は、絹布をスカーフ大に裁つことから始まりました。この仕事は、花を花びらと花芯とに分けることと同じように、〝意識の目覚め〟を求めるものでしたが、さらに厳しく、きっぱりと次元を画することを求めるものでした。

布は、ヤール幅の綾絹です。これは、ほどよい光沢と透明感があって、植物が染める色彩の性格を忠実に引き出してくれる素材です。絹の自然な柔らかさも、それを扱う人たちの心を柔らかく温かいものにしてくれます。

布の長さは、縦横が同じになるように三角形に折って決め、布の耳にはさみを入れて、横糸を一本引き出すと、糸が動いたところに線が現れます。

その線の上を真直ぐに裁ちます。

決められた線の上を切らなければならないと思うと心は窮屈になり、緊張します。はみ出してはならないとか、失敗してはならないと結果を気にすればするほど体が固まって、手は震え出してしまいます。

「これをどこまでも続く長い線だと思ってごらん。そして、静かにはさみの音を聞くんだよ。耳を澄ましてごらん」

そう言うと、手元が定まってくるものです。音を聞くことによって、気持ちが静かに集中し、平衡感覚が働きます。つまり、外の世界を受容する感性の働きによって、集中とともに緊張を解き放し、自由になることができるのです。また、長い距離をイメージして、心に意識的に空間を創ると、やはり同様の働きが生まれます。

はさみで切るということは、向い合う二つの刃を交叉させて動かすということです。私が、両手をはさみの刃に見たててその動きを全身で表現して見せることも、この行為に〈時間〉と〈空間〉を与え、緊張を解く助けになりました。

絹布は高価なものです。自然に丁寧に扱って欲しいという気持ちが高まります。その気持ちが、安直さを退け、生徒たちをより真剣にさせてくれます。それは、簡単に補いがつく材料に触れるのとは全く異なる快さを与えてくれるものです。

チューリップで染める

布を切り終えると、いよいよ染色です。

チューリップの染液にそっと手を入れます。

「このタライの中に手を入れてごらん」

「あったかーい」

恐る恐る入れた手は、ほどよく冷めた染液の中で、ほっとしています。

「みんなの手が気持ちよかったように、絹の布もびっくりしない温度から染めていきます。その染液をホーローのボールに移しましょう」

真っすぐに絹布を裁つ　この線が、空に輝く星まで届いていると思ってごらん。そして、耳を澄ましてハサミの音を聞くんだよ。ほら、手の震えが止まってくる。

ボールの大きさは、口の直径が三〇センチメートルぐらいで、容量は、七から八リットルほどのものが便利です。

「一、二、三、四リットルだよ」

皆で声を出しながら移しました。この染液の入ったボールをガスコンロに載せて点火しました。これから、九〇度ぐらいまでに昇温させながら、染液の中に手を入れて布を繰《く》り続けて浸し染めをすることになります。火傷をしないように大きな厚手のゴム手袋を使うのですが、これは、手袋の中の空気が入れ替わるようにブカブカのものが良いのです。

「ビーカーで、お酢を五〇cc計って下さい。次に、それを染液の中に入れます」

お酢を入れると、染液の暗く深い赤は、一瞬にして透明感のある鮮やかな赤に変化しました。そのドラマチックな色の動きが、驚きとなって、生徒たちの心を捉えました。

「さあ、手袋の準備はできましたか、いよいよ布を染液の中に入れますよ。軽く染液の中に押し込んでください。それでは、いつものように、布の端を見付けて、染液の中で布を持ち上げている空気を逃がしながら繰ってください」

布を繰る動きは、九〇センチ四方の平面をジグザグに歩むのと同じです。これは、意識的な〝平面空間の体験〟ということができます。例えば、初めに布の端を見付けると手前に繰り寄せます。端まで行き着いたら、左右どちらかに二〇センチほど布を送ります。今度は向こうに押し上げるようにして繰り、また端に着いたら同様に二〇センチほど布を送って、さらに手前に繰り寄せます。

いつも布の全体を思い浮かべて、その空間のどの位置を歩んでいるかを意識し続けなければな

斑なく染める　布を平面空間だと思ってごらん。そこにジグザグの道を想定して、順序よく歩くように繰るんだ。

布をハタハタさせる　「うぇー、冷てぇ」。行為することによって起こるさまざまなハプニング、それらの一つ一つが感性や感情を目覚めさせ、深めてくれる。

りません。万遍なく繰りつづけないと染め斑《むら》ができてしまうからです。

はじめは動きにくかった布が、温度の上昇とともに染液の中を泳ぎだしてきます。生徒たちの性格に合っているのでしょうか。彼らは布扱いがすこぶる上手です。三人一組になって交代で染めたのですが、それにしてもよく集中して同じ動作を続けられると感心するほどの持続力を見せてくれました。

それは、染液の中に溶けた色素が布に移り、絶えず色が動いて、心に働きかけるからだと思います。それほどに色彩は私たちの心を捉え、動かし、集中力を与えてくれるものなのです。生徒たちは、色彩のドラマの中に全身を置き、それを受け止めていたのです。このような色彩の力に着目した生きた色彩教育の必要性を強く感じます。

染液の温度が上がってくると、それまでは、余裕いっぱいの涼しい顔をして染液の中に手を浸して染めていた生徒たちも、次第にアチッ、アチッと言いはじめます。染液が、ボコッ、ボコッという音とともに湧き上がるように動きはじめたら、九〇度に達しています。あらかじめバケツに水を汲んでおき、度々手を冷やしながら布を繰り、また、染め手の交代をくり返します。

およそ一時間（九〇度まで二〇分・九〇度を維持して三〇分・火を止めて放冷しながら一〇分）染め続けます。次第に体が熱くなり、全身から汗がふき出てきます。その間にも染液は、色素を吸い取られ、抜け殻のように力を無くしていきました。

染め上がると外に出て、布を空気にさらします。二人一組になって、布の両端を持ってハタハタとさせると、布に残っている染液がしぶきとなって、顔に降り懸かります。

「うぇー、冷めてぇ」

行為することによって起こる、その思わぬことが、さまざまな感性に直接的に働きかけ心を動かしてくれるのです。

さらに色が落ちなくなるまで水洗いをし、次に、布を空気に叩きつけるようにして水分をきり、太陽にさらして乾します。

チューリップは、やさしいぽってりとしたピンク色に染まりました。風に乗って泳ぐ布を見ながら、やれやれ一段落です。

桜の花で染める

生徒たちが染めはじめてから間もなく、桜の花の染液もできました。お母さん方は、それぞれ一枚のスカーフを染めました。

この染めでは、煎じた液を冷まさず、そのまま使いました。見ているだけでも気持ちが清々しく晴れ渡るような美しい染液を、贅沢に一人六リットル用いました。

高温から放冷しながら浸し染めをするときは、はじめの五分間が決め手となります。この五分間に手を抜くと染め斑ができてしまいます。絹布をふんわりと屏風畳みにして、そっと布全体を染液に浸し、手早く空気を抜き、あとは懸命に繰り続けます。

染めはじめは、布がまつわりつくようで、お母さん方もしばらくの間は、悪戦苦闘を続けました。五分ほど過ぎると布が捌《さば》けてきます。気が付くと黄色みの強い茶色の染液の中で、布が匂うような桜色に染まっています。布を大きくゆったりと繰り続けました。放冷しながら、桜色に浸って行うこの染めは、三〇分間です。

次は、媒染《ばいせん》です。チューリップは、無媒染でも十分発色するのですが、桜の花の場合は、よほど条件が良くないと生きたピンク色にはなりません。そこで、イオン化した金属と化学反応させて、発色定着をさせます。八から一〇リットル用のタライに五リットルの水を入れ、二グラムの酢酸《さくさん》銅を溶きました。

その媒染液の中に、染め上げた布を外でハタハタとさせて染液を切ってから入れます。このときも斑にならないように、手早く、万遍なく繰ります。

淡いピンク色の布は、媒染液の中で、サッと黄みを強め、瞬く間に緑っぽくなりました。暖冬が続いたせいでしょうか、一九八八年のような赤みを強く含んだねじれた緑ではなく、ねじれの少ないあっさりとした緑です。この媒染も三〇分間続けました。

途中からは、お母さん方の応援を生徒たちに頼みました。自信たっぷりに液の中で布を泳がせるその様子は、生徒たちの成長をお母さん方の心に焼き付けてくれました。

媒染が終ると、軽くしぼって、水洗いをします。布に余分な色素や金属分が残らないようにたっぷりと水を使い、何回も洗います。

外に張ったビニールひもには、ピンク色に染まった布（三枚）と金茶をおびた緑の布（五枚）が、はためいています。皆で後片付けをして、一日の予定は終りました。

チューリップの花や桜の花を摘み、それを洗い揉み、水や熱を加えて色素を取り出して染める。それは魔法のような不思議な体験でした。花の色が、布の色に置き換わるという化学的な体験は、彼らを未知の世界に誘い、心を明るく積極的にさせてくれるものです。何度も身近な植物による染色体験をすると、「あの花はどんな色に染まるかな。次は、あの花で染めてみよう」と、私に働きかけてくるようになりました。そして、そのとき心の中に〝創造力〟へと高まる芽が育ちはじめているのを感じます。

染色は仕事です

この染色は、生徒たちにとって、遊びではなく仕事です。遊びならどこで終ってもそれで良いのですが、仕事となるとそうはいきません。責任があり、最後までやり遂げる必要があります。中学生である生徒たちは、精神的な幼なさとともに、健全に自律を求めて進もうとする力を内在しています。

彼らは、すでに単なる遊びの世界に生きるだけでは、満足できないほど成長しています。自分の行為に責任を持てるまでに成長している部分に目を向けず、いつまでも子供扱いをしてしまうと、必ず精神の発達が滞ります。それぞれの力に応じた正当な評価とそれを伸ばすための導きがなされるべきです。

きっと、この学級の生徒たちには、遊びとして、かなりの勝手が許される部分と、仕事として、責任の伴う部分の両方の要素が求められているのだと思います。

彼らの一面は、責任のない遊びの世界に生きており、他の一面は、大人になりたい、責任を持って生きたいと思っていると、私には感じられます。

そのような内的成長段階にある子供たちにとって、身近な植物を用いた染色は、この両方を満足できる教材として、極めて優れたものであると実感します。

3　生命を育むカルチャー（的文化）体験

受容する力と待つ時間の必要性を実感

チューリップを育てる

春の暖かい日射しに誘われて、チューリップの葉は、空気を孕《はら》んでダイナミックに躍り上がります。花茎をスックと伸ばし、ビロードのような花びらをそっと空気の上に載せて風にゆれている、その姿を思い浮かべるだけで、私の心には春の明るさが広がります。その明るさは、私が野菜や花を育てる体験をもつことで、一層強まっていったように思われます。

我が家では、一九八〇年から自宅前の空地を四〇坪ほど借りて、菜園を開きました。まだ小さかった子供たちに安全な野菜を食べさせたいと思ったからです。小松菜・レタス・キュウリ・トマト・大根・人参・白菜などいろいろな野菜を年中作り続け、ジャガイモや里芋などの根菜類以外は、ほとんど自給できるほどでした。もちろん、有機栽培・無農薬です。

毎年秋になると、近くの玉川上水の落ち葉を集めて堆肥作りをしました。富士山の火山灰土で、しかも長い間、空地として放置されて荒れていた畑も、堆肥やカキ殻を砕いた有機石灰・鶏糞・油粕《かす》をふんだんに施すことで、地力を再び回復させることができました。

土の力は偉大です。パサパサしていた土が、しっとりした重さとともに柔らかくなると、確実に蒔いた種を育み、実らせてくれました。子供たちが、その不思議さに動かされて、食べた後に残ったモモ・ビワ・カキなどの果物の種やどんぐりなどをせっせと植えるようになりました。それがいつの間にか芽を出し、背丈ほどの大きさに育って、畑を狭くし、どこに植え替えたら良いものか思案に暮れることも度々でした。

ごま粒ほどの小さな種に生命があって、それが、大きな野菜になり、あるいは木になるということが、私にとっても子供たちにとっても新鮮な驚きでした。

また、日々の天気や季節の移ろいにも注意を向けるようになりました。空気が湿って、雨が近いと思われる日には、種を蒔いたり、植え替えの準備をしました。染井吉野の花が咲いて霜の心配がなくなると、春蒔き野菜の種を蒔き、八重桜の花が咲くと、トマトやキュウリの苗を植え替えましたし、梅雨の長雨のころには、畝《うね》を高くするなど、これまでほとんど省みることのなかった自然の動きを身近に感じ、共に歩みはじめていたのです。

私の彫刻の制作は、ややもすると独断的になりやすく、自分の意志を押し付けるきらいがありましたが、植物を育てるということは、この一方的な押し付けを許しません。植物の生命力が高まりやすいように、植物の意志を聞きとって、条件を整える必要があります。それは、五感を研ぎ澄ますことであり、心を静かにすることでした。

また、植物の成長のためには、決定的に時間が必要でした。育つための時間を待たなければならないのです。せっかちで、すぐに結果を求めたがる私にとって、カセットテープのように早送りできない時間の存在に気付かされたことも大きな収穫でした。

受容する力と待つ時間の必要性を、この植物を育てる中で実感できたことは、彫刻家として、教師として、親として、また人として自分らしく生きるうえでも、私に一つの方向性を与えてくれたように思います。

ひととおり野菜が作れるようになると、花を植えてみたくなりました。バラ・ジャーマンアイリス・菊・チューリップなどを少しずつ植えはじめました。中でもチューリップの花は、私たち家族の心を惹付けました。最初に一〇球ほど買い求めて植えた球根が、毎年二、三倍に増え続け、五年ほどすると二〇〇球を超えていました。

丁度そのころ、チューリップの花びらで染められることを知って、試しに赤い花びらで染めてみたのですが、それがかわいいピンク色に染まり、一遍にその魅力に取りつかれてしまいました。次の秋には、赤い花の球根を一〇〇球ほど買い足して、花作りと花染めに夢中になりました。花が咲きそろうと壮観で、近所の人たちにも毎年楽しみにされるほどでした。

ところが、一九九〇年の二月、農地の宅地並課税の施行によって、借地していた菜園を駐車場にしたいと突然に地主さんから返還を求められてしまいました。そして、困ったのは、チューリップの球根の行き先です。

そのとき球根は、千球を数えるまでになっていました。すでに土の中では、白い根を無数に伸ばし、黄色いしっかりとした芽も出てきています。たくさんのプランターを買い込んで植え替えても、我が家の小さな庭に置く数は限られています。

掘り上げた球根の山を見ると無念な思いが込み上げてきます。思いあまって、この学級の先生方にお願いしました。幸い、花壇に何も植えていない所があり、そこに植えて良いという承諾を得ることができました。

それが、春になって、無理な植え替えにもかかわらず、美しい花を咲かせてくれ、喜んだ私は、チューリップの花の輝きを生徒たちに描かせてみようと思いました。

しかし、花を見て私が感動するほどには、生徒たちの心が動いていないように感じられます。私にとっては、様々な思いをもった特別な花でしたが、生徒たちにとっては、いつの間にか花壇に咲いていた花でしかなかったのです。私は、この時、そこに至る過程の大切さに気付かされました。

そして、次の年から、自らが育てた花を描くという課題を試みることにしたのです。そのことは、この学級でチューリップの花染めをはじめる契機《きっかけ》にもなりました。

未来を思う気持ち

土を作る

花を育てるには、まず、土作りです。『親の目・子の目』の撮影のあった一九九二年の秋は、それを十一月六日に行いました。

キュウリなどの夏野菜が終ってから、しばらく休ませていた花壇には、雑草がはびこっていました。

「さあ、今日は、ここの草引きから始めます」と、私は、勢いをつけて言いました。

五〇平方メートルほどの花壇を五つに分けて、それぞれの分担を決め、一斉に作業に取りかかりましたが、なぜか生徒たちの動きはにぶく、心も落ち着いていません。ぼんやりとしていたり、悪ふざけをしたりで仕事になりませんでした。

それには、二つの明らかな理由があったようです。

一つは、何を思ったのでしょう、私が一週間後に迫った撮影を意識して、生徒たちを行儀よくさせようとしたからでした。全員が整然と並び、作業する姿を理想として、それを彼らに無意識に求めていたのです。

これまでの私は、生徒たちの心と体が伸び伸びと動くように様々な試みをし、私の意志と生徒たちの意志が結びついた授業をしようと心がけてきました。彼らの心の動きを第一に考えて、それを大切に見ていこうと努めてきたはずです。それが、一方的に外側の形を整えようとしたのですから、彼らが、私の本心を敏感に感じ取り、拒否したのは、無理からぬことでした。

いつもながら、失敗をしないと自身の何であるかを忘れてしまう愚かさを恥じながら、また、新しく出直しです。

子供たちの呼吸を大切にしよう。子供たちの心を内側から見ていこう。外側からだけのフォルム（かたち）を作る授業は、絶対にやめようと、改めて、心に決めました。

もう一つは、割り当てた花壇の広さにありました。彼らには、それが広すぎて手に余り、途方に暮れていたのです。責任を果たすことができないのではないかという心配が先に立って、体を仕事に向けさせることができないのでした。

「そうか、広すぎたか」と思い、もっと割り当てを狭くして行うことにしました。今度は、両手を広げて、その中に入るだけの小さな面積に区切って、ここまでできた、ここまでできたと仕事に次元を与え、リズムを大切にしました。すると、表情も明るくなり、作業も進んで、彼らの力を引き出すことができました。

私自身も、手に余る仕事をかかえたとき、パニックに陥ります。誰もが同じだよなぁと我が身を省みさせられました。

この草引きの仕事は、とても意志力を必要とし、それを育んでくれるものです。まず、花摘みと同様に、対象となる草をしっかりと手に持ち握らなくてはなりません。瞬間的に強い力で引こうとすると、根元で切れて、根が土の中に残ってしまいます。土の中に伸びる根の先まで意識して、グゥーッとゆっくりとした力で、根がつかんでいる土全体を持ち上げるようにしないと上手には引けません。

「しっかり握って、ゆっくりと、グゥーッと引く」と仕事の内容をイメージした言葉かけをわらべ歌を歌うように唱えてくり返します。すると、それが次第に体に浸《し》みて、上手になっていきました。

草引きが終ると杷《さらい》で掃除をし、毎年、秋に落葉を集めて作っている堆肥と鶏糞・有機石灰・油粕などを花壇一面に撒きました。

「鶏糞というのは、何か知っているかな」

「知ってる、知ってる、トリノウンコ」

草引き　仕事量が多く、それが果てしなく続くと感じられたとき、気持ちは萎えてしまった。手の届く範囲に小さな区切り、一つ一つ終わらせて行くと「やれるぞ」という気持ちが湧いてきた。

「汚ねぇ、そんなの触りたくないよ」

「このトリノウンコは、きれいな花を咲かせるチューリップのご飯だよ。チューリップは、このウンコを見ると、きっとおいしそうって言うんだよ。雨が降って、このウンコのエキスが溶けて、土の中に浸み出してくると、ああ、おいしいって喜ぶのだから、しっかりと撒いてくれよ」

風が吹いて、撒いている肥料が顔にかかりますと、「ウェー」と大きな喚声をあげたりしながら、この仕事は、順調に進みました。

次は、土を耕す番です。草引きと同じように小さく面積を区切って、一つ一つ終らせていくように進めました。

「スコップ立てて、グッと踏む。グイッと持って、ひっくり返す」

ここでも仕事に〝空間運動〟の意識が入るように言葉かけをくり返しました。生徒たちも言葉遊びのように、それを唱えて耕していきました。この仕事の仕上げは、小さな耕運機で行いましたが、生徒たちが耕し忘れた所を、この機械が補い助けてくれます。

障害が軽く、多動な生徒にとって、ある程度の危険が伴う機械の操作は、心を鎮め集中力を与えてくれるものです。エンジンの音を聞き、ガソリンの臭いをかいで、勇ましく耕運機を操る様は、自信に満ちて輝いていました。土をよく撹拌《かくはん》して、この日の作業は終り、それぞれが使った道具を水で洗い、道具小屋に納めました。

球根を植える

十一月一三日は、菊の花が咲き乱れるすっきりとした秋晴れでした。いよいよこの日から撮影が始まりました。

「今日は、チューリップの球根を植えます。今年の六月、梅雨に入る前にチューリップの球根を掘り上げましたね。丁度、多摩名物のうどんをつくる小麦が実っているころでした。あの球根が、早く土に入って、根をいっぱいに伸ばしたいとウズウズしています。どこから根が伸びるか知ってますか」

一人一人に球根を配り、それをよく観察するようにしました。球根の下の部分には、馬蹄形に盛り上がった所が見えています。その所を指差して、一人の生徒が、

「先生、ここの所に小さなポコポコしたのが見えているよ」

「そうだね、その小さな出っ張りが、どんどん長く伸びて根になるんだよ」

と言って、私は、球根の根が伸びる様子を黒板に描いて見せました。知的障害があるからといって、知識欲が乏しいというのではありません。誰もが同じように、ちゃんと知りたいと思っているのです。

しかし、話すテンポが早過ぎたり、説明が煩雑であったりすると、話の内容を実感できなくて、聞くのを諦めてしまうのです。話をいかに分かりやすく、象徴化できるかが求められています。

「根は、髪の毛のように上に伸びるのかな、それとも反対に地球の中心に向かって、下に伸びるのかな。どっちだろう」

言葉だけで話すのではなく、体全体を使って話します。

「そう、下に伸びますね。したがって、この出っ張りの根の方を下にして植えてくださいね。逆さに植えると、どっちへ根を伸ばして良いのか、チューリップさんが、とても迷って困りますか

堆肥を施す　堆肥の中からミミズやカブトムシの幼虫が出てきた。さあ、手を出してごらん、プレゼントしよう。

ら、気をつけて下さいね」

ここでもその迷う姿を黒板に描いてみせました。

「それでは、外へ出て作業をはじめましょう。長ぐつをはいて出て下さい」

外へ出ると、一週間ほど前まで、みごとに紅葉をみせていた桜の木々は、もう半分以上も葉を散らせ、校庭をキラキラとうずめていました。また、今年も生徒たちは、堆肥作りに忙しくなります。霜焼けして葉を黒くしているさつま芋を早く掘り上げて、焼き芋もしなければなりません。

「さあ、まず一輪車で堆肥を運んできましょう。それから、鶏糞・油粕も準備します」

堆肥をつき崩すと、中からミミズや昆虫の幼虫が現れてきます。それを取り出して、少し遊んでから、いよいよ作業も本番です。

花壇の横いっぱいにシュロ縄を張って、真直ぐに畝を切ってみせました。幅二〇センチ深さ二五センチ、長さ六メートルほどの溝を鍬《くわ》で掘るのです。生徒たちにやらせてみると、テレビででも見たのでしょう、鍬を懸命に打ち込みますが、土を寄せて上げることができません。

「さあ、いっしょにやってみよう」と鍬を持つ手に手を添えて共に引き寄せ、土を上げてみるのですが、すぐには難しいようです。また、一人ずつ交代して行う作業では、参加できる時間も短かく、限られています。待つ時間をもて余して、ふざけたり、小競り合いが起こったりしました。

適当な対策も思い付きませんので、この場は、「君たちは、まだ鍬の使い方に慣れていませんから、今日はよく見ていて下さい」と言って生徒たちを見習いさんにして、さっさと私が掘り上げることにしました。

溝の中には、準備した堆肥などの肥料を施し、土を少しかけてから手でよくかき混ぜます。それぞれが、直接土に触れ、持ち場を得ると、やっと生徒たちの顔が輝き出しました。ミキサー車の気持ちになったり、うどん粉を練るような仕ぐさが見られて、それぞれの思いを膨らませて行っているようでした。

「次に移ります。いっしょに親指と人差し指を広げて下さい。指先と指先の間の長さが球根と球根の間の長さです。それをコンパスのように使って、しるしを付けながら、溝の中に二列に球根を並べていきます」

実際に指を広げ、コンパスで正方形を描くようにして、置く場所を決めてみせました。自分の体を使って〝計る〟という体験を重ねていくと、具体的にどこからどこまでというように〈起点〉と〈終点〉とを意識でき、その間の距離をイメージできるようになります。やがて、定規を使って計ることもできるまでに成長していきます。

生徒たちを見ていると、このような基準を持つ体験が、『自我の確立』と深く結びついていると感じられます。きっちりと計ることができるようになると、はっきりと意志や意見を表すことができ、仕事を任すことができるようになります。

一つの畝に球根を置き終えると、全部で何個置くことができたかを数えさせます。いつもは、数えることを苦手として消極的な生徒でも、自分たちの成し遂げた成果を確認することであれば熱が入ります。一、二、三……。大きな声で数えています。互いの声が重なり合って、数があやふやになってしまうので、いっしょに声をそろえて数えました。

次は、土を寄せて被《かぶ》せる番です。

「球根が風邪をひかないように、暖かく冬を越せるように、そっと土のおふとんを着せてあげよ

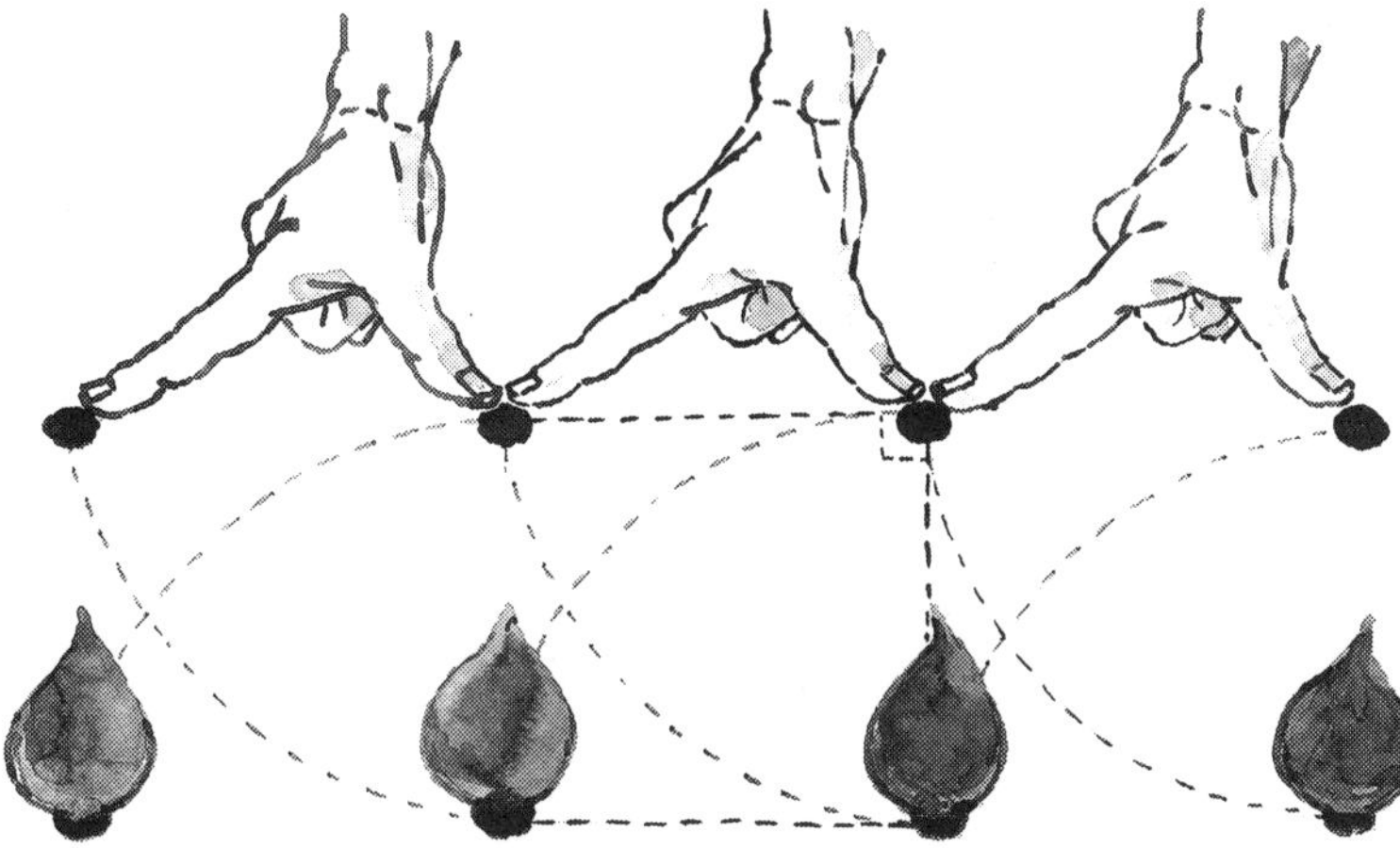

体を使って距離を測る　親指と人差し指をコンパスのように使って、球根を植える場所を決めましょう。コンパスの中心になる起点を意識できるといいね。

うね。お母さんが、赤ちゃんにするようにそっとだよ」

「○○君、あまりおふとんが重いと球根が苦しいと言うからね」

こうした言葉が、彼らの心にはぴったりするようです。球根の立場やお母さんのような気持ちに容易になることができ、そうすると動作も荒くなりませんし、素直に意見を受け容れることができます。感情の伴った行為がいかに温かい動きを引き出すかを実感させられ、このようなごっこ遊びと重なり合う体験が〝推し量る力〟を育て相手の心を思いやるという他者への想像力を高めてくれるように感じます。

あっという間に午前中の授業は終りましたが、この日は特別に午後も球根植えを続けさせてもらうことになりました。

昼休みの時間、私の頭の中をいっぱいにしたのは、溝掘りの工程をどうするかということでした。今のままでは、生徒たちの現実に即していないことは明らかです。何が、私に現実を見えなくさせているのかを考え続けました。そして、午後の始業のチャイムが鳴る間際になって、ようやくその正体が見えてきました。それは、私の美意識でした。

いつも家の近くの畑道を歩いているときに感じさせられることは、真直ぐに畝が立ち、きっちりと等間隔に植えられている白菜やブロッコリーなどの畑の美しさでした。そこに、私は、お百姓さんの誇りを見るように思いました。私は、生徒たちと作る花壇もそうありたいと無意識ですが、強く思っていたのでした。またしても、私は、外側のかたちを求めていたのでした。

原因がつかめると、その解決は、それほど難しいことではありません。生徒たちにとって、何が必要であるかを考えれば明らかになります。私の理想は、しばらく置くことにして、生徒たちの心と体を動かすことを考えました。移植ごてをそれぞれに準備させ、それと手とで掘らせることにしました。掘る範囲も草引きの体験から、両手を軽く広げた程度に区切って行いました。

「これから溝を掘りますが、今度は鍬を使わず、この移植ごてと手で掘ります。移植ごてで土を崩して、両手でかき寄せます」

実際に掘って見せると、すぐに全員ができました。

これは、それぞれに出番があり、それぞれのテンポで掘ることができます。気持ちと行為が一致できると、すぐに心は解放され、表情は一変し、ブルトーザーのようなうなり声をあげたりして、楽しくできました。思いのほか作業も進んで、四畝、三〇〇個ほどを植えることができました。

どんなに天気の良い日でも、秋が深まってくると土の中は冷たいものです。じゃがいもの収穫期の暖かさとは比べものになりません。直接土に触れ、それによっても季節の動きが体の中に刻み込まれていきます。様々な行為をすることによって、体を通して季節感を実感し、感情を育んでいくと、体の中にエネルギーが蓄積されて、生きる力が高まるのを感じます。

植えきれなかった球根を数日後に植え終えると、間もなく、濃い赤紫の花を咲かせる山茶花《さざんか》の季節になりました。木々の活動も止まったように静かになって、いよいよ冬将軍の到来です。

草木灰の追い肥を施す

チューリップの球根を植え終えてからは、市内の合同作品展の準備に忙しく、ほとんど花壇の見廻りもしないまま、冬至が過ぎ、新しい年を迎え、あっという間に立春になろうとしていました。そろそろ追い肥をしなくてはなりません。

二月一日は、曇り空の寒い日でした。作品展を終え、生徒たちとともに久しぶりに花壇に出て、その様子を確かめました。乾いた土のところどころにポチッポチッと赤い点のような芽が見えます。その一つの芽のまわりをそって掘って見ますと、土の中から現れた色は、宝石のような光沢をもった黄色でした。もう、すっかり春の準備はできています。その色を互いに見合ってから、また、そっと土を戻しました。

「今日は、チューリップに草木灰《そうもくばい》の追い肥をします。学校の敷地の北西の隅、体育館の裏側に大きな穴があるのを知っていますか」

「いつも木の枝をいっぱい積んである所でしょう。知っているよ」

「あの枝を用務員のおじさんが燃やしてくれました。木の枝を燃やすと何になるか知っていますか。秋には、落葉を燃やして、おいしいお芋を食べたよね。その時にもできた白いものです」

「えっと、何んて言うんだっけ。先生。灰って言うんだっけ」

「そうだね。あの灰は、カリ肥料になるもので、新しくできる球根の赤ちゃんを育てたり、寒さに強くしたり、たくさんのミネラルを含んだ、植物にとって大切な栄養です。それから、霜よけや土の乾きをやわらげる働きもしてくれます。これから、その灰をもらってきて、畑にまきましょう」

それぞれが、ブリキのバケツと移植ごてを持って灰を取りに行きました。

「ああ、木がなくなっている」。生徒が大きな声をあげました。まだ燃え残りの枝がくすぶり煙が上がっています。その臭いを嗅ぎながら、まだ暖かい灰を集めました。

移植ゴテで溝を掘る　　ぼくは、ブルトーザーだ。うなりを上げて土を掘るぞ。行為の性格が、生徒たちのテンポと一致したとき、驚くほどの力を発揮して、作業はどんどんと進んで行く。

球根の収穫　暖かい土の中からまるまるとした球根が顔を出した。受け継がれた命の結晶は、思いを未来に運んで行く。

山のように積まれた木の枝が、粉のような灰となって嵩《かさ》を小さくしている、その現実に接することは、火の力の大きさや不思議さに出会わせ、やはり、否応なしに生徒たちの心を揺すぶるものでした。

「チューリップさん、寒いですね。あなたに灰のおふとんをかけますよ」。そう言って、たっぷりと追い肥を施しました。これから、ひと雨ごとに春になり、その雨は、灰を溶かして土の中に肥料分を浸み込ませてくれます。

梅の蕾《つぼみ》がほころび、冷たい空気が次第にゆるんで行きました。植物は、内に秘めた力を外に向かわせ、静かだった木々の枝も躍り出します。椿が咲き、土が暖められてくると、チューリップは、葉を伸ばし、その中に小さな緑の蕾を抱いていました。

春分の日を迎えるころには、日ごとに葉と花茎を生長させるのが分かります。四月に入るころには、緑の蕾も黄みを帯び、さらに先端が橙色となって、真赤な花を開かせました。

花は、暖かな日射しに誘われるように開き、午後、温度が下がると閉じてしまいます。開いたり、閉じたりをくり返すなかで、花びらを生長させ、色の鮮やかさを高めていきます。

そのようにして、四月四日のスカーフ染めの日を迎えました。

花を摘んでしばらくすると、また、雑草が生い茂ってしまいます。五月の連休に入る前のポカポカした日に汗をかきながら、草引きをしました。六月になると役目を終えたチューリップの葉や茎は、黄色く枯れてきました。別の畑では、トマトやキュウリの夏野菜の勢いが増しています。

栗の花が満開になった頃の六月八日、球根の収穫を行いました。この時期は、玉ねぎや麦の収穫期と重なります。畝ごとに土を崩して掘ると丸々とした球根が出てきました。

「見て、見て、先生、大きいよ」

収穫は、私たちの心を明るくしてくれるものです。大きな球根を手にした生徒たちの心には、すでに来年の春の一面に花開く花壇の様子が思い描かれているようです。

受け継がれた生命の結晶は、やはり〈未来〉を思わせて、情緒の安定と何かできることがあるという勇気を与えてくれました。

このようにチューリップを育て、そして染めるという行為の過程の中で、生徒たちは、生命があるということの不思議さや、大自然もまた動いて変化し続けている生きた存在であるということに、あるいは、その大自然に果敢にも働きかけ、そこから命の糧を得てきた人間の叡智に出会い、それを《追体験》していたのでした。

そして、このような出会いの中で、自らの命を確認し、多様な感性を目覚めさせてきたのだと思います。汲んでも汲み尽すことのできない自然界に目を開き、畏敬の念と謙虚さを育てて、心と体をダイナミックに〝空間運動〟させてきたのです。さらに、未来を思う気持ちを育て、その〝時間意識〟と心の明るさが結びついていることを感じ取ってきたのでした。

それは、まさに生き生きとしたカルチャー（文化）体験であり、創造的体験であり、生命体験であったと思います。このような体験こそが、子供たちの心や実践力（生きる力）を育むために、大切であり、求められているのだと思われます。

Ⅱ

中学校普通学級の美術の授業から

1　表現は心の表れ

この章では、さまざまな姿となって現れる現代の教育問題、その根底にある「自我形成の滞り」について、中学校普通学級の美術の授業の様子から明らかにしたいと思います。私の色彩造形教育の実践は、まさにこの問題の解決を目指して行われたものであり、本書を著す動機もここにありました。

現代の社会が育てている子供たち

毎年四月は、桜の花の華やかさとともに、新入生の希望いっぱいの顔につつまれて始まります。中学一年生は、これからどんな学校生活が始まるだろう、美術の授業はどんなふうなのだろうと目をキラキラとさせて、緊張した面持ちで私を迎えてくれるのが常でした。

私は、このような生徒たちを前に、「なぜ、美術を学ぶのか」ということについて、私の考えを渾沌《こんしん》の力をこめて話してきました。生徒たちの熱い視線に応えるためには、これまでの考えを再検討し、新しく組み立て直し、その話に命を吹き込むという準備を怠ることは、できませんでした。年度はじめのこの仕事を喜んで続けてこられたのは、生徒たちが曇りのない表情で、それを受け容れてくれていると感じてきたからです。

しかし、九〇年代に入って、数年過ぎたころから、私の思いが、ストレートに伝わっていかない、生徒たちの気持ちとうまくかみ合っていないと感じるようになりました。その変化を痛切に思わされたのは、一九九五年のことです。この年は、二つの中学校で一年生のクラスを受け持ちました。

おしゃべりが止まらない

ある学校の最初の授業のことです。まず、驚かされたことは、生徒たちのおしゃべりでした。私は、「おはよう」と言って教室に入りました。いつもの年ですと、私がドアを開ける音を聞いただけで、ガチャガチャしていた空気が、急にシーンと鎮まるのでしたが、勝手が違います。いつまでも止まないのです。「さあ、美術の授業を始めるよ」と促しても何の効果もありません。大声で、「おしゃべりをやめなさい」と言って、ようやく静かにさせました。

一年生の初めての授業で、大声を出したのは、これが最初でした。講師になって間もなかった一九八〇年代、校内暴力の嵐が吹き荒れていて、見境なく反抗する生徒がいたころでさえ、このようなことはなかったのです。全く〝次元〟を持たない幼稚な様子には、驚かされるばかりでした。

おしゃべりが止まらない　私は、自分のことをテレビのような存在だなあと感じた。生徒たちに向けて発せられた言葉は、果てしなく続くおしゃべりに触媒として気ままに作用するだけだった。

私語の多さは、いくら注意しても簡単に止むような生易しいものではありませんでした。授業の始めは、あいさつをし、その日の予定を話します。課題の内容を具体的にイメージできるように働きかけ、また、いろいろな注意を与えます。その話の最中に友達の所へ立ち歩くばかりか、私にも話しかけて来る生徒が何人もいるのには、困り果ててしまいました。

一人の生徒に「今、私が話をしているのだから、質問は、この話が終ってからにして欲しいんだ」とたしなめて、話を続けます。すると、また別の生徒が話しかけて来るのですからたまりません。それは、テレビドラマの中に、突然に異質なコマーシャルが割り込んで流されるのと同じように思われました。

このような行動に、授業を妨害しようとする意図があるのなら、まだ対処しやすいのですが、悪意のない無意識の行動であることに、問題の根の深さを思わされました。

おしゃべりは、どこからでも始まる性質のものでした。私が話す言葉のどこかに触発されて、何らかのイメージが勝手に心に浮かんだとします。すると、どんな状況の中ででも、それを声に出してしまい、その衝動を抑えることができません。

しかも極めて反応過多の集団ですから、突発的に発せられる言葉が、また新たな触発となって、ワァワワワーと波紋のように教室中に広がっていきます。懸命に話す私の声は、彼らの乱反射的に広がる私語の波に押し潰されそうになってしまいました。

そのワイワイガヤガヤに振り廻されてばかりでは、授業が進みません。あまり、心を動かされた様子を見せず、話を押し通さなければなりませんでした。

「さあ、話をよく聞いた人は、ちゃんと進められますね。どうぞ、始めて下さい」と言って様子を見たのですが、いざ制作に入ろうとすると、何をして良いのか分かりません。その時になって、ようやく話を聞いていなかったことに気付きました。すると、躊躇なく私の所へやってきて、「先生、どうするの」「次は何をすればいいの」と一人一人聞くのです。

「あれ、さっき話したばかりだよ」と言うと、平気で、しかもアッケラカンとした声で、「話だけでは、よく分からないよ」とか、「説明が長くて難しかった」などと勝手なことを言います。

「しっかり聞いて欲しいものだなぁ。それじゃ、もう一度、実際にやって説明するから、その大きな目と耳を働かせろよ」

と言って始めると、生徒の目は、あちらこちらへキョロキョロと動いて、じっと見ることも耳を澄ますこともできません。

「しっかりと見て、しっかりと聞け」と少し怖い顔をして注意を促すのですが、それが心に届きません。

この見る力のなさ、聞く力のなさ、落ち着きのなさは何だろうと思わずにはいられませんでした。生徒たちは、今、信じられないほど注意力を失い、〈次元を画する〉ことができず、幼稚で、散漫になっています。

それでも聞きに来る生徒は、まだ良いのです。中には、何もしないでじっとしている生徒がいます。私が声をかけないかぎり、ぼんやりと時間を過ごし、いつまでも動こうとしません。

このような意欲の乏しい生徒たちが、年々増え続けている事実も重く捉えなければならないと思います。

心が開かない、届かない

もう一つの学校では、実に静かに私を迎えてくれました。私語に悩まされていた私は、ここでは良い授業ができそうだと期待に胸を膨らませました。しかし、私の言葉を静かに行儀よく聞いてはいましたが、心が動きません。生徒たちと私の間には、透明で、堅固な壁が立ちはだかっているようでした。私の言葉は、それに跳ね返されるばかりでした。

私は、生徒たちの前で、何か、重大な失敗をしてしまったのだろうかと、何度も自分自身を疑ってみました。が、それらしいことは、浮かんできません。居たたまれない思いをしながら、週二時間の授業を消化していきました。生徒たちの心が開かない、私の心が届かないという思いに締めつけられ、孤立したまま時間は過ぎていきました。

かつて、私は、生徒たちから、

「先生が画面に手をあてると、画面が生きたり死んだりする。先生って、魔法使いのようだね」

と言われたものでした。校内暴力で名を馳せていた学校の授業でさえも、この魔法はよくきき、受け容れられてきたのです。しかし、このクラスでは、私の魔法は、全く通用しませんでした。

絵の表情は、〈色彩〉や〈フォルム〉の関係によって、いくらでも変化するものです。

私は、生徒の作品の中で全体の関係をまずくしている部分を手で隠して、「どう、画面が明るくなったかな、生き生きとして見えるかな」と言って、何度も画面との対話を促しました。しかし、何の反応もありません。画面は、動かない固定されたものと決め込んでいるのでした。ですから、私が、どんなに画面を動かしてみせても、それを受け容れることができません。無理にでも注意を向けようとすると、むしろうるさく聞こえ、反感をつのらせるばかりでした。

「表現というのは、心の表れだよ。どんな気持ちで描いたか、その時の心の動きが見る人には、ちゃーんと伝わるんだよ。そのことを認めることによって、美術があり、芸術が成り立つんだ。表現することって、不思議だね」

と生徒たちとともに、あたり前のように共感できたことが、突然にできなくなったのです。私は、自らの無力さを突き付けられたような強い衝撃を受けました。

生徒たちは、私が美術の本質に迫ろうとすればするほど、私から遠くなっていくように思われました。

生徒たちの本音を聞くことができたのは、学年末に書いてもらった一年間の授業の感想文でした。感想を書いてもらうにあたり、私にとって、どんなに都合が悪いことでも本当に思っていることを書いて欲しい。どんなことでもしっかり受け止め、絶対に成績を悪くするようなケチなことはしないからと約束してのことでした。それは、週二時間の美術の授業で、信頼関係を築くことができなかった私の敗北感から生まれた言葉でした。

その感想の中に、「先生は、表現は心の表れというけれど、そんな面倒なことは言わないで欲しい。心・心と言うけれど、美術は宗教の時間ではないと思う」あるいは、「要するに何を言いたいのか、結論を教えて欲しい。やり方だけ教えてもらえたら、それでいい」というものでした。

そこには、現代の私たち大人が、子供たちに何を望んでいるか、その真実の姿が現れているように思われました。子供たちの将来を見据え、生きる力を高め自我の確立に向かって歩み出すことを願うのではなく、目先の成績の良し悪ししか見えていません。それは、日本の社会全体の価値観を反映したものだと思われます。

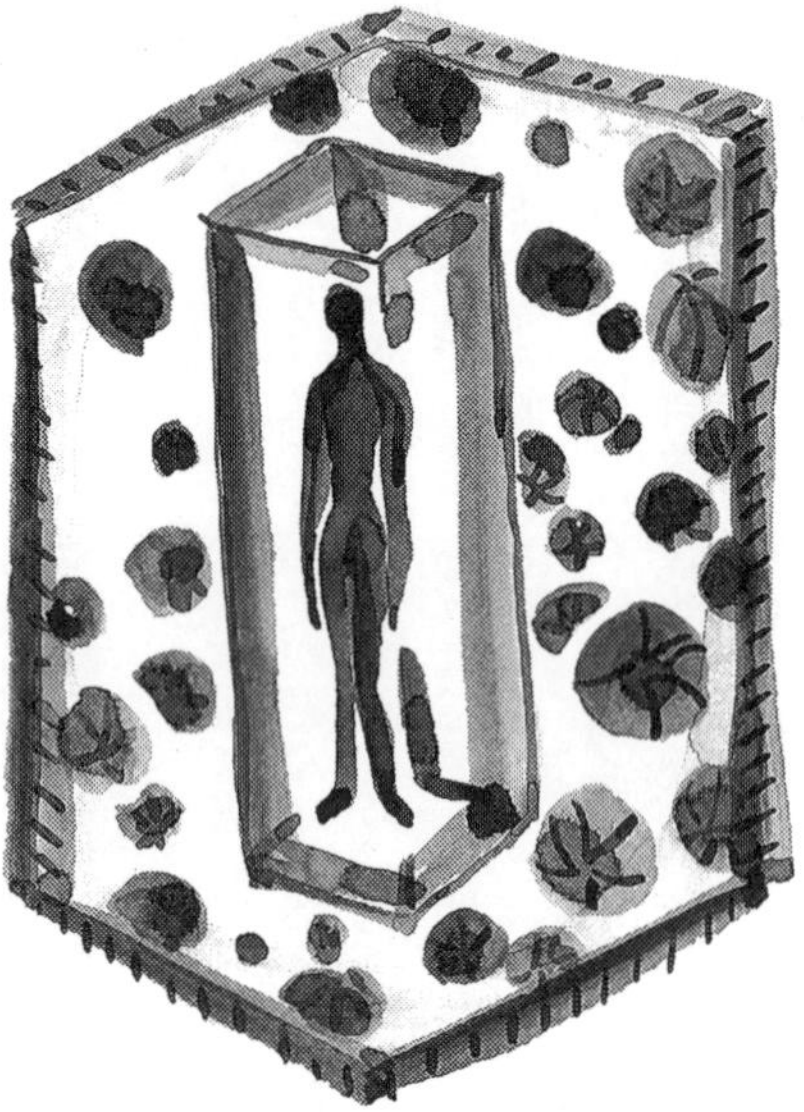

心が開かない、届かない　私は熱をこめて懸命に話した。生徒たちは、無神経に押し付けられた正義をおし黙って拒否した。テレビのような私は、それを心が開かない届かないと嘆いていた。

今にして思うと、このクラスの授業では、子供たちに対して押し付けられた社会全体の価値観と、それを善しとしない私の価値観とが、真向からぶつかり合っていたのでした。生徒たちは、この二つの価値観の間で、引き裂かれるように苦しんでいたのだと思います。

彼らは、いかに効率よく用意された答えに辿り着くかを求められ続けて、成長してきたのだと思います。寄り道や独自の選択を許されず、引かれた路線の上を真直に、生真面目に走り続けてきたのだと思います。彼らが、学び獲得してきたものはやり方でした。

そうは言っても、彼らの幸せを願う親の切なる気持ちから、良かれと望まれたことでしょう。彼らは、切なく哀しいほどに素直に、それを受け容れようとしているのでした。

愛情から発したものであっても、一方的な圧迫は、ゆっくりと全身をつつみ、締めつけ、息苦しさと不自由さをもたらしているのですが、それでも自分に非があると思い込んで、健気にもそこに生まれる理不尽さに対して、深いところから湧き上がる（理性ではなく、彼らの生命存在が感じてしまう）疑問を打ち消しながら、期待に応えようとしているのでした。

私もまた、そうした彼らの苦しむ心を理解しませんでした。正義をかざして、強引に彼らをねじ伏せようとしていたのです。どんなに無神経な行為をしていたかと、今は恥じるのですが、その時は、全く気が付いていませんでした。いかに正しい考えであったとしても、それが、一方的なものであれば、強い反発を受けるのは、当然のことです。私の中にある幼稚な精神もまた、生徒たちの心をより一層硬くさせていたのでした。

表現の世界　　表現というのはね、花が咲くように内に大切にしまってあるものを表にあらわすことなんだ。内と外をひっくり返すことなんだよ。

対話する力が低下している

生徒たちの表現が深まらない

これまで述べてきた二つのクラスの生徒たちに象徴されるように、生徒たちの様子が急激に変化しています。明らかに教育のあり方が問われているのだと思います。それを物語る具体的な例をさらにいくつか挙げることにします。

まず、気がかりなことは、生徒たちの表現が深まらないということです。感情移入ができなかったり、描こうとする対象を漠然と一つに見てしまい、それを〃分化〃させて、詳細に観ることができません。通り一遍の表現を脱して、核心に迫ろうとする志向が希薄に感じられます。事実であろうとするよりは、そのようであろうとしているように見えます。

これまで私は、一学期の最初の課題として、校庭を彩る草花の写生を積極的に取り入れてきました。この季節は、植物の成長が目覚ましく、華やかな色彩と生き生きとした〈フォルム〉に満ちています。刻々と動き変化している植物の生命の息吹を、それぞれの目で確かめ、実感して欲しいと願いました。

生徒たちが、命あるものに触れることによって、きっと対象を観る目が深められ、生きる力が高められ、その結果として、〃自我〃が確立されていくと考えたからです。描こうとする植物の現在の色彩とフォルムの中に〈過去〉が反映され、〈未来〉が暗示されていると発見できたら、植物の生命の動きを通して自らも生命のある存在だと感じることができたら、彼らの心の中にどんなに明るい思いと知的好奇心が広がるだろうと思うのです。そのように考えるだけで、私の心は躍り出します。

その発見の手がかりをつくるために、私は、私が育てている花の成長の過程を話したり、また、次のようなアドバイスもします。

「花の匂いをかいでごらん。花や葉や茎に触れるように描くんだよ。そうすると、よく見えてくるからね」

これまでは、生命があることを認め、描く対象を視覚だけで捉えるのではなく、あらゆる感性（五感）を働かせて描くことを印象づけると、それで生徒たちは、表現を深めることができました。

「ゆっくりでいいよ。心をこめて描いてごらん」

と言うだけで、四時間から六時間は、生き生きとした表情で、集中して描き続けることができたのです。

ところが、このような言葉かけも、数年前から突然力を失ってしまいました。それ以前からその傾向は、少しずつ見られていたのですが、私は、無意識に私の造形力や子供たちの未来を思う気持ちで、押し止めていたのだと思います。それが、もはや、私の力では抑えきれないほど生徒たちの変化は進んでいました。

彼らは、描く〈過程〉を楽しむのではなく、〈結果〉だけを求めるようになっていました。そして、温かさのある表現ができなくなり、反対になおざりな荒い表現が目立ちはじめました。描く対象の中に入って、その立場に立って、世界を観るような心の運動を素直にできなくなってしまったのです。対象の外側から冷たく他人事として見ているように感じられました。

提出された作品から、生徒たちの実感が湧き上がってきません。生命感や表現の喜びが伝わって来ないのです。それでいて、提出物をきちんと出しているかどうか、表面の形を整えることには、強いこだわりを見せます。一方、全く投げ出してしまい、ほとんど作品を提出しなくなる生徒もいます。

美術という表現活動を通して、自分が何を考えていて、どのように生きたいと思っているかを自分自身に問いかけて、自我を確立して行こうとする芸術本来の目的は、失われていくばかりです。

描きはじめた、その一時間目が終るか終らないころには、「描き終りました。道具を片付けていいですか」と言って、もう見せにきます。その絵を見ながら、

「この部分は、よく見て描こうとしていた所だね。だけど、このあたりは、早く仕上げようと急いで描いたところだよね。もう一度、どうなっているか良く見てごらん。花の中に入っていくような気持ちで見たり、触るような気持ちで見ると、画面が、ここを描いて欲しいと言って教えてくれるよ。いっぱい描くところが見つかると思うよ」

と言うと、いったんは描くポーズをとるのですが、絵が話す言葉を聞きとることができませんから、一〇分とは続きません。

表現を一方的に、通り一遍に外へ撒き散らすようにはできても、その内容を吟味して、描き加えたり削り取ったりして高めることができません。つまり、画面と「対話」できないのです。もし、それを求めると、投げやりな表情や脅すような態度を見せることも多くなりました。このよ

うな精神の殻を破らせようとする働きかけに対して、頑《かたくな》に拒否する傾向が強まっていると感じます。

「もっとよく見て、もっと植物の気持ちになって描けるといいね。画面の中で、心がいっぱい動くといい絵になるんだがなぁ」と残念な気持ちを表し、次のチャンスを待ちます。

表現の内容は、深められるものだと彼らが心の底から納得できるまで、果てしない道程を歩まねばなりません。何回も何回も粘り強くいろんなチャンスを捉えて働きかけ、その事実に触れさせ、内面の高まりを待つほかないのです。それは、莫大なエネルギーを必要とする途方もない仕事です。

個性は積極的な選択の積み重ね

秋が深まるころに、二年生の授業では、一枚の板から木皿を作りました。

「身近な生活の中で、美しいなぁと思う自然物をスケッチしてきて下さい。木の葉でも花でも、猫や犬などの動物でもいいですよ。それをモチーフに木皿のデザインを考えたいのです」と言って、宿題を出しました。

ところが、こうした宿題を本気で、楽しんでやってくる生徒が、ほんとうに少なくなってしまいました。ほとんどが、宿題をしてきたという形を整えるだけの気迫のないものばかりです。生徒たちの中に受験に必要な教科以外は、無駄な努力と考える風潮がとみに強まっているように感じられます。

実際に、美術に割く時間の余裕がないほど忙しく、追い立てられるように暮しているのだとも

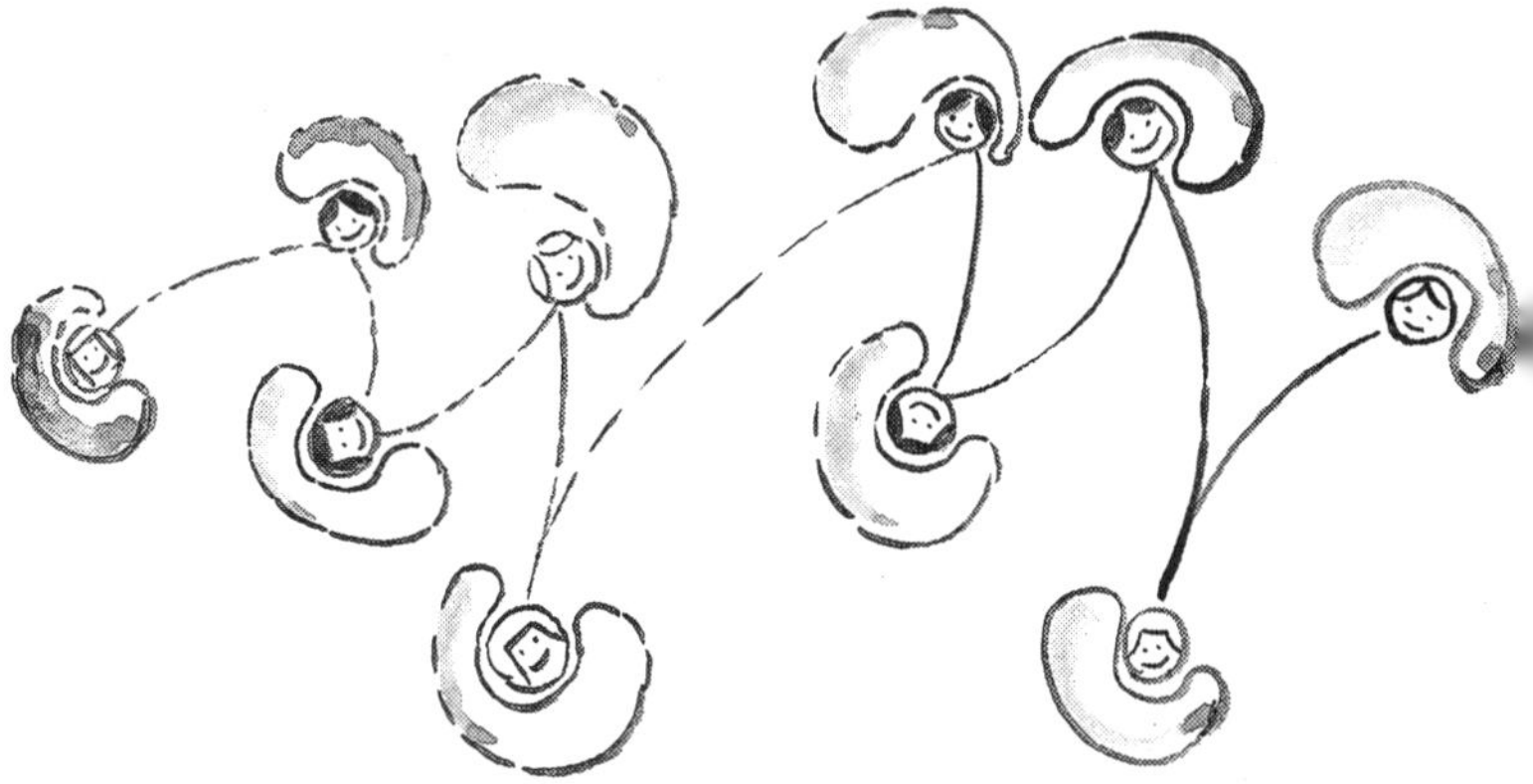

画面と対話する　画面に働きかけると必ず画面の表情が変わるだろう。それを素直に感じ取って、また働きかけるんだ。
キャッチボールするようにね。それが画面との対話だよ。

思われます。私は、それぞれが、身近な自然に目を向けて、個性を発揮して、モチーフを選択できればと願うのですが、それも叶わなくなりました。

不本意であっても、学校のことは学校の中でするしかないと、校庭に出て植物のスケッチをしたり、図書室で資料を探してデザインを決めさせます。すると、植物のスケッチや動物の写真をもとにするデザインは難しいと言って、手近にあるペンケースやノートに付いているキャラクターやマークをそのまま写してしまう生徒もいます。

「もっとお皿にしていく過程で、思いが深まるようなデザインを考えて欲しい」というと、「これは、動物のキャラクターだから自然物がもとになっているでしょ。だからいいでしょ」と屁理屈を言って、ごねて通そうとする生徒も多いのです。

誰かがデザインしてでき上がっているものを、自分の中を通すことなく、そのままコピーするような傾向が強くなっているのです。個性豊かな教育というスローガンとは裏腹に、独創性に対して全く必要を認めない、誰かの努力にただ乗っかってしまう惰性的な子供たちを育てているのが実状です。

本来、個性とは積極的な〃選択〃の積み重ねによって磨かれ、豊かになるものだと考えるのですが、その糧となるはずの選択のチャンスを簡単に放棄してしまうのは、残念でなりません。

木皿のデザインがようやく決まり、板から皿を作るためのくぼみを彫り始めました。そのときの彫り方も、生徒たちの体験のなさや一方的で幼稚な性格を象徴しているように見えました。力まかせに闇雲に彫ってしまうのです。彫っているその部分しか目に入らず、自分の意志を押しつけるだけで、木と「対話」ができません。

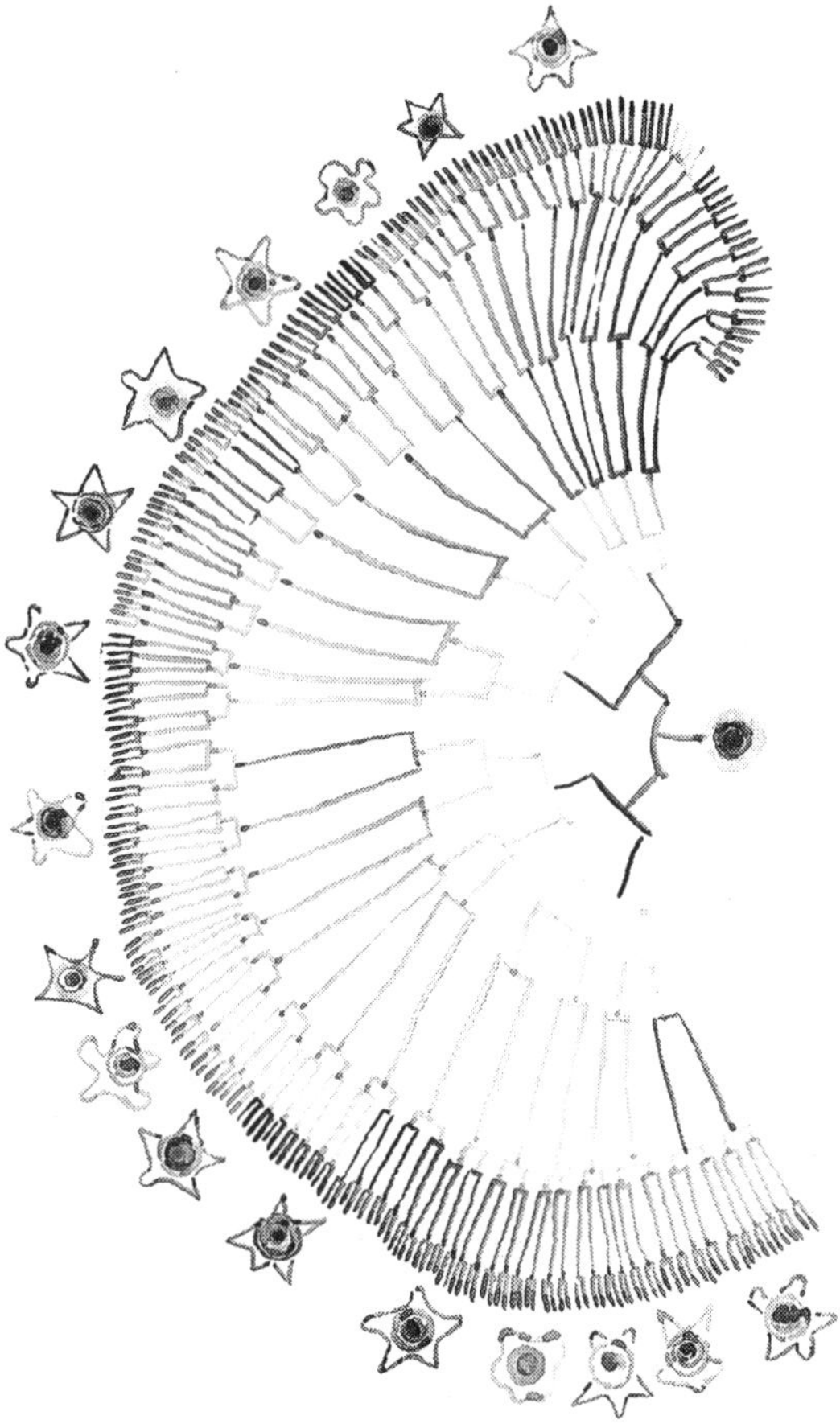

個性　一つの選択は、自己意識を呼び覚まして次の選択の糧となり、また新しい選択を引き出す。個性とは、選びに選んだその先にはっきりと現れてくるものだよ。

「木目の流れを見てごらん。木がいやがっているか、喜んでいるか、よく見るんだよ。削ったあとが滑らかで、静かでなければ、自分を押しつけているということだぞ。逆目が立って、バサバサ、ガチャガチャしている人は、私の所へ持ってきなさい。削りあとを静かにして見せるから、そのコツをつかんでしまえ」と言って、何度も体現してみせます。

それでも、ものと対話する体験の乏しい生徒たちは、木の性格を素直に受け容れることができず、一方的に彫り続けてしまいます。数名の生徒たちは、結局、穴をあけるまで、彫り続けてしまいました。そのときになって、ようやく私の出番がやってきます。板の余分な所を切り落して、それで穴を埋めて見せるのです。木目の流れに合わせて、具体的に木と対話する姿を見せます。

人は、失敗したとき、一番受け容れる力が高まるもののようです。今までは、うるさく聞こえるだけだった私の声も、ここにきて、ようやく心に届くようになります。耳が開くのです。

失敗と思い、いったんは諦めてしまったものが、もう一度、生命を吹き返したとき、限界が限界でなくなったとき、生徒たちの心にやっと明るさや信頼が生まれます。彼らがこのような場面に一回でも多く出会えることを願わずにはいられません。

ものの豊かさがもたらす荒い気持ち

私は、紙を貼らせるときに、できる限り、両面テープやプラスチックケースを握るだけで塗れる水糊やスティック糊を使わせず、澱粉糊《でんぷんのり》を使わせています。糊に直接触れて、指で伸ばす必要が生まれるからです。日々の暮しの中では、このようなぬるぬるしたものに触れ、触覚を働かせる機会がほんとうに少なくなりました。生徒たちは、このような手が汚れる仕事を極端にいやが

ものの豊かさがもたらす荒い気持ち　満たされているはずなのに満たされていると実感できない。ものの豊かさは、自然界の一員としての自覚、ヒトとしてのより所を奪い取り、荒い気持ちを引き出している。

る傾向にあります。

いやいや糊を指で伸ばす生徒たちの顔を見ながら、

「このぬるぬるしたものに触れることが、精神の健康につながるんだよね。触るという感性を十分に働かせると知らず知らず心が温かくなって、やさしい気持ちになれるんだ。それから手を汚すような仕事をしないと何か忘れものをしているようで、いつまでも自信がつかないんだ。心がきれいにならないんだよ」

などと言って、生徒たちの心を揺さぶります。

しかし、中には、絶対に糊に手を触れることなく貼ってしまおうとする生徒も見られるようになりました。ある生徒が、糊をチューブから直接台紙にしぼり出しました。まるでチューブ入りのマヨネーズをしぼり出すようにです。その紙に盛り上がった糊の上に作品をのせて、ペタンと手で押える様子をしただけでおしまいでした。

糊を大切に使おうとする気持ちは、全く見られませんし、それが、どんなにはみ出しても一向におかまいなしです。きつく注意してやり直しをさせないかぎり、やりっ放しで、その後の手当てや始末をしません。また、他の生徒たちも糊があふれ出ている状態を見ても無頓着です。平気で、その作品の上に自分の作品を重ね置きするようなこともしばしば見られます。作品が付いて離れなくなることなど、どのような結果になるかについては心配しません。誰かが始末してくれるだろうという依存した気持ちが強いのです。

いい加減でありながら、もし、そのことで自分の作品が台なしになってしまうことがあると、「ムカツク」と言って、辺りかまわず暴れたりすることもあります。自分の責任は問わず、誰かにそれを転化して、わがままを押し通そうとするのです。

絵の具の使い方も同様に荒いものです。色彩の学習の中で、有彩色と無彩色について学んでいるときのことでした。

「先生、灰色は、どうすればできるんだっけ」

「白と黒を混色するとできると言って、先週、作ってみせたよねぇ」

「ああ、そうだったっけ」

その場その場だけに生きていて、前の週のことが、次の週に恐ろしいほどつながりません。一元的で、〃時間意識〃を持たないのです。

その生徒は、早速、白と黒の絵の具をパレットにおしげもなく搾り出し、それを一気にグチャグチャに混ぜてしまいました。色が明る過ぎると言っては黒を加え、暗過ぎると言っては白を加えます。瞬く間に、パレットは溢れるほどの絵の具でいっぱいです。そのあげく、失敗したからと言って、それをジャージャー洗い流してしまいました。無駄のない溶き方を実演して見せても、全く見ていないのです。

これが、思春期にある一三歳の中学生のことですから、問題はより深刻です。

木彫のときなど、紙ヤスリを教卓の上に置いたままにして自由に使わせると、あっという間に無くなることがあります。ゴミ箱を見ると、ほんの一部しか使われていないものが、たくさん捨てられていました。一人に一枚と限定し、それ以上の割り当てはないというように、硬い姿勢を見せなければ、最後まで使いきることができず、どこまでも雑な使い方になってしまうことも現実です。

面倒、カッタルイ、体が動かない　体を動かさないでいるとますます動かしたくなくなる。面倒・カッタルイと不平不満ばかりが湧き上がってきて、辺りかまわず当たり散らしたくなる。その閉塞感を打ち破るには体を動かして創造的な行為をするほかない。

道具の扱いも同じです。鋸《のこぎり》で木を挽《ひ》くときなどは、気持ちの早さと同じように木が切れないことがもどかしく、イライラして道具に当たり散らす様子も見られます。板に鋸の刃をたたきつけて突き刺したり、鉄の万力に鋸の刃をぶつけることもあります。

ものが豊かに溢れるようにある中で生活していると、どこまでも精神が荒くなり、全てを失うまで、その大切さに気付かないものなのでしょうか。

面倒・カッタルイ・体が動かない

生徒たちの好奇心も、年々、活発さを失っています。心の表面は、騒々しく動いているように見えますが、その内側の動きは小さくなるばかりです。面倒という気持ちや無精な様子が強く見られるようになったのも、大きな変化の一つです。

その気持ちは、「ドウセ」とか「カッタルイ」という言葉で、しばしば表現されます。そこには、体験の不足から生まれる上手にできないのではないかという心配や、人前で失敗して恥をかきたくないという消極的な気持ちが見てとれます。彼らは、その自信のなさや実践力の乏しさをごまかすように、さらに誰かを批判したり、不平を並べたてて、責任を転化しようとします。

一年生が、秋にカレンダー作りをしたときのことです。B4判の画用紙を二枚準備し、一枚に一二の月から一番好きな月を選んで、その月にちなんだモチーフを使って平面構成をし、他の一枚に暦《こよみ》を書きました。

平面構成は、どうにか終り、暦の文字を書く段階になって、生徒たちの混乱が始まりました。画用紙の大きさを計り、文字の数と大きさやその間隔を計算して割り出す文字割りができないのでした。

　生徒たちは、小さなときから答えが用意され、約束された結果に到達すべく訓練されていました。そこに、決まった文字の大きさがなく、始めから自分で企画しなければならない課題が与えられたのでした。それは、途方もなく遠い道程に感じられるほど抵抗の大きいものだったようです。ある生徒が、私を睨《にら》みつけるように怖い顔をして、脅すような態度を見せたのも、その抵抗感からでした。

　体験をもたないということは、それほどまでに、私たちの心を不安がらせ、自信のない消極的な気持ちにさせるものなのです。私たちは、今、それに気付かず、柔軟性のない、実践力のない子供たちを育てています。

　結局、各月の朔日《ついたち》の曜日がちがうことや、日数がちがうことなど、一つ一つ手をとって具体化していかなければなりませんでした。

「画用紙上に文字を書こうとする場所をうすい線で描いてごらん。その大きさを計ってみよう。一週間は何日だっけ。君の選んだ月のはじまりは何曜日、その月は何日まであるの。そうするとこの大きさの中に縦は何列、横は何段の枠を作れば良いことになるかな。文字と文字の間を開けるとしたら、どのくらいの大きさの文字にしたら良いだろう」というように割り出す過程をともに歩まねばなりません。

　やっかいなことは、前にも述べたように、クラス全体に話しているときには、各々の生徒たちが、自分のこととして、それを聞く力を持たないということです。一人一人に話さなければ、課題は進んでいきません。

ようやく割り出しの計算がすんで、枠を実際に書くことになるのですが、このとき、同じ作業を二回くり返さなければなりません。一本の線というのは、二点を決めなければ引くことができないからです。必要とされるたくさんの平行線を引くために、一点は決められたとしても、くり返しになる二点目となるともう面倒なのです。一点を決めただけで、目分量で引こうとします。小さなハードルを越えるエネルギーすら、すぐに燃え尽きてしまうのです。当然、きっちりとした美しい仕事にはなりません。わずかの手数を惜しんで、自信を喪失させてしまいます。

現代の子供たちは、気の毒なほど、面倒で、嫌なことに囲まれています。ほんの少しの積極性と努力で、それから解放されるにもかかわらず、どこまでも誰かに依存し、問題を先送りにしてしまいます。その結果、心は、ストレスと閉塞感でいっぱいです。

また、手伝いや掃除などでも体が動かなくなりました。体を動かすことが損であるかのように仕事を敬遠し合います。

美術の教材は、嵩張《かさば》るものが多く、その運搬のために生徒たちの助けを借りることがあります。それが、今では、なかなか大変です。「誰か、数名手伝って下さい」というような言い方では、誰も動こうとしなくなりました。指名して頼むと、「前に運んだから、ぼくの番ではない」というような不平が返ってきます。

掃除のときもそうです。「自分が汚したところは、責任をもって掃除しなさい」と言って授業を終えると、教室は、汚れたままで片付きません。ごみを押し付け合ったり、知らんぷりで帰っていく生徒が多くなりました。これも掃除当番を決め、人数を確認して、仕事ぶりを見ていないといい加減になるばかりです。もし、黙々と掃除する生徒がいれば、これ幸いに平気で寄りかかり、何もしない生徒がでてきます。

大変なところは、全て誰かに押しつけて、結果だけはちゃっかり頂くという大人社会の姿が見えるような気がしてなりません。

2 ありのままの自分を受け容れるということ

行為することの大切さを思う

夏休みが明けて間もないころ、二年生は、籐で篭《かご》を編みました。ある生徒が、「どうしてこんなに面白くないことばかりやらせるんだろう。もっと面白いことをしようよ」と大きな声で音を上げました。彼には、編みはじめの結果が見えない混沌とした状態が、我慢できないのでした。作りはじめたら、すぐに結果が欲しいのです。結果だけが大切であり、一つ一つ編んでいく〈過程〉は、無意味に思われているのでした。

私は、「何をそんなに騒いでいるんだ。ちょっとの我慢だよ」と言って、少し手伝ってやりました。

「先を急がず、しっかりと縦芯を支え、編み芯の方向を転換していくことが、この仕事のコツだよ。自分の気持ちが、縦芯の間を一つ一つリズムよく通りぬけていくんだ。スキーの回転の選手のようにね」

その生徒は、面倒と思っていることが、簡単に進んでいくのを見て、ようやく気持ちを落ち着けることができました。自分もできるかもしれないと可能性を見い出すと、いつしか夢中になって、作り始めていました。作る過程を大切にし、その〈過程〉を生きていくと、知らず知らず、美しく編み上がっていくものです。

今度は、「もしかして、俺って天才じゃない」と、まわりの生徒たちに自慢しています。不平だらけの顔が消えて、正反対の生き生きとした表情に変わっていました。

その声のひびきを聞きながら、いかに自らの体を動かし行為することが、私たちの心を明るくしてくれるかを思わずにはいられませんでした。

そして、改めて、体験がないということが、これほどまでに子供たちの自信を奪い、心を消極的にさせるものか、心に限界を作らせるものかと考えさせられました。

自我形成の滞りが意味するものは

これまで述べてきたように、生徒たちが私に見せている姿は、一方的な働きかけしかできない・落ち着いて話を聞くことができない・客観視する力や省みる力が弱い・本質に向き合えない・刹那《せつな》的で時間意識が乏しい・表象する力に欠ける・無責任でありながら依頼心が強く、行動が荒いなど気にかかることばかりです。

そこには、〃自律〃とは掛け離れた消極的な姿が現れており、受け容れる力である感性や感情・意志・思考力などの生きる力そのものが育てられていないという現実が見えてきます。子供たちの精神の幼稚化が裏付けられていると言えるようです。

籐でカゴを編む　何をそんなに騒いでいるんだ。ちょっとの我慢だよ。編み芯の方向転換をきっちりとする。次元を画してリズムよく縦芯の間を通り抜けて行くと、心が晴れ上がってくるだろう。

すでに思春期を迎えている彼らの人間としての本性は、自分たちの『自我形成』が滞っていることを感じて知っています。しかし、その原因が豊かで便利な生活、つまり「行為を必要としない生活」にあるとは、考えもしていません。便利さによってさまざまな行為から解放されて、体が楽になればなるほど、反対に体を動かすことがおっくうになり、不満が募り、自信が失われ、閉塞感が押し寄せてくるのをどうすることもできずにいるのです。それらは、彼らの自我形成の滞りを善しとしない本性の叫びではないかと考えられます。

子供たちは、自分は健康に成長していないということを無意識に分かっていてそれを無視することができずに恐れています。彼らは、無意識にそれから逃れようとして、何の方向性もなく動き回り、大声を上げたり、暴れたりしているのです。目に余るほどの荒い行動も、大人たちに助けを求める悲しいシグナルだと捉えることができます。

私たちは、これまで何が子供たちの心を育て、生きる力になるのか、どのようにして自我を育むことができるかを明快に位置付けしてきませんでした。それを意識化して来なかったからこそ、便利で美しい生活を手に入れるために、いとも簡単に子供たちを自然から遠ざけて、生きる力を育む場である行為の機会を奪ってしまったのだと思います。

また、人間は万能であり、あらゆる能力が生得的に備わっていると錯覚してきたのも紛れもない事実です。だからこそ、不安定で寄る辺ない人間関係と人工物だけの世界に、子供たちを封じ込めてきたのだと思います。

大多数の大人たちは、子供たちに行為の〈過程〉を捧げるのではなく、むしろ、〈結果〉だけを与えることによって、子供たちを思いどおりに効率よく育てられると、信じ込んできたのではないでしょうか。そこに疑いの目を向けさせる様々な事件や問題が、吹き出しているにもかかわらずです。

今、私たちが為すべきは、生きる力がいかにして育まれるかを位置付けることであり、自我が生きる力の高まりの中からしか形成されないということをはっきり認識することです。子供たちが内在させている多くの能力は、生まれながらにして完成され、完全なものとして持っているのではなく、それを目覚めさせるために刺激を必要としていると意識化することです。

人間は、地球上のすべての生物と同じように、地球の生命の歴史の上に存在しています。私たちの感性・感情・意志・思考力は、大自然の中で生命を守り受け継ぐために獲得され、高められてきたものです。ですから、子供たちが内在させている能力、つまり生きる力を目覚めさせるためには、自然と触れ合いその刺激を受けることが不可欠なのです。

したがって、『自我形成の滞り』という教育の問題を根本から解決するためには、子供たちを自然の中に解き放し、その営みに触れさせ働きかけさせることが、何よりも大切です。その行為の過程において、多様な刺激を受けて感性・感情・意志・思考力を呼び覚まし磨くことが求められているのです。

これからの美術教育もまた、自然との結び付きを強め、生きる力を強めて、自我の形成に役立つものでなければならないと考えます。

自己意識を引き出す

美術のカリキュラムが変わってきた

私が講師になってからの二〇年近くの間に美術の授業のカリキュラムもずいぶんと変わってきました。視覚伝達デザイン・基礎デザイン・半加工教材を用いた工芸、あるいは、空想画などの課題が多くなり、反対に自画像をはじめとする人物画・風景画・静物画など対象を見て描く課題は、行われない傾向にあります。純粋にフォルム形成の体験をさせてくれる彫塑《ちょうそ》なども同様です。

この傾向は、何を物語っているのでしょうか。そこには、これからの美術教育の在り方を考えさせる重大な問題が潜んでいるようです。まず、それを明らかにするために、先に挙げた課題のそれぞれの性格を簡単に検討してみることにします。

視覚伝達デザインは、ポスターやマークのデザインのように、ハッとさせて人の目を引きつける効果を狙っています。伝えたい内容を分かりやすく印象的にするために、日常性を排して、象徴性や同時的展開の性格を強めています。

また、基礎デザインは、色相を対比させてその効果を確かめるなど、色彩とフォルムについての概念を学んで、それを操作するものです。あるいは、自らが、さまざまな色彩やフォルムの効果を検証したり、全く新しい発想から、新しい概念を創り出して、それを活かすものです。

このようなデザインの課題の比重が高くなるということは、美術科の授業が、〈思考〉や〈概念〉に働きかけることが多くなっていることを意味していると考えられます。

工芸は、素材に人の手を加えることによって、それを用途のある新しい価値をもった存在に生

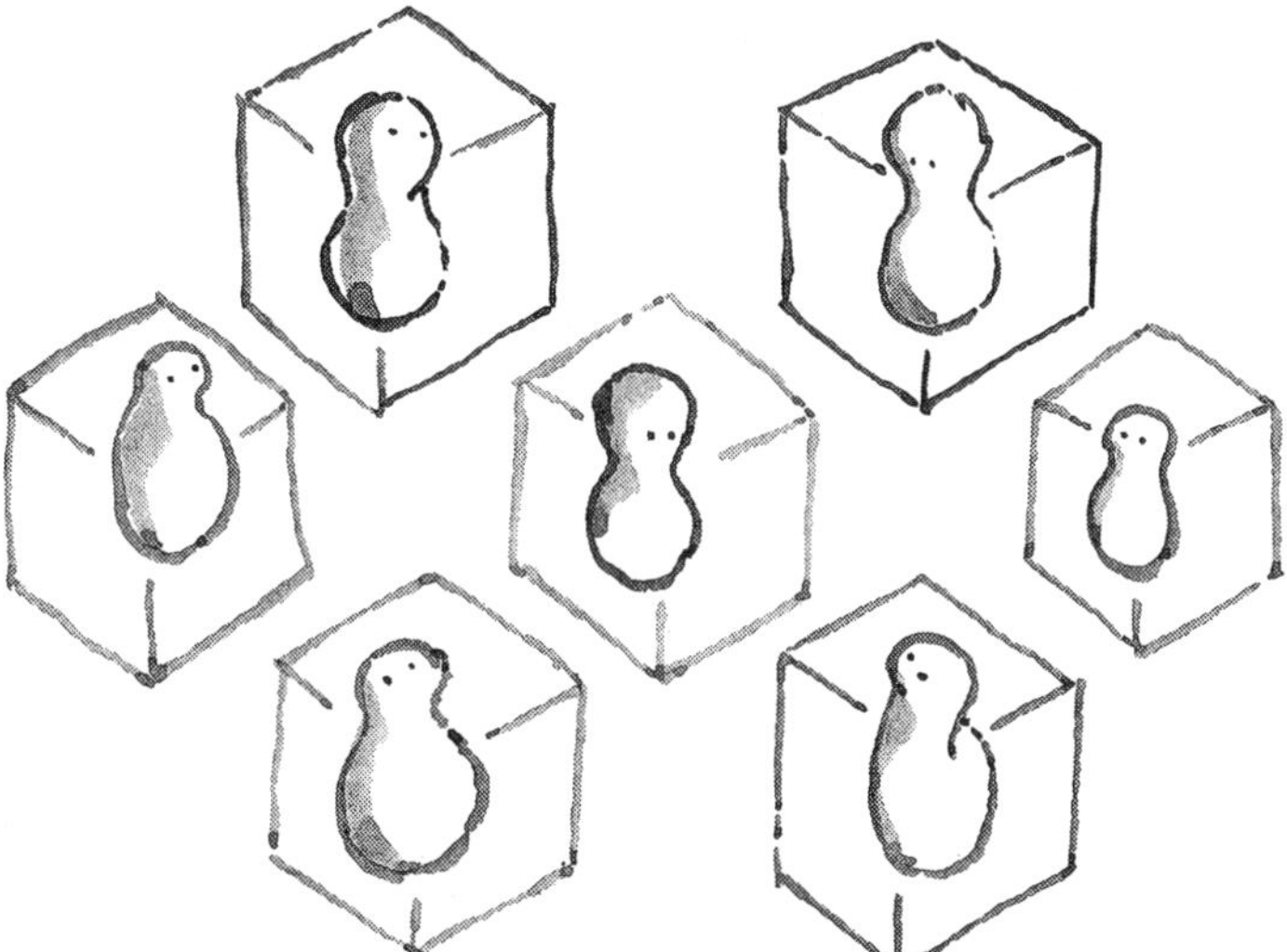

現代の社会が育てている子供たち　おーい、四角いコンクリートの壁に囲まれて暮らしているダルマさんたち、自然の中に出て行こうよ。すべての感性を同時に働かせて、体に刻み込まれた人類の歴史を呼び覚まそうよ。

まれ変わらせることであり、〝創造的文化体験〟をさせてくれるものです。

ところが、半加工された教材の使用によって、この体験ができなくなり、本来の役割を逸しているのが現状です。これは、美術科の存在意義を脅かすほどの大きな問題なので、さらに踏み込んで考えてみることにします。

まず、その半加工教材の具体的な例を挙げてみると、木工芸の場合、生徒たちは、すでに組み立てられた箱やルーター加工済の板材などを渡され、それに簡単な装飾を彫刻したり、塗装をするだけですし、皮革工芸でも同様に、定期入れやペンケースになるように裁断された革のセットを渡され、装飾と着色塗装を施し、組み立てるだけです。

ここには、表面を整えたり変えたりする体験があったとしても、新しい存在に生まれ変わらせるような劇的で、心躍る工芸の本質的な体験はありません。生徒たちは、作り手としての主体的な立場を奪われていることになります。

教材会社の分厚いカタログには、このような半加工教材やセット教材が、びっしりと掲載されており、いかに、それが持囃《もてはや》されているかが窺われます。

その原因を考えてみると、生徒たちの明らかな変化と美術科の消極的な教育姿勢が見えてきます。

素材を用途あるものに変容させようとすると、必ず鋸・のみ・小刀など危険を伴う道具を使用する場面があります。ところが、ものを作る体験を多く持たない生徒たちは、その危険に対して全く無防備であり、注意力を持っていません。このような状況の中で、工芸の本質をダイナミックに体験させようとすると、当然のように危険性が高まり、ゾーッとするような、冷や汗を流す場面に度々遭遇させられます。

また、経験を持たないということは、全てが初めての体験ということになり、生徒たちは、先を予測することも、自分で判断することもできません。だから、すこぶる世話が焼けるばかりか、極端に時間がかかってしまいます。

生徒たちの日ごろの様子を見ていると、確かに、セット教材や半加工教材は、現実に対応させてくれるものであり、効率的に多くの課題を学ばせるためにも、とても便利だと言うことができます。ですから、それに頼りたくなる気持ちは、十分に理解できることではあります。

しかし、それは、生徒たちの判断や行為の機会を、あるいは、充実した達成感を奪うものであり、感性などの生きる力となるものを育んでくれないものです。その認識をせずに容易に依存しているところに大きな問題があるのだと思います。

空想画は、現実から離れて、自由な発想をすることができ、自分の心の世界を中心にして、描くものです。したがって、自分以外の世界との関係を断ったとしても、支障なく制作できる特徴を持っています。それは、傷ついた心を休ませ、癒すためには有効な課題と言えますが、視点を換えると、〃現実逃避〃の温床となって、「自律」の妨げになる可能性もあるということができます。

空想画を描かせる頻度が、高くなっているところにも、自分自身と向き合うことのできない現代の子供たちの姿を窺うことができるようです。

これらの課題に対して、人物画・静物画・風景画・モデリングによる彫塑などの課題は、対象を観て描き、作ることを基本としています。観るという行為は、そのまま外の世界を受容するということを意味していますから、作品は、作者が対象をどのように受け容れたか、何を感じ、思い、考えたかなど、心の動きを鏡のように映し出してしまいます。したがって、作者を自身の姿と向き合わせて、『自己意識（自我）』を引き出す性格を持っていると言うことができます。

ですから、生活体験が乏しく、自分自身と向き合う体験の少ない生徒たちに、これらの課題は、いやがうえにもありのままの自分の姿（幼稚であったり、不様であると思われる姿）を突き付けるものです。

もし、体験が豊かであれば、心に描いてきた理想の自分とのギャップを何度も修正できているはずですが、それができていませんから、耐えがたい苦痛を感じてしまいます。自分自身を素直に認められず、逃避しようとしたとき、それは、乱暴でなおざりな表現や表現拒否という姿となって現れます。

その傾向は、自画像のように、課題の本質が、より直接的であるものほど顕著であると言うことができます。

このような生徒たちに対して、空想画を描かせ、半加工教材を与えることは、感性や感情や意志などの内的活動を根底からゆり動かすのではなく、表層的な思考や概念操作を求めることになってしまいます。これらの課題は、現実の前に立たせるのとは反対に、現実を包み隠すようにしてしまいますから、生徒たちは、いつまでも自律や『自我形成』に向かって、歩み出すことができません。

思春期にあり、現実に目覚めなければならない生徒たちに対して、一方では、幼稚な存在として自身と向き合う厳しさを求めず、他方では、経験を奪いつつ、根も葉も茎も育てないままに思考や創造の花を咲かせようという矛盾した教育をしていることになります。その結果、彼らは、思春期を迎えても『自我形成』に向かうエネルギーが満たされず、その補償を求めて幼児教育のような感性を育む教育を必要としているのです。

美術の授業が、日常の緊張しきった生活から、ホッと息を吐くことのできる精神をリラックスさせる時間に止まらず、時間潰しの遊びの時間と化していく傾向を見せているのも、このような教育の矛盾に起因していると言えないでしょうか。

自我の形成が、十分にできずに苦しんでいる生徒たちを救うことができるとすれば、その一翼をになうのは、感性・感情・意志さらに思考・実践力などの生きる力を体験によって体得させてくれる美術であり、芸術教科のはずです。その必要性が高まり、生徒たちからも求められているにもかかわらず、人間の心身の発達やそれに対する美術科（芸術教科）の役割についての無理解が、芸術教科の削減を推し進めていると思われてなりません。

もう一度、美術教育の在り方を問い直し、「なぜ美術を学ぶのか、また、学ばせる必要があるのか」について、真正面に向き合い、考える必要があるようです。

一九九五年に受け持ったあのおしゃべりばかりの生徒たちは、まだ言葉として使われていなかった〝学級崩壊〟を先駆けるものでした。堰《せき》を切ったように姿を現した現代という時代が育てている子供たちを前に、私は、彼らが何を必要としているのかを改めて考え直してみなければなりませんでした。

その手がかりとなったのは、次章から詳しく述べる心障学級での教育実践でした。私は、様々な状況から、普通学級の生徒たちも心障学級の生徒たちと同じく、行為することによって、心と体を具体的に動かし、生きる力（感性・感情・意志・思考などの精神活動や実践力）を目覚めさせ、育んで欲しいと求めているように感じました。

また、極度に自信を失い、表現から逃れようとする生徒には、見た目に簡単で、気持ちに負担をかけず、しかも芸術の本質に触れられるような懐の深い教材が必要だと思いました。そして、生徒自身が「自分も捨てたものじゃないな」と何度も思えるような、自らを可能性のある存在として認められるような教材を捧げたいと思わずにはいられませんでした。

いつの間にか、心障学級の教材研究に必要とされた「いかにして生きる力を育むか、自信と意欲を回復するか」という視点が普通学級でも求められていたのでした。この視点に立ち、自我の確立を目指した普通学級での試みについては、改めて一冊にまとめたいと思っております。

Ⅲ

私の色彩造形教育

1　どのように色彩とフォルムの性格を捉えるか

対象の中に入ってものを見る

生きているものを生きているものとして捉える

　私の色彩造形教育は、すでに確立されている理論や方法論を実践するというものではありませんでした。目の前にいる生徒たちが、何を必要としているのかを素直に見て受け止め、具体的に私に何ができるかを考えて、それを実行し、彼らがどのように受け容れたかを見届けて、その結果をもとに考えを深め、さらに必要としているものを提示して具体化して行くことによって、次第に方向づけられて形づくられてきたものです。

　この教育実践において、私が大切にしてきたことは、素直に現実を受け容れるという姿勢であり、働きかけた結果を意識的に位置付けることでした。生徒たちは、私に次々と問題を突き付けてきました。それらの問題をありのままに受け容れて、心から解決したいと願うとき、私の中には問題解決につながる何かしらの教材の手掛かりが、例えそれが、ぼんやりとしたものであったとしても必ず心に思い浮かんでくるのでした。(思い浮かばないときは、手掛かりになるものを無理にでも捜し求めて、手当たり次第に試行錯誤を繰り返してきたのですが……。)

私は、それらを具体化するための教材研究を重ねて、これなら大丈夫だろうと思えるまで内容を高めてから生徒たちに提示するように努めてきました。そして、うまく行ったときも失敗したときも同じく「なぜだろう」とその原因を探って意識化してきたのです。それは、必然的に色彩の性格やフォルムの性格、行為や表現の意味、時間と空間について、さらには美術の特質や芸術教育などについて考えることに繋がっていきました。

このような私の色彩造形教育は、「生きているものを生きているものとして、動いているものを動いているものとして捉える」という考え方に基礎をおき、対象に対して積極的に働きかけようとするものです。その姿勢は、すでに大学生のころ、民俗学と彫刻の二人の恩師にたたき込まれたものでした。しかし、それを深く理解し意識化し自分のものにするためには、多くの年月を必要とし、心障学級の生徒たちに出会うまで待たなければなりませんでした。

大学の彫刻科に学んだ私は、これまでずっと彫刻家として歩んできました。教師としての仕事の比重が高くなっている現在でもその立場は変わりません。

そんな私が、公立中学校の講師として五年目に心障学級の生徒たちの前に立つようになって、まず問われたことは、私の制作の在り方でした。このころの私は、モデリングによる制作をしていました。躍動感のある生きた彫刻を作りたいという強い願いのもとに制作に臨んでいたのですが、作り始めはよくても制作が進むにつれて生命感が失われていくばかりでした。「創りたい彫刻はこれじゃない」と焦り、熱くなって彫刻への働きかけを加速させました。すると、必ず、呼吸のない混沌とした無性格なものになってしまうのでした。

　私の制作は、対象を確実に捉えたいという願いから、モデルさんを静止させ固定化させる方向へと進み、一方的な働きかけに終始していたのです。能天気な私は、本来の目的が変質して正反対の立場に立っているにもかかわらず、その錯誤に全く気づくことなく、自分の正当性を信じて、ひた走っていたのでした。ですから、彫刻の中にある生命を育むことができなかったのも当然の帰結だったようです。それを象徴するかのように、当時の私は、モデルさんが少しでも動くと腹が立ち不機嫌になるのでした。

　また、自分が生み出した彫刻に対しても、それが自分とは別の存在であり、別の人格があるとは認められませんでした。今にして思うと、彫刻を意のままに支配しようと独裁者のような態度で制作していたのだと思います。

　きっと、これと同じ姿勢で心障学級の生徒たちの前に立っていたのに相違ありません。彼らを自分の所有物のように錯誤し、独断と独善の刀を振り回していたのだと思います。彼らの表情は、やる瀬なさをいっぱいにして輝きませんでした。

　どんなによかれと願い、好意から発したことであっても、それが幼稚な精神からのものであれば、ときには暴力に変わります。まして、無意識であっても背後に生徒たちを自分の思いどおりにしようという支配の気持ちが働いているのですから尚更です。生徒たちは、好意や善意という蓑《みの》を被った暴力に対して、釈然としない気持ちを抱きながら、文句の言いようや心のやり場を見いだすことができずに、硬い表情で、ただ黙るしかなかったのだと思います。もし、私の好意による暴力が、もっと強いものであったり、彼らに反発する力があったのであれば、目に見える形で授業は崩壊の危機に立たされていたことでしょう。

表情のない生徒たちを前に、私は自分の限界を身に沁みて感じさせられました。彼らは、無言のうちに確かに私の間違えを指摘しており、その沈黙の訴えから逃れることもできずに、悶々とした日が続きました。その状態から脱することができたのは、ある日、心に甦ってきた彫刻家ロダンの言葉であり、かつて二人の恩師が異口同音に話してくれた言葉でした。

「自然を見よ。真実であれ。単純率直であれ。素直であれ」

その言葉をくりかえして心に思い浮かべていると、それが、「生きているものは生きているものとして捉よ」という言葉に置き換っていきました。ようやく自分自身のものごとに対する根本的な取り組みの姿勢や無意識の中にある傲慢さが原因であることに気づかされ、それから、意識的に生徒たちの表情や姿が語っている言葉と自分自身の実感を素直に見つめて、それをありのままに受け容れるように努めました。すると、次第に彼らの立場に立って考えられるようになって行きました。とは言っても、私の一方的で幼稚で独善的な性格や傲慢さは、忘れたころに突然に姿を現して、たびたび私を赤面させるのですが……。

この学級の生徒たちは、一見無抵抗のように見えますが、彼らの生きる力（感性・感情・意志・思考・実践力）を強めるものに対しては率直に喜びを表し、そうでないものに対しては、顔を曇らせ、さらに無理を強いると自分の世界に逃げ込んで無表情になるのでした。その真っ正直な表情を手掛かりに、彼らが必要としているものを捜し求めて試行錯誤を重ねていきました。その過程は、前著『生きる力を強めるために』（はる書房）の中で述べています。

新しい視点　対象を外から見るばかりでなく、その中に入って中から見るんだ。色彩の体験は、新しい視点を与えてくれた。

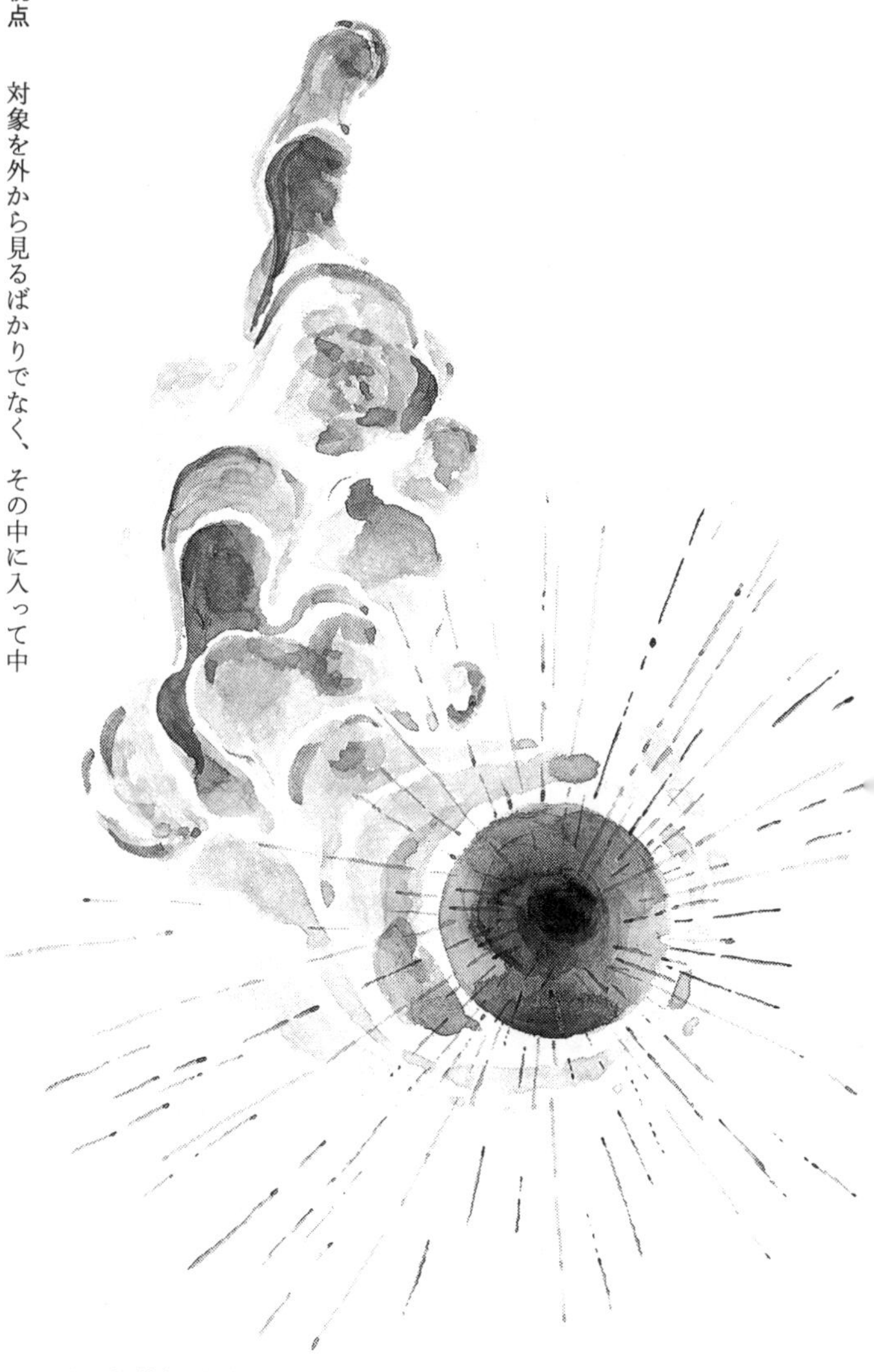

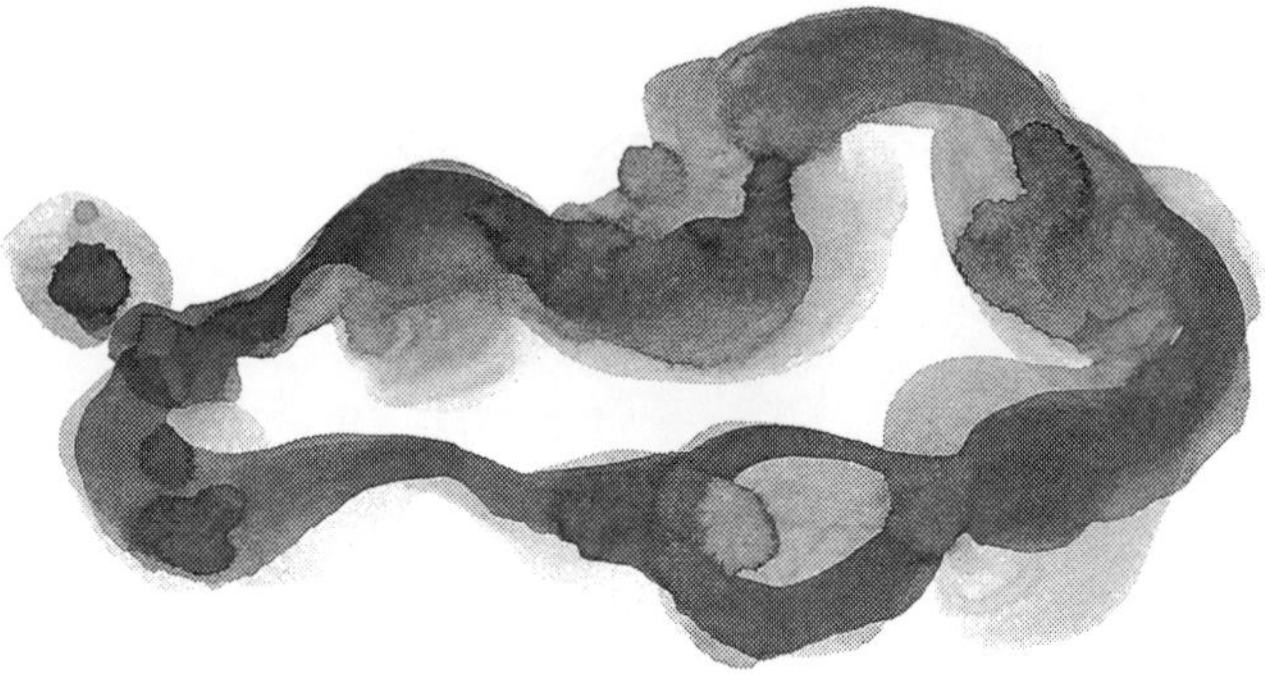

色彩の性格Ⅰ　自然な色彩は、透過性があって、心にすーっと染み込んでくる。そして、心をホワッと解き放してくれる。

色彩の性格Ⅱ　同じ色彩であっても、壁面性が強く物質的で呼吸のない色彩もある。

さまざまな課題に取り組む中で次第に明らかになってきたのが、彼らの心を動かし、開かせ、生きる力の糧となるのは、まず、色彩の体験であるということでした。その確信を深めさせてくれたのが、第一章で述べたような身近な植物で染めるという教材との出会いでした。染めの教材研究や生徒たちとともに行った実践の中でチューリップの花の色の変化や四季折々の身近な自然の色の変化に気づかされて、私は、色は〝動く〟ものだという実感を深めました。

また、動きのある色の世界に入って、それに包まれる体験をすると、心も知らず知らず動かされているのを感じました。そして、対象を外から観るばかりでなく、対象の中に入って、そこから世界を観るという新しい視点を得ることができたのです。つまり、自らも外囲《がいい》の世界につつまれており、その世界を内側から観ている存在なのだと気がついたのです。

新たな目で生徒たちを見ると、彼らは、色彩の世界に親しく、自分と他者との境界が判然としておらず、極めて主観的な世界に生きていることが分かってきました。そして、それは、私が生きようとして来たフォルムの世界とは対極にあるものだったのです。

色彩の性格について―色彩の二つの性格―

私は、私の色彩造形教育について話す機会を与えられたとき、必ずと言っていいほど、身近な植物で染めた絹のスカーフを持って行きます。

「さあ、このスカーフの色を見て下さい。これは何で染めたと思われますか」と始めるのです。すると、緊張していた会場の空気が一瞬にしてホワッと和みます。この心を解き放し、しかも酸素が体の中に吸収されるように抵抗なく受け容れる力を呼び覚ます色彩の性格には、ほんとうに驚かされるばかりです。

身近な植物で染めた色は、透過性があって、無条件に私たちの心の中にスーッと浸み込んでくる性格を持っていて、心に壁をつくらせないのです。共感的で、心を和らげ静かにさせてくれます。

現代に生きる私たちの心をホワッと解き放してくれる、この懐しさは何でしょうか。私たちの心の奥底には、すでに忘れかけ失いかけているにもかかわらず、脈々と生きていて、いつも呼び出されるのを待って用意されているものがあるようです。それが、自然な色彩に触れたとき、様々な情景や感情となって呼び覚まされるのだと思います。

例えば、春の一面に広がる菜の花畑に立ったときの明るい思いであったり、水々しい若葉の森の中で感じる清々しさであったり、夏の夕暮れの空を見ながら心に広がる安堵の思いだったりします。外から見て、それと対峙するのではなく、色彩の世界が私たちをつつみ、広がる情景の中に立たせてくれるのです。

私たちの色彩体験は、人類の祖先が、生命を得てから営々として続けられ、常に情景につつまれて、様々な思いとともにあったからだと考えられます。

このスカーフの色は、実際に身につけたときに、いっそうその力を発揮するものです。植物で染めた色は、赤・青・黄色など、多くの色の要素を渾然《こんぜん》として複雑に持ちながら、赤を主張したり、青や黄色を主張します。赤に見えていても青みや黄みが見え隠れするのです。しかも、同じ赤でも背後に、その植物の持つ性格（植物の種類・同じ植物であっても花なのか、葉なのか、樹皮や幹の芯材なのかなど）を合わせ持っています。

スイッチON　緑の森の中をよく歩いたし、海にも出かけたなぁ。刻々と変化する自然の色彩につつまれる体験は、心の深いところにある何かを目覚めさせるんだよ。

そのような多様な性格が、身につけた人の性格と結びつき、ひびき合って、顔を輝かせるのです。そこには、何ものにも縛《しば》られない自由さがあり、和やかさ・静かさ、安らぎがあります。私たちが、このような膨みのある色彩と共鳴して存在したとき、その姿が美しく感じないはずはありません。

生徒たちとともに自然の色彩との結びつきを強めていくと、それが、彼らを取り巻く外の世界に目を開かせて受け容れる力を目覚めさせ、育み、さらに感情を深めさせてくれるものだと確信されていきました。

透過性と多様性のある色彩は、目に見えて、生徒たちの心の中に浸み込み、切れ込んで、感情を突き動かし、揺り動かしてくれるものでした。このような体験をくり返し、蓄積していくと、明らかに感情が豊かさを増して、深められていくのが感じ取られました。

感情が豊かに深められると、必ず、それを〈表現〉したいという衝動が高まってくるものです。体の中から湧き上がるように、言いたいことがあって、それを自発的に表現しようとするとき、人は誰しも光り輝きます。その命のある生きた表現をしっかりと受け止め、大切にしたいと思いました。

どんなに描画を苦手としている生徒であっても、色彩に満たされ、感情が動きはじめると、その表現は、喜びに変わりました。蓄積された思いを表現として解き放すことは、本来、誰にとっても快いことなのです。表現することによって、新たな表現が引き出され、さらに精神活動が活発となり、積極性が生まれ、やがて、はっきりとした目的意識とともに、その実現に向けて行動できる意志力の高まりへと発展していきました。

植物で染めた色　赤に見えていても青みや黄みが見え隠れしている。植物で染めた色は、その植物の性格を背後にもって、強くて和やかだ。

表現が喜びに変わる

感情が蓄積されて豊かになると、それを表現したいという衝動が高まる。体の中から湧き上がる思いを色彩とフォルムで表現するということは、何と楽しいことだろう。

自然な色彩の体験が、感情を深め、さらに意志力へと展開する過程と、消極的な描画表現から積極的な描画表現へと変容させていく姿は、腹の底から感動させられる痛快なことでした。これは、私にとって、大きな発見であり、このような体験をすべての子供たちが、真に求めていると思われました。

同じ色彩であっても、物質的で呼吸のない色彩もあります。

現代の都市に満ちているこのような色彩も、やはり、強烈にしかも直接的に、私たちの心に働きかけてくるものです。それは、壁面性が強く、対立的な性格を持っています。自然がもつ色のようにスーッと心に浸みてくるのではなく、パッと私たちの意識を目覚めさせ、緊張させるものです。

街の中を歩いていて目にするポスターや看板などは、私たちの注意を引くために、あっと驚くような意表をつく色彩の効果を演出して、この色彩の性格を強めています。視覚伝達を目的とした色彩は、自然の色のようにまわりの色と同化しやすいものでは、役割を果すことができないからです。

また、建物の壁面を飾る色彩も、その機能的な役割を果すために、より壁面性を強め、透過性を排除しています。したがって、私たちは、無意識のうちに緊張させられ、呼吸のない壁面性の強い色彩に囲まれて暮していることになります。それが、子供たちの対立的な荒い感情や柔軟性のない思考と無関係だと言いきれるでしょうか。

私は、明らかにこれらの色彩の影響を受けていると感じています。

だからと言って、色彩の二つの性格について、どちらが良いとか、悪いとか、必要であるとか、不要なものだとか言っているのではありません。

ただ、同じ色彩であっても、有機的で共感的なものと、無機的で対立的なものがあるということを明確に位置付ける必要があると考えているのです。子供たちの精神を健康に育むためには、彼らを取り巻く状況が、どのような本質を持っているかを、客観的に理解しなければならないと思うからです。

色彩は、精神を育み高める糧ともなれば、反対に精神に暴力を加え、破壊するほどの凶器にも成り得るものです。それほど精神活動に対して、直接的な強い影響力があると認識しなければなりません。

その位置付けのもとに現代の子供たちを見ると、彼らが、無機的で対立的な色彩に偏った環境の中で暮していることが分かります。その偏りは、自然な色彩の世界があると気付かないほど極端なものです。彼らは、豊かな感情を育みにくいばかりか、絶え間なく精神を覚醒させられ、休息を奪われ、疲れさせられています。子供たちが、無気力に追いやられている原因は、そこにもあると考えられます。

無機的で対立的な色彩が、精神活動を高めて行くうえで有効に作用できるのは、自然な色彩によって、まず、感性や感情が深められている場合に限られています。これらの関係は不可逆的なものなのです。もし可逆性があると捉えて逆転した色彩教育を行ってしまうと、健全な自我形成が阻まれてしまいます。

だからこそ、透過性と多様性に富み、心を癒し、温かな感情を呼び覚ます自然な色彩による教

色彩と感情　　呼吸のない色彩も自然な色彩と同じように直接的に感情に働きかける。無機的で対立的な色彩ばかりに囲まれていると、心が固まり生きるということが分からなくなってしまう。

育が、現代の子供たちには必要とされているのであり、色彩の二つの性格を深く認識して、そのバランスをとる賢さが求められていると思うのです。

しかし、残念ながら、美術教育においても色彩の二つの性格が、十分に認識されているとは言われません。時代は変わり、子供たちが置かれている状況は、全く逆転しているにもかかわらず、無機的で対立的な色彩に偏った教育が、依然として続けられています。

これからの色彩教育が、二つの色彩の性格をはっきりと認識し、子供たちの真実の求めに応えられるように、常に新しく生まれ変わることのできる柔軟性に富んだものであることを願わずにはいられません。

フォルム化とは―自己コントロール（制御）する力―

フォルムの性格について　その一―柔らかい状態から硬い状態へ―

フォルムとは、フランス語で、日本語では形・すがた・形式・形態などと訳されている言葉です。かたちという言葉を素直に使うべきなのかもしれません。しかし、私にとって、その言葉は、無機的な外側だけのかたちしかイメージさせてくれませんので、かたちの実体や内なる充実によって、内から外へ膨らむボリュームも合わせてイメージさせる言葉として、フォルムという言葉を使っています。

透過する色彩のように壁面性を持たず、自他の境界が判然としない色彩的な性格を強くもった生徒たちと共に歩むということは、当然、その対極にあるフォルムの性格を考えることでした。それは、私にとって、彫刻とは、造形とは何かを考えることでした。

この学級の生徒たちに共通して言えることは、極めて直感的に生きているということでした。相手に自分を委ねて良いかどうかを、瞬時に判断しますが、過去の判断と現在の判断を組み合わせて総合的に捉えることが苦手でした。関係付けて見ることができにくいのです。時間意識が希薄で、現在だけに生きていると言い換えることもできるでしょう。

それは、加算的な性格が強いことにも現れていました。例えば、紙版画のように紙を貼り、次から次へと思いを加えていく課題のときは、心を開いてできるのですが、木版画のように板を削るという減算的な働きかけを必要とする課題のときは、抵抗感も強く、極端に緊張して、混乱を起こしやすいように思われました。

版木を削るときに、「どうしよう、どうしよう」と言って、自分の動きを制御できずに、彫り残す所に至っても、なお彫り進んでしまう姿を見たとき、それが自他の境界が判然としない、彼らの一つの性格を象徴しているように思われました。明らかに次元を画して、乗り越えてはならない壁を自身の中につくることができないのです。したがって、減算的な行為によって、逆にポジティブな表現をするというねじれた表現活動が難しいのでした。

このような生徒の場合は、特に幼児的傾向が強く見られました。遊びとして仕事をすることはできても、責任をもって仕事をすることができません。無理にさせようとすると、できない訳ではありませんが、全く精神の活動を停止させて、表情を失い、機械的な作業になってしまいます。

その絶望した表情を汲み取ることをしなければ、彼らの可能性は閉ざされてしまい、人間としての尊厳までも奪うことになりかねません。そのことを彼らの教育に携わる全ての人たちが深く認識する必要を感じます。

また、握手などをすると、手は、プワプワしていて柔らかいことも共通していました。あるいは、布などの柔らかい素材に対して馴染みやすく、硬い素材に対しては、馴染みにくい傾向も見られました。あらゆる面で柔らかい世界に生きていると言うことができると思います。

彼らの精神発達に添うように、感情に働きかけ、主観的に対象を捉えることを認め、夢が膨らむように条件を整えると、水を得た魚のように生き生きとした表情で表現できますが、反対に、「よく観て描くんだよ」と言って、客観的な表現を求めると、途端に緊張し、心の動きを失ってしまうことを何度も経験しました。

このような色彩的で、主観的な傾向は、意識の目覚めとともに驚くほど変化していくものでした。プクプクとした手に硬さが生まれ、次第に、ごつく感じられるようになり、打ち壊すほどの強い力を持ってくると、それと同時に自己コントロールする力が引き出されて高まり始めるのです。やがて責任をとる力に育って確実に、仕事を任せられるようになっていきました。

私は、そこに肉体と精神の〈フォルム化〉を見るように思いました。

もう一つ、同様の手がかりがありました。私は、中学校の普通学級でも授業を受け持ってきました。その生徒たちは、先の「よく観て描くんだよ」という言葉によって、心を開き精神を自由にすることができるのでした。例えば、普段なにげなく見ていた花を意識的によく観ることによって、それまで気がつかなかった様々な発見ができます。あるいは、優れた作品を模写すること

フォルム化の過程　それは、柔らかい状態から硬い状態へと変化する性格をもっている。赤ちゃん・幼児・少年・青年・壮年・老年、私たちの一生と重なり合うようだ。

によって、作者の精神活動や生きざまに触れることができます。客観的によく観るという行為によって呼び覚まされる「ああ、自然は不思議だなぁ」「美術の世界は、奥が深くて広いのだなぁ」という思いが、彼らの精神活動を活発にし、世界を広く明るいものにしてくれるのでした。しかし、近年、生徒たちの幼稚化が進み、その言葉に力が失われてきているのですが……。

このような事実の中で、私は、フォルム化とは何かを考えました。

それは、柔らかい状態から硬い状態へと動き変化する性格を持っていると思います。丁度私たちの肉体のようにです。私たちが、赤ちゃんとして生を受けたとき、すこぶる柔らかい状態にあります。それが、幼児となり、少年・青年となるにつれて、柔軟性とともに肉体の強さを増していきます。やがて、壮年となって肉体を完成させ、さらに老年となって、硬く脆くなっていく過程と同様の性格を持っていると考えたのです。

そして、私は、これらの考えを彫刻の制作に重ね合わせてみました。彫塑の制作では、内から湧き上がる力（ボリューム）を育て、それを広げていきます。フォルムの中にボリュームがはちきれそうに満ちて、これ以上広がることができないという所まで展開させます。

確かな存在感とともに、そのフォルムは、悪い印象を与えないものですが、どこか鈍さを含んでいてスッキリとあか抜けせず、エレガントさを感じさせない不自由なものになります。そこから先へ展開するためには、削り取るほかありません。

それが、フォルムの性格ではないでしょうか。

また、作者が彫刻に無批判に一方的に働きかけてしまうと、かつての私の彫刻のように混沌《こんとん》として無性格なものになってしまいます。そこには、削り取る必要があるのかどうか、作者の願いから生まれた〈内なる世界〉と〈外なる世界〉のはっきりとした位置付けが必要です。つまり生命体としての彫刻の意志と作者の意志との均衡あるいは、実体としての彫刻とそれを取り巻く空間との均衡が必要なのです。

フォルムというのは、加算的性格や減算的性格のどちらか一方に偏ることでその生命感や存在感の高まりを得るのではなく、両者を合わせ持つことで高まりを得るのだと思います。共感も反感もともに受け容れ、それら相反するものをコントロール（制御）することがフォルム化だと考えました。

このような発想の裏付けを与えてくれたのが、NHK教育テレビ「市民大学」の講座テキスト「生命科学と人間」（中村桂子著『生命科学と人間』NHKブックス）でした。私は、本屋で偶然にこのテキストと出会いました。一九八九年二月ごろのことでした。

テキストを手にすると、すぐにその中のニワトリの前肢ができる過程の写真が、私の目に飛び込んできました。「何だろう、これは」。そう思って目を走らせると、次のように書いてありました。

ここでは、死もプログラムされています。トリの前肢が出来ていくところをみると、まず一つのかたまりができる。それから図のように一部の細胞がだんだんに死んでいき、指ができます。（中略）私たち真核多細胞生物では生きると必ず死があるのですが、実はその前に、生まれようとすると必ずその過程に死がある。それがなければ一つの個体としてはたらけなくなる場合さえあるということです。

つまり、私たちの手の指や顔の凹凸も死を受け容れることによって生じたものであることを知り、私は驚嘆し、「五指を自由にコントロールして動かすことも精神を自由にコントロールして活動させることもともに死を受け容れることで在るのだな、そうか」と思いました。

そして、それまで漠然と考えていたフォルムとは何かが理解できるように感じられました。私の彫刻の生命感が高まらないのは、かたまりができる過程と死を受け容れる過程の位置付けが曖昧で、混同していることが、つまり、ボリュームを育て上げていく過程と削り取る過程の区別がはっきりしていないことが原因でした。制作の過程が、不安定で振幅が激しいのもそのためでした。

同時に生徒たちの問題も理解されてきました。彼らに必要なものは、色彩を中心にすえた感情を深める教育です。心をいっぱいに満たし、一つのかたまりとして、まず存在させることです。それから、自分はどのような生き方をいたいと思っているか自己意識に照らした取捨選択によって死を受け容れるように削り取って自我を高める教育です。まず、色彩教育があって、そこに造形教育が重ねられる。それが、美術教育の不可逆的な筋道なのではないでしょうか。

フォルムの性格について　その二―温かな感情や信頼感を呼び覚ます―

また、色彩の性格に感情を深める要素と意識を目覚めさせる要素があるように、フォルムの性格にも同様に二つの性格があると考えました。一つはこれまで述べてきた柔らかいものから硬いものへ動き、それから自己意識に照らした取捨選択によって自我を昇華していくという性格です。

手の誕生　　こりゃびっくり。ニワトリの前肢誕生の写真が私の目を奪った。そうか、五指の自由も精神の自由も死を受け容れることであるのか。フォルム化と自由さは一体になっているのか。

もう一つは、実際にものを創り出すというフォルムの具体化と一体になっている、触覚を働かせることによって呼び覚まされる温かな感情や信頼感、さらには自己コントロールを引き出す性格です。

私たちは、触るという行為によってもののフォルムを感じとり、人工物としてのもののフォルムを創り出し、さらに心を温め育んできました。フォルムの具体化が、触るという行為によって成り立ち、温かい感情や信頼感を呼び覚まして、しかも自他の存在を認めることに繋がっているということに、私は注目させられました。私は、教材研究や実践を重ねて行くたびに、触覚を働かせることが、自我形成の不調に起因する「現代の教育問題を根本的に解決する糸口になる」という思いを強くしました。それは後で述べる〈行為と心理・時間と空間〉の意識化へと発展するものでした。

ここで言う触覚とは、皮膚感覚のことであり触覚・圧覚・温度感覚・痛覚を含むものです。この皮膚感覚は、私たちの生命維持のために極めて重要なものです。もし、温度感覚や痛覚がなかったとしたら、火傷や負傷をしても気づきませんし、触覚や圧覚がなかったとしたら、自由にものを作り出すこともできません。触覚は、体を守り生活を打ち立てる役割を担ってきたのです。

この感覚は、視覚・聴覚・嗅覚などのように多かれ少なかれ体から隔たった変化に反応するものではなく、味覚と同様に体に直接触れた変化を感じとるものです。この直接性こそが、この感覚を特徴づけているのではないでしょうか。また、すべての感覚は、外からの刺激を体の内に受け容れるという点で、求心的性格をもっています。

私たちが、子供の頭をなでるとき手のひら全体を使います。決して指先だけで行うことはあり

皮膚感覚　温かな感情や信頼感を呼び覚ますためには、生命のある色彩に触れることと皮膚感覚を満たすほかはない。そこに注目しなければ、教育問題の根本的な解決はあり得ないと思う。

ません。この何げないあたり前の行為は、触覚の性格を見事に物語っていると言えるでしょう。子供は、点としての指先ではなく、より積極的で直接的な面としての手のひらでなでられることによって、より多くの熱と愛情を感じとり吸収して心を温めることができます。また、私たちが深い愛情とともに赤ちゃんを抱こうとするとき、ごく自然に全身でつつみこむような姿勢をします。それは、赤ちゃんの全身を覆っている皮膚感覚を直接的に満たそうとするからであり、より効果的に愛情と熱を伝えようとするからではないでしょうか。

その行為は赤ちゃんの心に向かい温めるという〝求心性〟をもっています。これらの愛情と熱を伝える行為は、私たち大人が赤ちゃんと向き合うことによって成り立ち、大人にとっても赤ちゃんにとっても独占的性格の強いものです。それによって、赤ちゃんは、自分がかわいがられており、肯定された存在であることを実感でき、大人はより一層の愛情を深めることができます。

そして、熱と愛情が十分に蓄積されて自分は肯定された存在だと感じたとき、子供の心の中には「信頼」という確かなより所が生まれて育まれます。そのより所が確かなものであればあるほど、子供は、勇気をもって、より能動的に自分を取り巻く世界へ働きかけて行くことができます。積極的で意欲的な行動を引き出し、それを支えてくれるものは、愛情であり信頼感なのです。

子供の成長を見ると、赤ちゃんは、手にしたものを何でも口に運んで、しゃぶるという行為によってそれを知覚しています。やがて、手で触るだけでも対象を知覚できるように成長し、さらに、触覚を通して積極的にものに働きかけて、その対象への影響力を感じ取るようになります。その直接的な働きかけと受容を繰り返して行くと、ものを作り出す力（フォルムを具体化する力）へと高まって行きます。どんなに小さなものであってもフォルムを生み出そうとするとき、自分の行為の結果を推し量りながら働きかけと受容を呼吸のように繰り返さなければなりません。このフォルムの具体化は、あくまでも自己コントロール（制御）を必要とし、一方的であっては成り立たないものなのです。

このように、触覚が、単にものに触るという感覚ではなく、フォルムを具体化させる力であり、その直接的・求心的・独占的な性格は、対象としっかりと向き合う力や集中力に置き換わるものであり、温かな感情や信頼感は、能動的に触るという行為や受動的な熱の体験によって呼び覚まされるものであり、自他の存在を肯定する力になり得るということに、そして、何よりも自己コントロール（制御）する力を育み、自我形成に働きかけることに私は大きな意味があると考えます。

しかも実に興味深いことに、対象と向き合うことで画面の中の空間に触れるように描く触覚的な表現を引き出したり、温かな感情を呼び覚ますことで表現意欲を引き出したり、触覚に注意を向けることによって対象に向き合う力や集中力を引き出したりというように、これらが相関関係にあるということです。

その具体的な例をいくつか述べることにしましょう。最初に紹介するのは、生徒にきちんと向き合うことから信頼感を育み、そこから触覚的な表現を引き出した例です。

新年度を迎えてある生徒が入学してきました。彼は、私の話し方やしぐさを真似ることが多く、自分がして欲しいことを表すために「先生は、○○してほしいの」というように間接的な自己提示をしたり、私に限らず話し相手と目を合わせて話すことができませんでした。また、多動で、

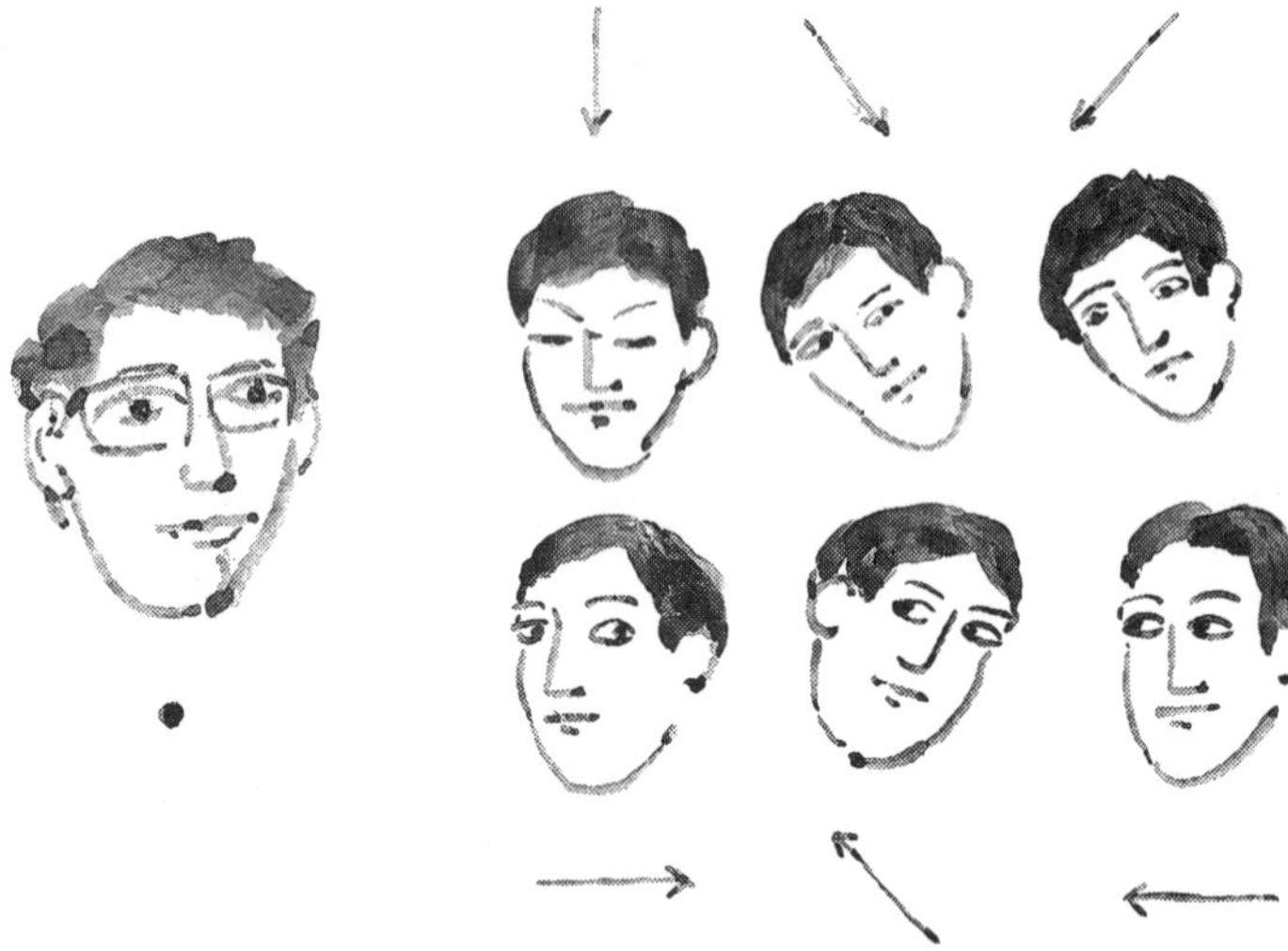

きちんと向き合う　ものを隠したり、画用紙をわざと破ったり、話をしようとするとすぐに目をそらす。そうか、それが私を独占する手段なのだな。きっちりと叱って可愛がって上げよう。

ものを隠したり、画用紙をわざと破ったり、絵の具のビンを引っ繰り返したりと、私が嫌がりそうなことをして、私の反応を窺い試し続けました。

それを注意すると、下を向いたり、顔を上げても手で隠したり目をつむったりなど逃避的な態度をとりました。強く叱り付けると泣き叫んだり、鼻水やよだれを流してそれを顔中に塗りたくるのでした。それは、彼にとって私に対する一種の脅しであり、関心を引くための手段であったと思われます。しかし、それも効果がないと見ると、無気力を装って床に寝そべるというものでした。

私もいろいろな働きかけをして彼の反応を見ましたが、一朝一夕にはいかないと覚悟を決めて、じっくりと信頼関係を築いて行くことにしました。彼には、まず、突き放した冷たい態度をとらずに共に時間を過ごすことが必要だと考えました。

四月・五月は、どこか遠慮がちに我がままな行動を続けておりましたが、六月に入ると慣れてきたのかますます増長してくるように見えました。私は、そのときを「ある信頼関係ができた」と捉えました。そして、次のように宣言しました。

「今日まで君を許すことが良いと思ってきた。しかし、どんなに許しても君は良くならなかった。我がままになるだけだった。私は君に良くなって欲しいと思っている。これからは、君に君としての責任をちゃんととってもらうからそのつもりでいろ」

それから、はっきりとした基準を示し、やってはならない行為をしたときは、後始末をさせ、謝るのでなければ絶対に許さないという硬い姿勢で臨みました。彼の場合は、我を折ることで情緒が安定するのでした。そのために不機嫌な顔を演じたり、文句があるぞという役を演じたりして彼の前に立たなければなりませんでした。私が、強い抵抗として存在したとき、彼は、ようやく自分を省みようとして落ち着いた表情になるのでした。それでもわずかな隙を見つけては、噛み付いたり、ものを隠したりが続きました。きっと、それは、私を独占するための手段であったと思います。

私は、彼の求めに応じて何度も何度も彼と向き合い、叱り、我を折らせて行きました。ほんとうは嬉しくないはずの涙に濡れた一つ一つの触れ合いが、彼にとっては存在を認められることであり、求めて止まないものだったのです。この間の彼は、ほとんど描くことも作ることもできず、わずかに詩の心を色彩で表す課題以外は、密度のないグルグル描きだけで、作品らしいものを残すことはできませんでした。

そして、夏休みが終わり、二学期の最初の授業で見せた彼の表情は、一学期に比べて、はるかに落ち着いて明るいものに変わっておりました。きちんと向き合って叱られたという記憶が、休みの期間に存在を認められたという信頼感に育っていたのだと思います。

グルグル描きでは、一方的に表現をまき散らすようにするのではなく、画面の空間に触るように丁寧に描く姿が見られるようになり、その中に好きなお相撲さんや家族が登場するようになりました。また、木の葉の上に色紙《いろがみ》を置いてフロッタージュをしたときには、上手にこすり出すことはできませんでしたが、それを切り取って台紙に貼るときには、色紙の隅々まで触って糊付けができるようになっていました。さらに、毛糸で織った壁掛けの制作のときは、木の枝を曲げて縦糸を張り、その間を横糸を縫うようにして織ったのですが、リズムよくその間を通して織って行くことができました。

それと重なるように、目と目を合わせて話す回数も多くなり、できる仕事も増えて行きました。そして、課題に集中できたときは、「ぼくのことを誉めて欲しいの」と間接的にではなく自分の言葉で直接的に話すことができるようになっていきました。

次は温かな感情を呼び覚ますことで、表現意欲を引き出した例です。

この生徒は、自閉的な性格が強く潔癖症でした。体が細く、手を握るといつも冷え冷えとしていました。秋に菊の花を描いたときのことです。描画が苦手な彼は、その日も描こうとせず、机に寝そべっておりました。私は、彼の側で次のようにささやきました。

「この絵も文化祭に展示したいと思っているんだけれど……。描いてくれるとうれしいな……」。すると彼は、「ニャーオン、猫になった。ニャーオン」と言います。

これは、明らかに逃避している姿です。私は、しばらくの間、彼の側から離れることにしました。追いかけたら逃げるのが人間の心理です。歩み寄ってほしいときには、まず、離れることも一つの方法です。そして、時間をおいてから、「A君、ちょっとおいで」と言って呼んで、彼を膝の上にのせて抱いたままボソボソと話をしました。この態勢だと直接に顔を合わせないで済みます。追い込まれた気持ちにさせずに体を温めることができました。熱を伝えながら、

「今日はいい天気だねぇ。空は青いし、すっかりと秋になったね。君は、夏休みの間、毎日毎日、菊の水かけをしてくれたんだよね。きっと、熱い太陽が照りつけていたんだろうね。小さかった菊の苗もあんなに大きく伸びて、たくさん葉をつけたし、美しい花も咲かせてくれたよ。今はもうチューリップの球根を植える季節になってしまったなぁ。ところで、このごろ何か楽しいこと

があったかな。あったら教えてくれよ」

などと話しながら彼を温めます。体が温まると温かな思いが心の中に広がってきます。そのころを見計らって、「どう、そろそろ描けるかな、描いてくれると嬉しいな」と打診してみます。反応がないときは、さらに、彼の心が満ちるまでゆっくりと構えて待ちます。

満足してくると体がムズムズと動き始めますから、そのときは元気のよい声で、「さあ、席に戻って描いてごらん」と言って送り出します。彼は、描きたくないのではなく、描くエネルギーが体の中から湧き上がって来ないだけなのでした。私の熱を吸収しながら、描こうとする気持ちを高めて心の準備をしていたのです。温められた彼の心の中には、毎日水をやりにきた夏休みの思い出が、菊の花の成長する姿とともに確かに甦っていたのだと思います。今度は、見違えるように生き生きとした姿で一気に描き始めました。

また、触るという行為をくり返して体験する機会を設けることによって、集中力や対象に向き合う姿勢を呼び覚ますことができました。次の章では、その具体例をいくつも紹介しています。触覚を働かせ体験を重ねることによって、自信のなさを乗り越えたり、表現の抵抗を和らげたり、温かく熱のある表現を引き出したりと、その威力には目を見張らされるばかりでした。

触覚体験は、心障学級の生徒ばかりでなく、あらゆる現代の子供たちにも必要とされていると思わずにはいられませんでした。なぜなら、彼らは、現代の消費的な生活の中で、直接に自然物に働きかけて生活に必要なものを作り出すという生産的な行為を見る機会が少ないばかりか、それをする必要とされていないからです。彼らは、例外なく触覚を働かせる機会に恵まれていません。

猫になった　「ニャーオン、猫になった。」これは、明らかな逃避です。私は、しばらくしてから彼を呼んでダッコした。
熱が伝わり体が温まると、彼の心の中に夏の思い出が蘇って来た。

ものを生み出すということが、触るという行為（触覚行為）によって成り立ち、さらにどのようなフォルムを生み出すかという目的意識（これは作り手の自己意識から生まれるもの）を必要とし、その具体化の過程においては、絶えず目的意識に照らした自己コントロールを必要とします。このような視点に立つと、触覚を働かせる機会の喪失が、彼らの自我形成にとって、どんなに大きな痛手であるかを思わされ、愕然《がくぜん》とさせられます。心を育むために、言い換えると生きる力を育み自我を育てるために、生活の在り方そのものを考えなければならない時代に至っているようです。

私の色彩造形教育は、目の前にいる子供たちと自分自身の現実を素直に観ることによって、色彩の性格やフォルムの性格の位置付けを経て、さらに行為と心理・時間と空間の意味を意識化する方向へと進んでいきました。とは言ってもスンナリと方向が定まってきたのではありません。美術の立場から、子供たちが抱える問題を根本的に解決したい、屈託のない輝く表情を見たい、というはっきりとした目的意識はありましたが、はじめは、その実現のために何ができるかは全く混沌としておりました。ぶざまな姿をさらけ出してその状態を引きずるようにしながら、試行錯誤を重ねた結果です。

色彩とフォルムの性格や行為と心理などさまざまな意識化も、それぞれ暫定的な位置付けをし、それをたたき台として、また、新しい位置付けをしてみるという果てしない繰り返しの上にあるものです。

2 問題解決のための美術教育

行為と心理・時間と空間

色彩と造形による表現は、いろいろな要素を含んだ行為によって成り立つものです。削る・矯《た》める・彫る・曲げる・練る・付ける・塗る・写す・切る・結ぶ・割る・分ける・打つ・選《よ》る・ねじる・突く・入れる・出す・括《くく》る・巻く・広げる・開く・通す・砕く・計る・触る・折る・織る・編むなど無数の〈行為〉を必要とします。

これらの行為は、第一章や前項で述べたように、生命を身近に感じたり、必然的に対象に向き合うことができたり、意識の目覚めや理解力・柔軟な思考・温かな感情などを引き出してくれます。単にものを作り出したり表現することにとどまらず、それぞれの行為の性格（行為がどのような動作によって成り立っているのか、また、それぞれの動作は人間にどのような空間運動を求めるのか）によって、視覚や触覚などのあらゆる感性にさまざまな刺激を与え、感情・意志・思考などの多様な精神活動を呼び覚ましてくれるものです。

私は、何かに駆り立てられるようにして動き回る生徒やボーッとまどろむようにしている生徒たちを前に、「彼らは、本当に何を必要としているのだろうか」と考えさせられました。私は、彼らの本来もっている能力を最大限に引き出したい、潜在している感性や精神活動を目覚めさせて高めていきたいと願いました。そして、「誰でもない私自身に何ができるか」を考え続けました。問題解決の主体を私自身に置いたのです。

やがて、受動的な立場に立つことの多い彼らには、ものに直接的に働きかける体験が必要であり、能動的・生産的立場に立つことが大切だと思い至るようになりました。

ものに働きかけることは、行為することにほかなりません。多様な行為は、人類がどのようにして生命を維持してきたか、人類の生命の歴史に触れさせて、私たちに潜在している能力を引き出してくれると考えました。私は、彫刻の制作の中で触るという行為を何遍もくり返して、行為に伴う空間運動が心理（精神活動）と結び付いていると実感してから、行為の性格とそれによって呼び覚まされる心理（精神活動）をはっきりと認識して位置付ける（意識化する）ように努めました。この視点に立って教材研究と実践を重ねていくと、日増しにその重要性と可能性の大きさに気付かされていきました。

行為の性格を意識化していくためには、その性格を象徴的に捉えることが必要とされました。話すことは〝放す〟ことだ。それは、体の中にある力を外に放すことであり、釘を打つことに通じ、表現することに通じる。このように象徴的に捉えることによって異なる次元の事柄を置き換えて重ね合わせて考えることができるようになり、柔軟な発想が可能になって彼らが必要としている教材を身近にあるものを活かしながら具体化して行くことができるようになりました。

この発想の基になっていたのは、学生のときに参加した民具調査でした。その調査を指導されていたのが民俗学者の宮本常一先生で、このとき民具を人間の行為や動作によって分類して、民族間の文化比較や技術と民具の発達過程を明らかにしようとする新しい試みを実践されていたのです。しかも、先生は民俗学の問題を美術の世界に活かしていくことができるように、明らかにそれを意識して、くり返して話してくださり、象徴的に捉えることとの実際を見せてくださいました。

夏休みを東京を離れて楽しく過ごそうというぐらいの軽い気持ちでしかなかった私も、民具を運びだし、計測し、作図する仕事を手伝う中で、無意識のうちに行為の意味を考えるようになっていきました。それが、いつの間にか私の中に育っていて、生徒たちの問題を解決したいと願ったときに、大きな力を与えてくれたのだと思います。

実際に教材を具体化しようと試みると、これまで何度も出会いながら、十分に意識化できなかった問題が、改めてはっきりとしてきました。それは、生徒たちの〈時間意識〉と〈空間意識〉が未分化（未発達）であり、希薄であるということでした。

行為というのは、幾つかの動作が組合わさった空間運動によって成り立つものです。したがって、そこには、必ず時間の展開が生まれます。始まりがあり、過程があり、終わりがあるのです。ところが、体験が少なく自信をもつことができない生徒の場合は、ある行為をしようとするとき、そのすべての動作と時間が、いっぺんに心の中に押し寄せてしまい、何から始めてよいのか分からなくなってしまうのでした。

その混乱と不安を打ち消すかのように闇雲に体を動かして、一時でも早く結果を得て、その場から逃れようとするのですが、焦れば焦るほど混乱は深まって自信を失ってしまうのでした。私は、彼らの心の中にどのようにして時間と空間の意識を呼び覚ますかを考える必要に迫られました。

私にとって、時間と空間という言葉は、至極耳慣れた馴染み深いものでした。それらは、彫刻の制作に欠くことのできない要素だからです。彫刻家の清水多嘉示先生は、彫塑の指導の際に、舞うような仕草で鉄のヘラを動かし、「量の多いところを削り、それを足りないところへ動かす」と言われて、何度も空間運動の実際を見せてくださいました。作品に時間（動きの展開）を与え生命を吹き込んでくれたのです。しかし、そのころの私は、時間と空間について具体的に深く考えてはいませんでした。ですから、どんなに「時間と空間の表現が大切なのですよ」と言われても、具体的な指導を受けていても、それらを実感として理解することはできませんでした。

分からないということは、まったく可笑しいことです。「これが答えだよ」と目の前に置かれて教えられても、それには気づくことができません。

私は、それらを遣り方として頭で理解しようとしていたようです。その結果、何か特別な形而上の難問に思えて、具体的な問題（実生活）と結び付けることができませんでした。現実に根差していない考えが、具体化して〈実感〉に置き換わることはあり得ません。いつまでも時間と空間という言葉だけが、頭の中でグルグルと廻っているばかりでした。

これらを実感に置き換える手掛かりを得るためには、一九八一年にドイツ人のオイリュトミストであり音楽家のF・ギーレルト先生に出会うまで待たなければなりませんでした。先生は、ピアノの演奏によって空間を動く様子を実現してみせたり、音楽とともに体を空間運動させて、音楽を目に見えるように実現して見せてくれました。そして、先生が話されるドイツ語は、まったくドイツ語を解することのできない私にも真意が直接的に伝わってくると感じられるほどの驚く

時間と空間　あらゆる行為と表現活動を時間と空間の運動として捉えることによって、私の発想は自由になり、具体的なものに置き換わっていった。

べき表現力をもっているのでした。

目に見えないはずの音楽や言葉を体で見えるように表現するギーレルト先生のオイリュトミーに触れて、表現とはこれほどまでに相手に伝わり、力強く心に働きかけるものかと、その可能性を実感することができました。それが、私の転機であり、芸術の世界の入り口でした。

幸いにして、私は、この出会いからおよそ一〇年間、先生の愛弟子である上松恵津子先生のオイリュトミーを学び続ける機会に恵まれました。オイリュトミーの体験は、どんなに大きな体験であったか、その感謝の気持ちは深まるばかりです。オイリュトミーの体験は、清水先生の指導と宮本先生の言葉を甦らせて、これまでの体験を一つに総合させてくれました。

そして、生徒たちの問題を解決したいと現実に根差した目的意識をもったとき、あれほど難問と感じられた「時間と空間」の問題は、具体的な問題となり実感に置き換わって行ったのです。

あらゆる行為と表現活動を時間と空間の運動として捉えることによって、私の発想は、思いもよらないほど自由になって行くばかりか、生徒たちの心に余裕を与え、彼らがこれまでできなかった問題を乗り越えさせる力となって、驚くほどできることを増やして行くことができました。

それは、生徒たちばかりでなく、私自身の自信となり、教材研究に取り組む意欲を一層高めていくことができました。

すべての行為は、一つの感性とだけ結び付いているものではありません。さまざまな感性と複合的に結び付いています。ハサミで布を裁つときには、相反する二つの刃の動きを触覚的に感じたり、切れる音を聞いたりします。また、花びらを揉むときには、花の匂いに包まれてその色彩を見ながら触覚を働かせていました。聴覚と触覚と視覚・触覚と嗅覚というように感性を複合的に働かせると、生徒たちは、はるかに気持ちを楽にしてそれらの行為をすることができ、しかも美しく効率的にできるのでした。

その手ごたえを強く感じることができたのは、感性の動きを促したときに、生徒たちが、必ずと言っていいほど見せてくれる明るく豊かな表情でした。すでに、そのような例を幾つもあげていますし、色彩造形教育の実際の章でもたくさん述べています。やはり、感性・精神活動・色彩やフォルムの性格・行為の性格というのは、一体になったものなのだという実感を深くします。

なぜ美術教育は必要とされるのか―美術の特質について―

私は美術の特質について次のように考えます。

それは、自らが表現したものを自らが鑑賞者として観られることにあり、継時的な展開を必要とする文学・音楽・演劇などと異なり、表現のすべてを瞬時に観ることができるという〝同時的展開性〟にあると。また、美術の表現は、作者の精神活動を色や形など具体的なものに置き換えることです。表現の過程は、具体化・実在化の過程だということができます。さらに鑑賞者が自らのテンポで何度でも作品を観ることができ、彫刻や工芸などの立体作品の場合は直接的に触れて観ることができるなど実在性の高さにあると。

美術の表現活動は、作者が表現者としての立場と鑑賞者としての立場を同時に持ち合わせることにより、絶えず二つの立場を入れ替わらせることによって高まるものです。作品に働きかけた結果は、即座に作品に反映されます。そこには、作者の心の動きである感情・意志・思考など精神活動のすべてが同時的に映し出されます。それを現実として率直に受け止め、自らを省みてまた新しい働きかけをする、その繰り返しの中で表現したい内容を深め、作者が納得できる方向へ実在化させていくものです。

実在化のためにはかならず、何を作りたいのか、どんな夢を実現したいと思っているのか、目的意識が問われます。だから、美術の表現活動は、作者と作品との徹底的なコミュニケーションによって、自らに問いかけ自らを客観視することであり、自己意識を高めることだとも言えるのではないでしょうか。

あらゆる芸術の表現と鑑賞は、表現が鑑賞者に伝わるということを前提にしています。美術の表現と鑑賞も、鑑賞者が作品を仲立ちとして作者の精神活動を追体験でき、コミュニケーション（交感）できるということを前提としています。表現活動が、作品に一方的に働きかける自己満足だけの閉じられたものとしてではなく、他者を含んで互いの存在を理解し合うために開かれたものとして展開されると考えたとき、作者と鑑賞者のコミュニケーションは、美術の特質である実在性の高さをより所として、より一層深められ高められると考えられます。

したがって、美術は、表現と鑑賞によって成り立ち、その特質は、同時的展開性と実在性と具体化の過程をもち、コミュニケーションにあるといえるでしょう。

近年、青少年による凶悪な事件が頻発しています。その根底には、自分自身の存在も他者の存在も実感として認められないという心の貧困化（自我形成の滞り）があると思われます。そして心の教育の必要性が叫ばれています。その問題解決の一翼を担うのは、表現活動という行為とともに自分自身と徹底的に話し合わせることができ、自己存在を確認する機会を提供できる、先にあげた特質をもつ美術ではないかと考えます。

美術体験を通してその話し合いを実現するために、例えば、私は、普通学級で彫塑の授業をするときに、次のように話します。

「手にした粘土に生命があると思ってください。そこに生命があると心の底から思うことができると、その思いが観る人に伝わります。反対に、そこに生命なんかあるはずがないと思うと、やはり、それが観る人に伝わります。美術の制作では、何よりも作者である自分が、作品を通して自分自身が何を思い、何を考えているかを客観視しながら、自身と話し合うことが大切です。自分の心を素直に観ようとすることが、芸術に触れる第一歩になるのです」

表現によって作品が生み出されると、そこには、子供と同じように生命が宿り、独立した人格のようなものが備わります。いくら自分が生み出した作品だからと言って、その人格を無視して、「作者である私の言うことに従え」というような高圧的で支配的な態度で作品をねじ伏せることはできません。もし、それをしようとしたら、作品は、それに抵抗して沈黙してしまいます。

それでも、働きかけを拒否している作品に対して、高飛車な姿勢で制作を続けると、その生命は完全に失われてしまいます。反対にそこに人格を認め、作品の意志を聞き取るような姿勢で臨むと、極めて雄弁に応えてくれます。作者が作品に表明した精神活動が、どのような性格と方向性をもっているかを教えてくれます。つまり、表現とは自分自身の存在を確認させてくれるものなのです。そこには、現代社会が必要としている「心の教育の実現」の可能性が広がって見えてきます。色彩とフォルムの表現活動を通して作者と作品の間で行われる徹底した対話（交感）と作品を通して鑑賞者が作者と対話することによって、自己存在の確認をすることこそが、美術の本質なのではないでしょうか。

芸術家　分からないことに対して、簡単に諦めたり絶望したりしない。それが、芸術家だ。自らの中に明かりを灯して歩もうとする真に自立した人をいうのだ。

しかし、このような美術の特質や本質が、残念ながら多くの人々に理解されていないのが現実です。上手に描けばよい・美術は遊びだ・自由勝手に描いたり作ればよい・人生には役立たないものだなど様々な声が聞こえ、美術を不要と考える人が少なくありません。それは、教師間にも漠然と広がる認識であり、美術の教師も「なぜ、美術が必要であるのか」について明快に答えていないように思います。

現代に生きる私たちの多くは、自然から離れ、生産的立場から遠のいてしまっています。その生活は、ほんとうの自分はどのように生きたいと思っているのか、自らを省みたり、自らの存在を問うたり、自らの存在を認める機会をもちにくくさせるものです。あるいは、もの事を具体化する力（実践力）を育ててくれないものです。自我形成を助けてくれない状況にあるのです。

自然は、私たちの感性・感情・意志・思考などを呼び覚まして生きる力の糧となってきたものです。自然から離れても暮すことのできる時代だからこそ、生きる力を育み補償してくれる美術の特質やすべての芸術教科の特質に注目しなければならないと思うのです。特に美術の特質は、心の教育が目指す自我の確立を実現するうえで、大きな手掛かりになると実感されます。

芸術としての教育—教師もまた芸術家でなければならない—

私は、教師は芸術家でなければならないと思っています。

芸術家とは、分からないことに対して明日は分かるかもしれないと、勇気をもって未知の世界へ踏み込んで行く人たちです。可能性の限界を少しでも打ち破り、押し広げようと果敢に挑み、マニュアルのない世界を平気で生きていける人たちです。したがって、分からないことに対して簡単に諦めたり絶望したりしません。途方もない彼岸《ひがん》に向かって、粘り強く着実に歩もうとします。誰かに解決を委ね、結果を享受しようとするのではなく、自らの中に明かりを灯して進もうとする真に自立した人たちを言います。

教師もまた、このような姿勢を求められているのではないでしょうか。なぜなら、それが健康に生きる人間の姿であり、人類が、今日まで生命を継ぐために選んできた生き方だったからです。子供たちは、教師や大人たちの能動的で健康な生き方に触れたとき、それを自身の中に呼び覚ますことができ、勇気づけられるのだと思います。

芸術家は、可能性の限界に挑むにあたって、自らの感性を錬磨します。感性とは外の世界の情報を体の中に受け容れる力です。徹底的に真実なものを受け容れ、それを咀嚼《そしゃく》して実感に置き換えて蓄積していくと、心の底から話したいことが生まれてきます。そして、それを全存在をかけて表現します。表現者が借りてきた言葉ではなく、実感の伴った自分自身の言葉として責任をもって表現したとき、未知の世界が広がって見えたり、自らの問題（限界）が明らかとなって見えてきます。感性の錬磨は、生きる目的や方向性つまり自己意識を引き出してくれるのです。

あらゆる芸術は、「表現が相手に伝わる」という信頼感を前提にしています。互いが交感でき、分かり合えると考えているのです。もし、それが伝わらないとすれば、自らの表現を再検討し、より単純に率直に分かりやすい表現ができるように、表現の内容を育てていきます。表現が弱いときには、もちろん、表現法に問題がある場合もありますが、それより表現したい内容が乏しい場合が多いからです。

教師が夢を持ち願いを持っていると、教師のなすべき仕事は、必ず子供たちが教えてくれるも

グロテスク　いつまでも自分を押し隠していると、幼稚でグロテスクなものが残ってしまう。さらけだして、人間として高まりたいと思う。

のです。その声は、ごく小さなものかも知れません。どんなに小さい声であっても、それを受け容れる感性が磨かれていれば、その声は次第に大きくなっていきます。あの先生なら私の声を聞いて受け止めてくれるという信頼関係が結ばれると、より素直に率直に語り出します。子供たちの信頼感を呼び覚まし、表現を引き出す力になるのは、やはり、感性の高まりなのです。

芸術家は、自分のすべてをさらけ出して作品を発表しています。したがって、うわべや体面を気にせず、ありのままの自分をさらけ出す勇気をもっているものです。表現するということは恥ずかしいことではありません。精神を生き生きとさせるためにとても大切な行為です。しっかりと表現をしないで自分を押し隠していると、いつまでも成長しきらないドロドロしたグロテスクなものが残ってしまいます。どうしようもなく消化されない幼稚なものとして残して置くのではなく、さらけ出して人間として高まる必要を感じます。

教師もまた「表現者」です。どんなに着飾って自分を押し隠しても、子供たちの前に立つときには、全人格を裸のままでさらけ出していると観念するしかありません。しかも、はっきりと意識化しなければならないことは、教師は、子供たちにとって、空気のように透明で無抵抗な存在ではないということです。彼らの前に存在するだけで、強い影響力をもっており、したがって一挙手一投足に責任をもたねばならないのです。だからこそ、教師は、自らの生き方を意識化して、自己意識を高めて自らの存在を明確にする必要があるのだと考えます。

子供たちの人生のたたき台として、常に俎上《そじょう》に載っていると覚悟を決めて、あらゆる疑問や不安、あらゆる批判をぶつけられる対象となり得るよう大人としての責任ある態度を示す必要を感じます。もし、その責任ある態度が故意に、あるいは無意識に曖昧にされて見えないように仕組

生徒たちの表情は羅針盤　作品に働きかけると、明るくなったり動かなくなったり、絶えず表情が変わるね。それが制作の羅針盤なんだ。教室では、生徒たちの表情が羅針盤だよ。

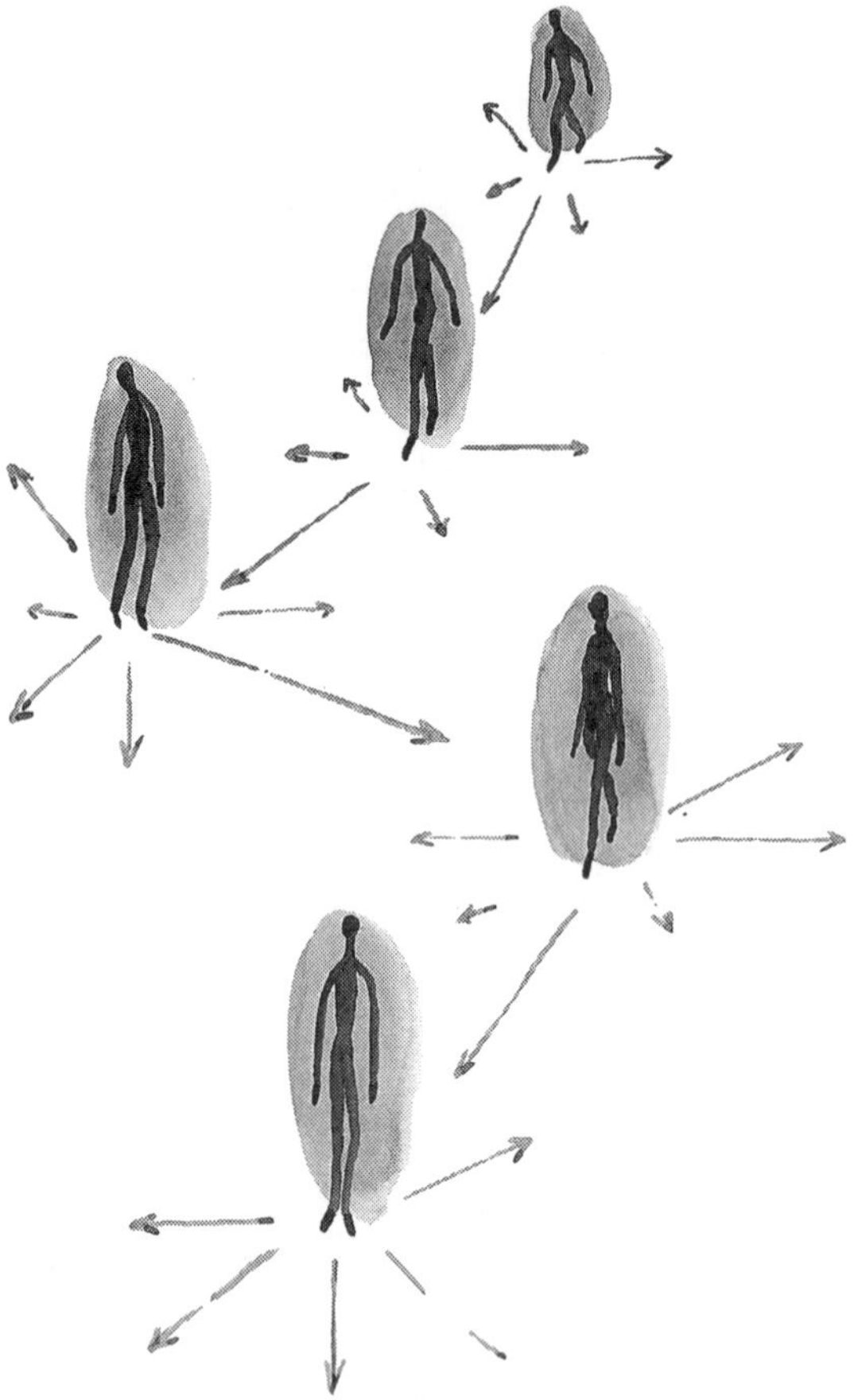

新しい時間　今この瞬間、人類がはじめて体験する新しい時間だ。だから、教師は、いつも新しい状況の中で、新しい判断を求められる。生きた心をもっていないと辛い仕事だよ。

まれたとき、子供たちは、気持ちのやり場を見いだすことができず、教師や大人たちや社会に対して敵意を抱いてしまうのではないでしょうか。現代の子供たちの荒れた気持ちは、責任をとらない大人たちの生き方に起因していると思われてなりません。

私が、生徒たちの前でいろいろな仕草で話をするとき、彼らはよく笑います。「先生、ちょっと変、頭がおかしいんじゃない」と言ったりもします。しかし、目的をもって、勇気を振り絞って、自分をさらけ出して見せることによって、彼らは、表現とは具体的にどんなものであるかを理解するのだと思います。

子供たちは、教師に対していつも語りかけていると、私は実感しています。それは、声に出さないに係わらずです。どんなに従順にしていても、体から発する表情が暗いものであれば、なぜだろうと私は考えます。絵を描いたり、彫刻を作る場合と同じ次元の問題として捉えているのです。例えば彫刻の制作過程において、彫刻は、作者の働きかけによって、明るさをもったフォルムになったり、動きを失ったり絶えず表情を変えていくものです。それと同様に生徒たちの表情も変わります。教師が一方的に思いどおりに彼らを動かそうとすると、彼らは抵抗し存在を認めよと訴えてきます。

もし、彼らが意欲を見せず、何も心が動かないという表情をしていたとしたら、私は、彼らの本心を引き出せない重大な過ちを犯していると考えます。人は、障害があろうとなかろうと、健康な精神活動を保証されているときは、必ず生きた表情をしているものだからです。

教師が、どんなに素晴らしい理念を持っていたとしても、それを一方的に押し付けるのであれば、その教育は「芸術」になり得ません。私自身は、彫刻の制作と教育をともに芸術として一本

感性の錬磨　どんなに小さな声であっても、それを受け容れる感性が磨かれていれば、確かに聞こえてくる。「わたしの声を聞いてくれる人がいる」それが信頼という心のより所を育む。

化させて捉えることによって無理なく生徒たちの前に立てるようになりました。教育が芸術として彼らの生き生きとした精神活動を保証しつつ本心を引き出し、教師もまた自らの願いを表明し捧げて、交感と対話を重ねていくのが本来の授業であり、教育なのではないでしょうか。

芸術や教育の成果は、すぐに現れてくれない場合が多いものです。今日の仕事が、一年後、二年後、三年後、十年後にようやく花開くということもあります。なかなか成果がでなくても子供たちの表情に曇りがなく、きっとこの先に明るいものがあると期待できるときには、徹底的に待つことにして働きかけを続けます。私は自分自身に対しても同様に待つことを大切にしています。すぐに諦めて限界をつくるのも私自身の心だと思うからです。

現代に生きる私たちは、ああすればこうなるという行為に対する結果を保証してもらいたがりますが、そのように約束されたものは、芸術ばかりでなく教育にも存在しません。生徒たちも教師も対等の人格を持ち、生きて動いています。その動くもの同士が創り上げる授業も、やはり動くものであり、目的は同じであっても状況に応じてそれに至る道筋は異なってくるものです。したがって、教師は、いつも新しい状況に立たされていて、常に新しい判断をして授業を創造していかなければなりません。だから、教師もまた、「芸術家」でなければならないのです。

問題は、私たち教師の心の持ちようにあるようです。問題の解決を望めば、それを打開する可能性は見えてきますが、望まなければその時点で可能性は閉じられてしまいます。教師として、人間として子供たちにどのように育ってほしいと願っているか、その資質が問われているのだと思います。子供たちの心が自由に動くことができるように、生きた心を持ち続けるほかはありません。

子供たちは、きちんと存在を認めてほしいと思っています。もちろん誉めてもらうと喜びますが、同じように叱っても欲しいのです。何が本当で嘘なのか、その価値基準をしっかりと持ちたいと思っているのです。もし、明確な価値基準を示されず、いつも勝手を許されていると、いつまでも自分自身の生きる方向を見いだせず、自信を失い情緒が安定しなくなります。だからこそ、美術の教師は、生徒たちの表現の真贋《しんがん》を見分ける必要があるのです。

真実のこもった表現に対しては賛意を示し、いいかげんな表現に対しては、いいかげんだと認めることが大切です。単に善し悪しの判断を下すのではなく、事実を事実として認める評価が必要なのです。それが、子供たちの存在を認めることであり、受け容れるということになるのではないでしょうか。彼らは、責任をもった判断を示されたとき、それをたたき台にして自らの判断力を養うことができるのだと思います。教師を信頼する心もそこから生まれ育つと考えられます。

存在を認めてほしい、表現をしっかりと受け止めてほしいと思っているのは、子供たちばかりでありません。教師も同じです。「近ごろの子供たちは何も分かっていない、ほんとうに近ごろの子供たちは……」というような話を同僚と交わしたことはないでしょうか。私にはあります。それは、子供たちにしっかりと受け止めてほしいからにほかなりません。教師である大人たちが望んでいることを子供たちが強く望まないはずはありません。表現することは楽しいことです。それが、相手に伝わり、また投げ返されるものであれば、さらに楽しいものです。

私が考える芸術教育とは、教師が自らの感性を錬磨し、明快に自らの思想を表現することによって、子供たちの成長の礎《いしずえ》になろうとするものです。彼らが納得できる人生を歩むことができるように、納得して生きている姿を捧げることです。精一杯に生きている姿を差し出すことによって、子供たちは、感性を磨き、能動的で健康な生き方を獲得していけるのではないでしょうか。

Ⅳ

身近な自然をいかした教材

1　内面の高まりに働きかける

この章では、前章で述べてきた、私の色彩造形教育が、具体的にどのようなものであるか、その実際を述べることにします。

まず、授業の様子を紹介しましょう。

始めに紹介するのは、『酪農事情』という雑誌の一九九四年四月号に、「いま、手仕事の糸をたぐる、暖かい心を創造するために―心障学級の美術の授業から―」と題して発表したものです。

いま、手仕事の糸をたぐる

暖かい心を創造するために―心障学級の美術の授業から

〈ネズミ〉になって授業を始める

キーンコンカーンコン……。授業の始まりのチャイムとともに、私は「こんにちは」と言いながら教室に入る。ここは、東京多摩地区にある中学校の心障学級である。

「あれ、チョロチョロと床を這っている頭の黒い動物は何だろう」と言いながら、私は黒板にネズミの絵を描く。「こんな不思議な生徒を受け持ったことはないがなぁ」。すでに席に着いている生徒たちは、今にも笑い出しそうになるのを懸命にこらえている。床に這う生徒たちは、「チュウチュウ」と鳴いて、すっかりネズミになりきっている。

「どれ、その不思議な動物を捕まえて、じっくりと観察してみよう」

と言って彼らを追いかける。ネズミの生徒たちは、待ってましたとばかりキャッキャッと逃げまわる。

そして、黒板に描いたネズミに角を加え、メガネを描き、葉山オニネズミと名前まで付けると、さっと逃げるようにして席に着く。「葉山オニネズミとは何たることだ」と少し芝居がかった声を出しながら、私は、黒板のネズミをきれいに消す。

「さあ、始めよう」と明るい声で言うと、「また、気持ちを切り替えてって言うんでしょ」と生徒が声をかけてくる。「ワァー」と笑いのうずがクラス中に広がる。私は、きっぱりと「そうだ」と言って、静かに立つ。

これが、この学級の美術の授業の始まりである。

全身がチューリップになった！

「今日は絵を描きます。いつものように画板とクレヨンを準備して下さい」

「中学校のこの学級では、さっき先生が頭の黒いネズミを描いたように、中から外へ色をぬりながら描いていきます。このように気持ちを広げるように広げるように描くんだよ。一年生は大丈夫かな。線で外側の形を描いてから色をぬるのではなく、体の中の生命が動いて伸びていくようにだよ。外身ではなく中身を描いて欲しいんだ」と言葉とともに全身で話をする。

「何の絵を描くかというと、チューリップです。先週、チューリップの花びらでスカーフを染めました。お母さんといっしょに染めたこともあったね」

「花をポキッと折って摘んだよね。透明のビニール袋に赤い花がいっぱいだったよ。花びらを一枚一枚外して、水で洗って、グチュグチュ揉みました。赤黒い汁がジューと出たよ。水を加えて火にかけて、それから酢を加えたら真赤なあざやかな汁になったね。ツーンとするお酢のにおいで鼻をつまんでいる人もいたよ。熱い熱いといいながら汁の中に絹のスカーフを浸したね。どんな色に染まったかな。そうだね、かわいいピンク色に染まったよ」

「今日は、あのスカーフを染めてくれたチューリップを描くんだよ」

「去年の秋、桜の落葉のころだよ。一年生は、小学校で何をしていたかな。二・三年生は、花壇を耕しました。石灰をまいたり、鶏糞をまいたり、堆肥を入れたりしましたね。それから長い溝を掘りました。ブルドーザーのような気持ちで掘っていた人もいたね。指で球根と球根の間を計って植えていきました。球根が、寒くないように土のお布団をそっと着せていったねぇ」

「一月には、根がよく伸びるようにと木の枝や落葉を燃やして作った灰をまきました」

「二月のはじめのころには、もう土の中から小さな芽が顔を出していたよ。どんな色だったかな」

「三月に入って温かくなりはじめたら、グングン伸びて葉が大きくなってきたよ。中からこんなふうに蕾が出て、だんだん膨らみはじめたよ」

「四月になって一年生が入学してくる頃には、もう首をスーッと長くしてきれいに花を咲かせていたね。風にゆれていたよ。何を思って空を見ていたかな。温かくていい気持ちだなぁと思っていたかな。一年生に会うのを楽しみにしていたかな。早くスカーフを染めてみたいなと思っていたかな」

チューリップになった私は、全身で踊るようにしながら、その成長の過程を演じる。生徒たちの心の中には、それぞれの体験と感情が甦る。

「さあ、みんな、チューリップの気持ちになって描いてごらん」

生徒たちは、一斉に描きはじめる。新しい描き方に戸惑う生徒には、実際にチューリップの気持ちになりきって描いてみせる。仲間どうしの助けはさらに大きい。伸び伸びと心の動きのままに描く二・三年生の姿から、素直に表現することはどういうことか学び取るようだ。いつの間にか自由に描き始めている自分自身の姿に気付いたとき、体全体でその喜びを表す。全身が笑っている。

絵の世界に入り始めるとクラスの空気が、シーンと鎮まる。心が動いているときの生徒たちの表情は、キリッとして清々しい。空間にやわらかに、しなやかに伸びる手の動きも見られる。深い呼吸ができるように、ときどき「ゆっくり、ゆっくりでいいよ」と言葉かけをし、私の存在は空気のように透明になっていく。

「ほーっ」と息をつくようにして描き終えると、黒板に全員の作品をはり、鑑賞する。

全身をチューリップにして語る　体験は、ボリュームのある感情を蓄積させてくれる。私が、チューリップの成長の過程を全身で語ると、それらの感情が呼び覚まされて、あふれ出てきた。

互いの作品の中に自分の作品を置いて、客観的に見るこの鑑賞の時間も生徒たちの心を深めるためにとても大切である。自分を省みることが、力になるのだろう。私が、それぞれの作品に対して何と講評するかを待っている生徒たちの耳が大きく開いているのが見える。それぞれの作品を批評する言葉と作品とを照らしながら、生徒たちの心の中には、具体的な目標が生まれてくるようだ。それが、次の授業までに醸《かも》され、育てられるように思う。一回目より二回目に描く作品が、はるかに良くなることが多いのは、そのためではないだろうか。

子どもたちの心の動きをじっくりみつめる

これが、新学期が始まって間もないころの授業の様子です。みなさんはどんなことを思われましたか。

私は、この学級の授業の中で、体を動かし、心を動かすことを大切にしています。体験を通して実感を深めることが、生きる力と人間性を高めることにつながり、彼らの可能性を切り開くことになると考えるからです。

私が教室に入ったときには、すでに生徒たちは、授業を創り始めていました。ネズミを演じることで、他者の立場に立つという立場の入れ替えをし、大きく心を動かしておりました。自分と他者との間を行き来するこの心の空間運動は、相手の立場を推し量り、共感する力を育んでくれます。そこには、必ず温かく熱のある感情が生まれます。

次に一つの描法を示しました。どんな絵を描いて欲しいのかイメージを鮮明にして、具体的な描き方とそれを描く心の姿勢を見せました。しかし、それは私の願いを明らかにしたのであって、私が理想とする答えを求めたのではありません。どのようにそれを受け止めるかは、生徒たちに任されます。

選択の自由は、保証しなければなりません。そこに個性があり、人格があるからです。もし、その自由を奪うとしたら、生徒たちの心は呼吸を失い、生命力が弱まってしまいます。あくまでも、教師である私は、自分の願いを彼らに捧げ、方向性を示すだけなのです。そうすることによって、生徒たちは、安心して独自の道を歩み始めます。私が思いもしなかった独創的な表現もそこから生まれて来るように思います。

さらに、チューリップの成長の過程を演じました。彼らは、その過程を体験しておりました。体験というのは、意識化の有無にかかわらず、たくさんの感情を蓄積させてくれるものです。それは、動機が与えられるといつでも呼び覚まされるように準備されているものです。感情があふれ出るように動き始めると、それを誰かに話したいという衝動が高まります。

そこで描くという表現活動に入りました。言いたいことがあるのですから、表現することは喜びをもって迎えられます。思いが深いほど抵抗なく表現の世界に入っていくことができます。生徒たちを見ていると、内面の高まりを外に表すことが表現なのだということが実感されました。

生徒たちの心の動きを教師が認めることができ、さらに生徒自身が自分の心が動いていると実感することができたら、彼らの行動は見違えるように積極的になり、輝きのある姿になるものです。自らの存在を認めることが、どれだけ心を解放してくれるものであるかを思います。子供の変化に気付いた保護者からも「近ごろうちの子は明るくなった。積極的になって体もよく動くようになった」という声が聞かれるようになります。

子どもたちと私たちの可能性を開く手仕事

この授業の根底にあって私たちを支えてくれているのは、何よりも過程の多い染めや織りなどの手仕事でした。身近な自然の色や空気につつまれて、一つ一つの過程を踏んでいくと、子どもたちは知らず知らず体を動かし、心を動かしているものです。様々なものに直接触れ、色を見、においを嗅ぎながら、非常に多くの体験を積み重ねていくことができます。それが、潜在的な力を高めてくれました。いつの間にか多くのハードルを乗り越えさせてくれました。

また、仕事には作者の心が反映します。良いものを作るために真摯な心も求められました。多くの心を省みる機会がありました。茫洋としていたものが、だんだんに具体的なものに変わっていきました。

彼らの成長は、外身から始まったのではなく、一つ一つ実感を積み重ねることによって、中身から起こったものです。

今、様々な問題が社会にうず巻いています。その解決のために制度の改革が進められています。しかし、いくら外身が変わっても中身が変わらなければ真の解決にはなりません。新たな、より深刻な問題を引き起こすことになりはしないでしょうか。

心のない冷たい判断が横行する中で、私たちは、もう一度温かい心を創造しなければなりません。そのために手仕事の意味を深く考え、作り手の立場をもった生活を大切にしていく必要を感じます。それは、きっと生徒たちの可能性を開いてくれたように、私たちの可能性をも開いてくれるものではないでしょうか。

立場を入れ替える遊びから「詩を絵に表す」

授業のはじまりの立場を入れ替えて演じるという遊びは、ほんとうに心を大きく空間運動させてくれるものでした。

このネズミになって床を這い廻る遊びは、中心になっていた生徒たちが卒業することによって、残念ながら姿を消してしまいました。その後、生徒たちの中から自発的に新しい遊びが生まれて来るのを願って待ち続けたのですが、それは、期待はずれに終わりました。そこで、私は、授業の最初に一人一人と握手することを始めました。毎時間それをくり返していくと、手を握るだけで生徒たちの体調や心の動きが伝わってくるように感じられ、同時に、生徒たちも私の人間性を感じ取っていたのだと思います。

ある日、一人の生徒が、力いっぱいに私の手を握り返しました。私は、「イタイ、イタタタ……」とおおげさに言って、彼の力で指と指がかたまり付いて離れなくなってしまったかのように演じ、片方の手で、ゆっくりと指をはがすような仕ぐさをし、さらに魔法を解くように息を吹きかけて、自由な手を取戻すようにして見せました。生徒たちは、その遊びがよほど気に入ったと見えて、毎時間、それを要求するようになりました。彼らは、テレビの水戸黄門のように約束どおりの展開を喜び、飽くことを知りませんでした。

はじめは握手を拒んでいた生徒も、誰々ちゃんの手を握ってとか、いつものをやってと求めるようになり、さらに自らの手を差し出すようになりました。

心の空間運動　心の空間運動というのはね、たとえば、私が、からすえいぞう君になって、彼の立場から世界を見るということなんだ。ほらっ、はっきりと見えてくるものがあるだろう。

生徒たちは、私が痛がり、ダメージを強く受けた表情をすればするほど喜び歓声をあげました。顔を赤くして懸命に私の手を握り、内に秘めた力を外に表し、そして、私の表情を窺います。それは、表現活動と本質を同じくする直接の触れ合いによるコミュニケーションでした。

およそ一年間、この遊びが続き、ようやくまた、新しい遊びが生まれました。そのきっかけになったのが、工藤直子さんの『のはらうた』の詩を絵に表すという課題でした。

この詩を選んでくれたのは、新しくクラス担任になられた安藤文子先生でした。たくさんある詩の中から、生徒たちをそれぞれイメージしながら、二〇編ほど選び、書写の時間に生徒たちに読んできかせ、その中から各自に一編の詩を選ばせたのでした。

それぞれが選択した詩を読んでみると、彼らの憧れや願いなどの心情がみごとに表れていることに驚嘆させられます。詩人が言葉に託した思いが直接的に彼らの心に働きかけ、響き合っているのです。

少し気が弱く、雄々しい自分になりたいとあこがれている生徒は、二年生のときに「けっしん」三年生になると、「おう」という詩を選びました。また「へんしん」という詩を選んだ生徒は、多動で我ままな様子を見せながらも心の底で自分を変えたいという切なる願いをその詩に託しているのでした。さらに、いつも静かに遠慮がちにしている生徒は、もっとひょうきんで明るく積極的な自分でありたいと望み、くねるという言葉を活用させたリズム豊かな「くねくねぶし」という詩を選びました。

何度も声を出して詩を読み、書写をくり返していくと、詩の心が浸み込んできます。そのころ合いを見計らって、詩の心を水彩画の色で表現させたのです。

知的障害のある生徒たちは、本来色彩的ですから、無理に強いることをしなければ、ごく自然に色彩の世界に入り込んでいきます。色彩だけで詩を表したり、季節を表したり、思いを表すことは、とても難しいことに思えるのですが、彼らにとってはあたり前のこととして受け容れられ、実に楽しそうに描きます。

「先生、ぼくの絵、きれいになっているかなぁ」と、ときどき同意を求めながら、一時間も描き続ける生徒もいます。しかも、色彩の生命を損うことなく、画面を展開できるのです。それは、自信のないことをしているときの散漫な様子からは、想像もできない集中力です。

この水彩画は、画用紙をぬらし、赤・青・黄の透明水彩絵の具で描かせました。画用紙をぬらすのは、画面の上で色を動きやすくするためです。

この水彩画を何度か描いた後で、今度は、クレヨンで詩の情景を描かせました。すでに心には、水彩画を描いたときの色彩が広がっています。淡い色の青・うすいクリーム色・うすいピンク色の画用紙の中から一枚選ばせて描かせました。

この時、私は、一人一人の生徒に言葉かけを次のように行いました。

「からすえいぞう君、そっとやさしく夕焼けの空に触るように描いてごらん」

「かまきりりゅうじ君、もっときっぱりとした気持ちだよ」

『のはらうた』の詩は、のはらの住人である鳥や小動物・昆虫などを読み手として表現してあります。一つ一つの詩が、さまざまな動物や昆虫の目から見た世界ですから、それ自体、立場の入れ替えという大きな心の空間運動の条件を備えたものでした。

すっかり読み手の気持ちになりきっている生徒たちは、からすえいぞう君というような呼ばれ

真昼が真夜中になった　立場を入れ替える詩のこころが彼らを成長させてくれた。時計は12時15分前。私を喜ばせてくれたのは、真昼を真夜中に変えてしまう遊びごころだった。

方をすることで、いっそう深く詩の世界へ入り込んでいくのでした。

梅雨半ばのしっとりとした雨の日でした。休み時間が終って教室に入ると八人のクラス全員が机に伏せて眠っています。

「あれっ、外は暗いし、学校はもう夜になってしまったのかなあ。時計は一二時一五分前だぞ。夜中の一二時前なのかなぁ。そんな時間に生徒が学校にいるなんて、そんなことってあるのかなぁ。それにしても良く眠っているなぁ。変だなぁ」

生徒たちは、クスクスしながら懸命に笑いをこらえていました。「○○ちゃん、笑っちゃだめだよ」というささやき声も聞こえます。私は、このような遊びができるまでになった生徒たちの成長を心から喜びました。

立場の入れ替えという詩の性格が、生徒たちの心を動かし、精神活動を活発にしてくれたのでした。彼らの心は、私がどのように反応するかを予測し、期待に胸を膨らませていたのです。それは、コミュニケーション（交感）という芸術の本質に根差した素晴しい遊びです。

このような遊びができ、心が動いていると、表現は、素直に湧き上がってくるものです。色彩やフォルムが活きている楽しい絵が生まれました。

詩を絵に表すという課題は、前任の土屋美紗子先生といっしょに始めたことですから、一〇年ほど続けたことになります。これまでの作品の出来栄えをみると、言葉の力が、いかに生徒たちの内面に働きかけるものであるかを思わずにはいられません。いつか画集を創ることができないかと思うほどです。

対象に真正面に向き合わせる教材

木の葉のフロッタージュ

一学期の半ばに、普通学級から一年生の男子生徒が、この学級に転入してきました。

普通学級での彼は、授業についていくことができないことが原因となって、すっかり自信を失い、それをごまかすかのように、性的戯言《ざれごと》を大声で言ったり、授業中に教室を歩き廻って、存在を誇示するなど、多動で情緒が極めて不安定であったといいます。美術に対する苦手意識も強く見られ、この学級に移ってからもとても落ち着いて描ける状態ではありませんでした。

このような場合には、〈中心から外へ〉〈交叉のある形〉など指示のはっきりした課題が助けになります。まるで大人の手に引かれて散歩する幼児のように、全てを委ねさせて表現の体験を重ねさせるのです。そして、「今日も一枚作品が完成しました。よかったね」と言って、目に見えるかたちで実績を積まさせます。その中で、少しでも心が動いて、生きた表現が見られたときは、描き終えた後の鑑賞の時間に、必ず、皆の前でそれを認めていきます。

また、身近な植物による毛糸染めなど創造的文化体験をさせて、実際に心と体を大きく運動させてもいきます。

このように毎日の生活が、できないことではなく、できることの積み重ねに変わると、自然に表情も明るくなって、素直に落ち着いてくるものです。

しかし、彼にとっては、どんなにできることが増えて、表情が明るくなっても、フォルムを表さなければならないクレヨン画は別でした。途端に投げやりな荒いタッチになったり、グルグル描きのようにしたり、無彩色を多用したりなど逃避的なものになり、その表現の中に美しいと認められるものは、何も見えてきませんでした。

美術の表現の美しさは、一つ一つの表現が関係し合い、響き合うことによって生まれてくるものです。それが現れてこないのは、彼が、描きながらほとんど画面を見ることができなかったからです。

手だけは、画面の上を動いていても、目は画面を離れてキョロキョロと落ち着きをなくしているのを見ていると、それを改善する手だてはないものかと思わずにはいられませんでした。

丁度そのころ、他の中学校普通学級二年生の授業では、コラージュの課題が始まっていました。この課題は、マーブリング・スパッタリング・ドリッピンク・フロッタージュなどの技法を活かすことを条件にしたものでした。その中で、生徒たちを夢中にさせていたのが、フロッタージュで、木の葉を色鉛筆でこすり出していると、いつもは、おしゃべりばかりで落ち着きのない生徒も活き活きとした表情で集中して取り組んでいる姿が見られました。その様子を見ながら、「これはいいぞ」と思い、早速、この学級の授業にも取り入れることにしました。

蜜ろうのクレヨンと木の葉と色紙をもって教室に入り、あいさつを終えると、すぐに全員を集めて大道芸のように実演を始めました。

「今、他の中学校の二年生が、こんなことをしています。フロッタージュといって、こすり出しです。

この葉っぱは、校門の脇の大きな木から頂戴してきたものですが、何の葉っぱか分かるかな。

そうです。桜ですね。

まず、この葉の上に美しい色の色紙をのせますよ。○○君、選んで、のせて下さい。次は、手のひら全体で、やさしく触ります。紙が少しデコボコ、ボコボコして葉っぱの形が見えてきましたね。何色のクレヨンが登場したがっていますか。△△さん、選んでください。

今度は、手のひらではなく、クレヨンで触りますよ。ゆっくり、ていねいに、やさしくだよ。ほうら、桜の葉っぱのかたちが現れてきましたよ。

次の細い葉は、柳の葉っぱです。窓の外を見てごらん、風にゆれているあの木だよ。これは何だろう。そうだね。東京都のマークいちょうだよ。これと同じことをみんなにもして欲しいと思っています。賛成してくれるかな」

と言うと、かわいい生徒たちは、素直にやりたいやりたいと言ってくれました。

「外は緑でいっぱいです。これから、しっかりとした美しい形の葉っぱをいっぱい集めてきて下さい」と元気よく言って、透明のビニール袋を渡しました。

染色のための植物採集に慣れている生徒たちは、校庭の隅から隅まで歩いて、大小さまざまな形の葉をたくさん集めることができました。

教室に帰って席につくと、私は、どのように触ると良いのかを具体的にイメージできるように、一人一人の生徒の頭をやさしく撫でて廻りました。もう一度、細かな注意をくり返して話し、始めさせました。

例の生徒は、自分で自分のことを落ちこぼれと烙印を押して、自分の存在を認めることができませんでした。だから、どんなにこの学級でさまざまな体験を積ませ、励ましても素直な気持ちで表現できなかったのだと思います。

彼には、自分も普通学級の生徒と同じ課題をしているということが励みになりました。しかも、一見、ただの作業に見える課題ですから、自信の持てない傷ついた心にも警戒心を起こさせません。彼は、技法のおもしろさにも魅せられて、間もなくそのコツを飲み込んで夢中になっていきました。素直に触るようにこすり出す彼の目には、今度は、しっかりと自分の手の動きが捉えられておりました。

「そうだ。今、君は、触るようにクレヨンで描いているだろう。絵を描くときには、いつも、このような気持ちが大切なんだ」

と言うと、彼は、明らかに納得した表情で私の顔を見て、再び描き始めました。

すると、これまでの色使いが嘘のように、響きのある豊かなものに変わっていきました。ベージュの色紙に茶のクレヨン、水色に青、うすい青緑に黄緑など類似した色使いから、紫の色紙に緑のクレヨン、黄橙に緑、赤に青など対照的な色使いまで自由な色使いができているのでした。

十分に楽しんだ後で、色紙に浮かび上がった葉の形をはさみで切らせ、台紙をうすい色の三色〈赤・青・黄〉の色画用紙の中から一枚を選ばせ、その上に切った葉のかたちの色紙を置かせました。

画面の中に色と形が登場すると、必ず何かを連想しはじめるのが私たちの心です。

「画面の中には、どんな空気が流れ、どんな景色が広がっているんだろうね。画面の中にお話が浮かんできたら、のりで貼っていってごらん」と話しました。

そして、のり付けの様子を見ると、これまでの荒さは影を潜め、指でていねいに隅まで触って塗り、きちんと貼ることができるのでした。

　教室の中には、いつの間にか、落ち着いた静かな空気が流れて、彼の「風」という題のついた作品の他にも、「森のお話」「島」「モグラと太陽」などそれぞれに楽しい題のついた生徒たちの作品が、いくつも生まれました。

　このフロッタージュの体験がきっかけとなって、彼の描画に対する取り組みの姿勢は、大きく変化し、見違えるように落ち着いて描けるようになっていきました。

　彼の変身とも思えるほどの成長を見ていると、できないことを叱咤《しった》によって乗り越えさせるばかりでなく、このように作業的に見えて描かなければならないと思う気持ちに圧迫を与えない、一見簡単そうに見えながら、実は、問題に真正面に向き合わせ、それを乗り越えさせてしまうような優れた教材の開発が必要だと思わされました。

　きっと、私たちの身近なところに、子供たちを嫌がらせず、対象に真正面に向き合わせる教材が、いくつも潜んでいるのだと思われます。

2

〈過去・現在・未来〉時間意識を呼び覚ます

三角形と時間意識

この学級の生徒たちには、色彩の助けを借りながら、静かに感情の高まりを持つことが大切ですが、そればかりでなく、積極的に意識の目覚めを促すことも必要です。たとえ精神的発達に遅滞があるとしても、彼の心と体は思春期を迎え大人になろうとしています。

そういう彼らの精神的成長を図るためには、温かさややわらかさでつつみ込むだけではなく、きっぱりと節目のある次元の切り替えが必要です。共感ばかりでなく、抵抗を感じさせることも大切なのです。

きっぱりしたもの・節目のあるもの・冷たいもの・硬いもの・次元の切り替えが明快なものとは何だろう……と考え続けてようやくたどり着いたのが三角形でした。

生徒たちが、きっぱりと線の方向の切り替えができるように心がけて三角形を描かせてみると、意識の目覚めと時間意識が深く関っているように感じられました。生徒たちの潜在能力を引き出

時間意識を呼び覚ます　　まず、具体的に空間を動くことが大切なんだ。そして、動きの中に過去・現在・未来という区切りを入れる。次元の切り替えを意識的に行うんだ。

す鍵があるように思われ、私は、たびたびこの三角形を主題にした課題に取り組む時間を設けました。

ある日の授業の様子です。

まず、私は、黒板に大きく三角形を描いてみせました。

「さあ、はじまりを決めるよ。①好きな方向に動いていくよ。②ここで方向を変えるよ。また好きな方向に進んで進んで、③もう一度方向を変えて元へ戻る。いいかな」

「さあ、Aさん、描いてみてごらん……。そう、上手にできました」

「次はB君、アララ、背中が丸くなってしまいました」。①と②は直線で描かれましたが、③の出発点へ戻る時に方向を修正していったための丸さでした。

B君は、その三角形から恐竜をイメージして、さらに線を加えました。「恐竜だよ。イエーィ」とVサインをしてふざけます。

C君は、結果は美しい三角形でしたが、左図のように描きました。私は、それを強調して描いてみせました。それは、方向転換によって、連続した線が折れて生まれた三角形と、画面に現れては宇宙へ解き放される三つの方向をもつ線に囲まれて生まれた三角形の違いでした。もう一度、Aさんのように方向転換をしたときの角を意識して描き、二つの三角形の中味のちがいを話しました。

D君は、「先生、三角形の線を伸ばすと昔の家みたいだよ」と言いました。三本の線を組み立てて生まれた形の性格が、彼には竪穴式住居を連想させたのでした。

「次はD君、描いてください」

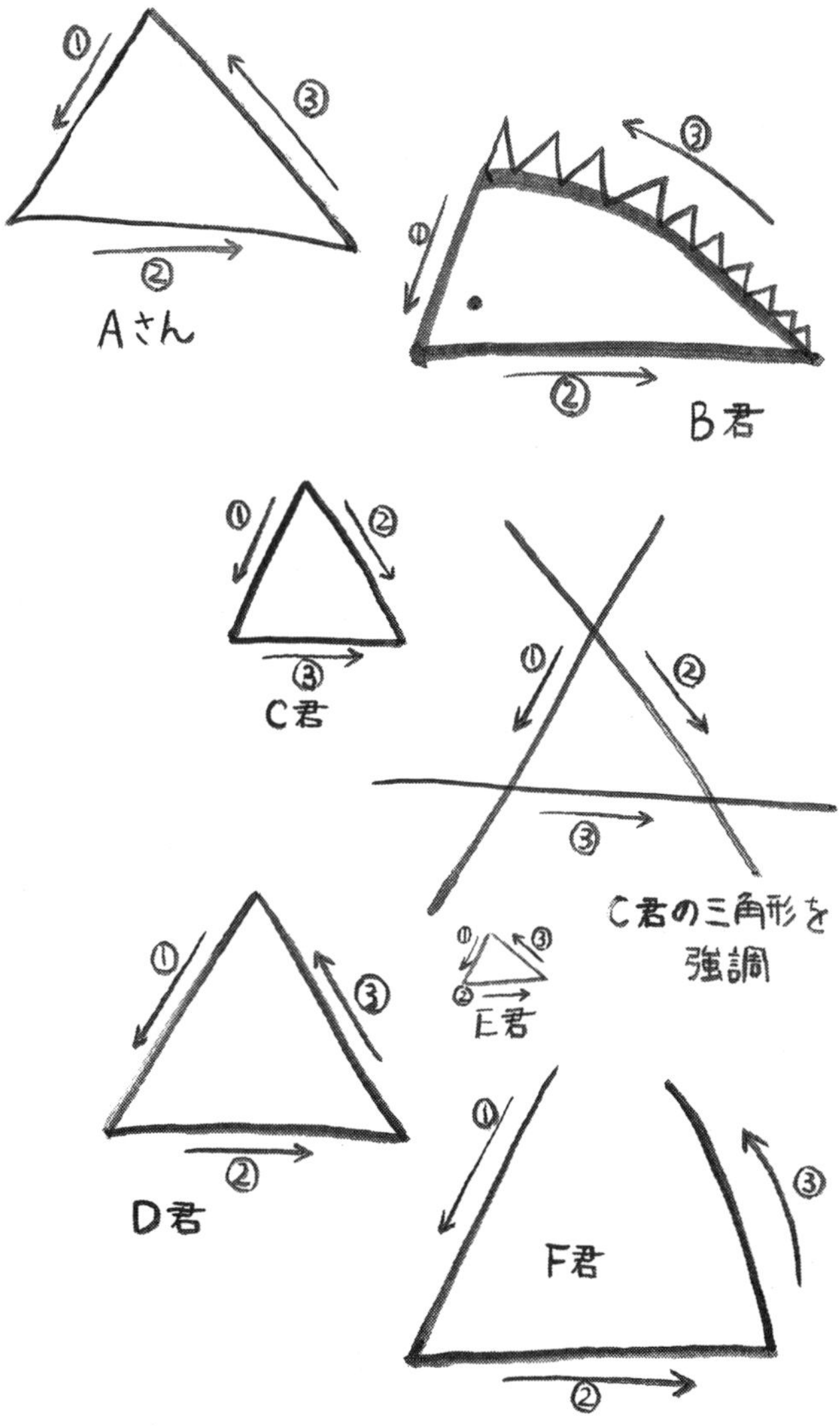
Aさん
B君
C君
C君の三角形を
強調
E君
D君
F君

几帳面な彼は、きっちりとした正三角形を描きました。それを見たB君は、「ピラミッドみたい」と大きな声でいいました。

私は、そうだね、と生徒たちのイメージの広がりを認めながら授業を進めていきました。

「次は、E君どうぞ」

彼は、自信なさげに小さく描きました。私は極端に大きく描いてみせて、「こんなふうに大きく描いて欲しいな。もう一度描いてごらん」と言って再度挑戦させました。言葉かけだけでなく、実際にこだわりを突き破ってみせると勇気が湧いてきます。今度は、大きく描くことができました。

「最後は、F君ですね」

彼は、図のように③の行程をあわてて描き、すぐに席に着こうとしました。①と②はしっかりとした線だったのですが、③のところになると急に線に力がなくなってしまいました。

彼にとっては、元の位置に戻ることが難しいのでした。意識の目覚めが遅い生徒は、〈現在〉だけに生きていて、すぐに〈過去〉を手離し、また、これから進むべき方向をイメージするという〈未来〉を思う気持ちが薄いのでした。

この単純な形である三角形の中に過去・現在・未来という時間の展開が潜んでいるのです。その時間意識を育てないかぎり、三角形を描くことは難しいのだと思いました。

そこで、次のような工夫をしてみました。黒板の上にチョークを持った手と持たない手の人指し指を同時に置かせ、人差し指を出発点に固定させ、離さないように指示しました。

「さあ、左手を置いたまま、真直に進んで方向を変えるよ、また、真直だよ、方向を変えて人差

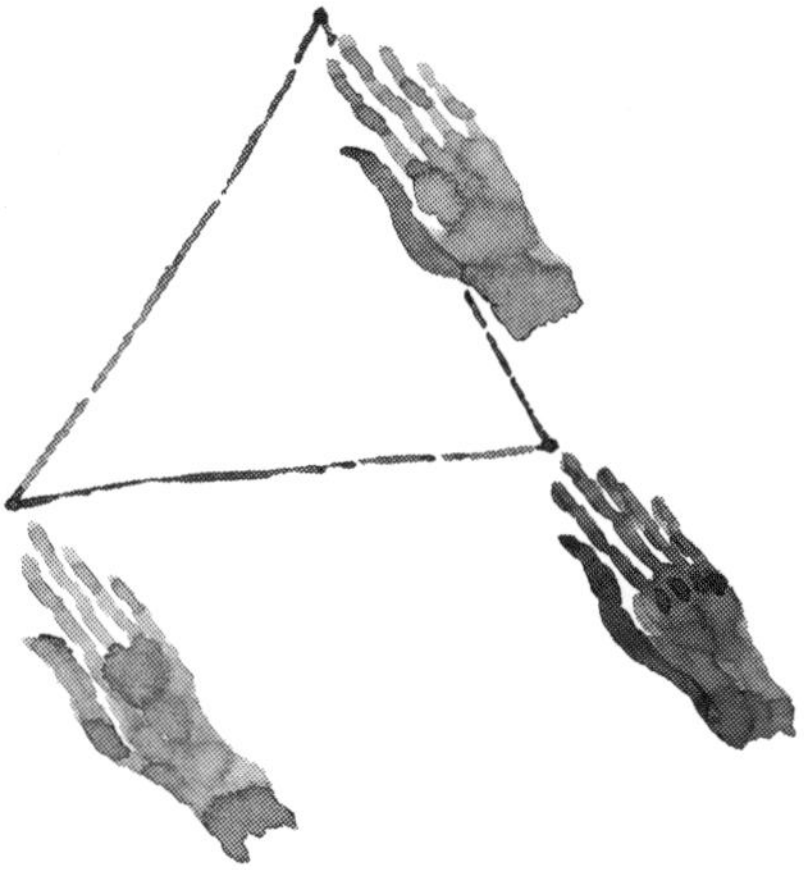

三角形と時間意識　最も単純なフォルムである三角形の三辺が過去・現在・未来という時間を象徴していたとはなぁ。

過去を手放すなよ　出発点に左手の人差し指を置いてごらん。それを手放さないんだ。真っすぐ進んで方向を変える。また、真っすぐ進んで方向を変える。最後は、左手の人差し指に帰るんだ。

し指に戻る」

「過去を手離してはならないんだ。手離すな、必ずそこへ帰って来るんだよ」と言って描かせると、ようやく上手に描くことができるようになりました。

この経験から、生徒たちが分からない、できないという時に、過去・現在・未来の時間の展開にはっきりとした区切りをつけたり、漠然と一つに括られているものを意識的に分けて考えるように努めました。

また、三角形に象徴される時間意識を様々な場面の中で印象付け、時には、次のような話をしました。

「君たち自身が、毎日の生活の中でもたくさんの三角形を動いているのを知っているかい。朝起きると歯を磨きますね。あの時もそうだよ。歯ブラシを持って、①歯磨き粉をつけるでしょ。①歯を②磨いて、③洗う。ほらっ、三角形ができたよ。染めの時の染液を濾すときもそうだったね。①上げて、②運んで、③入れる。これも三角形だね。スコップで土を耕すときもそうだよ。スコップを立てて、①踏む、②上げて、③ひっくり返す。ほらっ、いっぱい三角形があるよ」

そういう例をいくつも挙げながら、黒板いっぱいに三角形を描いてみせました。

このように行為の展開に区切りをつけて、具体的に時間を与えていくと、彼らの中にある分化されないでいたものが、次第に分かれ、理解力の高まりにつながっていきました。

意識の目覚めとは、漠然と一括りにされていたものを、このように分化させ、時間意識を持つことであり、まさに「文化を獲得する」ことなのだと考えさせられました。

私は、彼らが、この三角形が呼び覚ますものをくり返し学び、体に浸み込ませる必要を感じました。けれど、どんなに良いと思うことでも、同じことを同じようにくり返すだけでは飽きてしまいます。そこで、さまざまなバリエーションを加えていきました。

三角形による構成

まず、はじめに試みたのは、三角形による構成という課題でした。

両面に色のあるカラードフォルム紙二枚を各自に選ばせます。色彩の世界に親しい生徒たちは、躊躇なく美しい色合わせで選ぶことができます。この紙の色は、水彩画で体験した透過性のある色彩と異なるもので、人工的な緊張感のある色合いです。紙の性質も硬さがあって、角の出やすいもので、課題の性格に適していました。一枚を台紙にして、他の一枚を三角形に切らせることにしました。

課題に入る前には、どんなに分かっていると思っても、必ず黒板に三角形を描いてみせることが大切です。彼らは、自らの力で過去の体験を意識的に呼び覚ますことが苦手です。

「出発点を決めるよ。両手で押えて、片方の手は、好きな方向へ真直な気持ちで進むよ。ハイ、ストップ。…………戻ります」

「今度は、紙の上に手のひらを置いて三角形を描いてみましょう。紙の上に三角形が見えてきたかな。見えたら、はさみの音を聞きながら切り取って下さい」

何度か記憶を呼び戻す行為をくり返し、さらに画用紙の上を手のひらで、触覚を働かせて三角形という空間を動いておくと、自然に抵抗感は和らぐものです。そして、はさみの音を聞くように注意を促し、感性を呼び覚まします。それによって、切るという行為も楽にできます。

切り取った三角形は、その都度、台紙の好きな場所に貼らせていきます。全部の三角形をまとめて切り取ってから貼るのではなく、一つ切っては貼らせ、画面の変化を見ながら次の三角形を切るのです。するとそこに感性が働く場が生まれ、はるかに心が動いて、画面との話し合いが深まって、良い作品が生まれてくるように思います。

どんな場合でも、美術は、作者と作品とのコミュニケーションによって高まるものです。いたずらに作業効率を高めようとすると、せっかくの心を育む場が失われてしまいます。

三角形に切り取った紙を貼るときの表裏も自由にさせます。生徒たちは、直感的に的確な判断によって、画面を創り上げていくことができます。そのバランス感覚には、いつも驚かされ、畏敬の念さえ抱かされます。もし、この時、バランスの崩れた画面を生徒が創ったとしたら、教師は、その原因を自らの中に捜す必要があると私は考えます。

のり付けも大切な行為です。線の動きによってできた三角形を平面の空間として捉えるチャンスです。澱粉のりを使い、その空間を全て触るように全体にのり付けさせて貼らせます。

このようにしてできた作品は、それぞれの生徒の性格が反映して、バラエティーに富んだものに仕上がりました。

緊張しやすい生徒にとって、どんなに簡単なことであっても、初めての課題は抵抗が大きく、十分に力を発揮しにくい場合が多いものです。同じ課題を二、三度くり返すと、それが醸されて素晴しい作品が生まれることがよくあります。ですから、私はなるべくくり返すように心がけています。

ところが、それではつまらないという生徒の顔も見られました。そうした生徒のために考えたのが次の課題です。

三角形から生まれた形

この課題は、三角形による構成と全く同じ過程で展開させますが、切り取った三角形に最後に折りの行為を加えます。わずかに〈折る〉という行為を加えるだけで、三角形は生まれ変わり、それを台紙に貼り付けていくと、そこにお話が生まれ、奥行のある空間が広がりました。

尖った三角形が、有機的なものに見えはじめ、大空を飛ぶ鳥に見えたり、湖に浮かぶ姿に見えるのですから、生徒たちの心も踊るように楽しくなりました。いっそう画面は、生き生きと動き出し、生徒たちは画面に引き付けられて、相乗的に高まっていきました。

この時、私が彼らに望んだことは、単に三角形を折ることではなく、空間を折るということでした。私は、両手を大きく左右に広げ、足元の重心と両手の先端で三角形を作り、すっかり三角形になりました。そして、体の中心線を折り目として、左手の上まで右手を横に動かして重ね合わせたり、両手を高く広げて三角形を作り、腰を中心にして前に折るなどの仕ぐさでそれを表しました。

「さあ、私といっしょに三角形になって、空間を折りたたんでみよう。そのとき、空気の動きを感じてごらん」

〈折る〉という行為によって生じる空間運動を空気の動きとして全身の皮膚感覚でも捉えるように意識付けしたのです。それが作品の運動感を強めさせ、生命感を与えたのだとも考えられます。

しかもカラードフォルム紙は表裏に互いに響き合う色を配して印刷してありますから、折ると

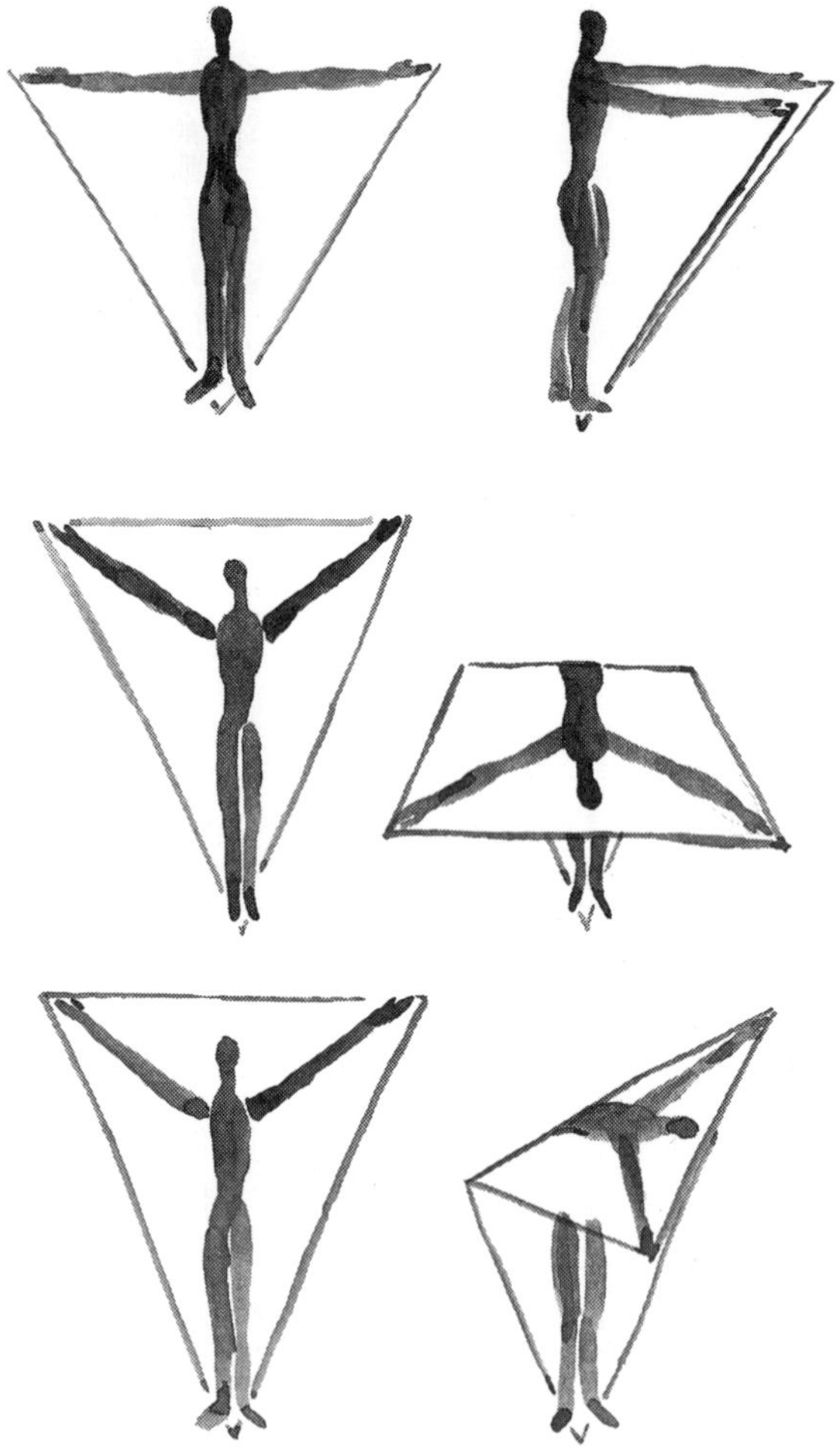

空間を折る　　さあ、私といっしょに三角形になって、空間を折りたたんでみよう。空気の動きを感じられるかな。

表裏の美しい色の対比が生まれます。それが、さらに生徒たちの感性に刺激を与え、感情を揺り動かして活発な制作意欲を引き出しました。

三角形がいっぱい

次には、三角形を切り取るのではなく、クレヨンで描く方法をとりました。「画面の中にいっぱい三角形を描いてごらん。一、二、三で元へ帰るんだよね。太い線で描くんだよ。気持ちをはっきりさせて、ゆっくりでいいよ」

生徒たちは、色とりどりのクレヨンを持って、三角形を並べて描いたり、重ね合わせたり、三角形の中にさらに三角形を描いたりなど、思い思いに描いていきました。

この作品は、一時間から二時間で仕上がりました。私は、絵画や構成などの課題は、二時間の授業の中で仕上げさせるようにしています。よほどの理由がないかぎり、日を改めて続きを描かせることはありません。日が替わると生徒たちの気持ちも変わり、画面と一体感がなくなってしまうからです。一枚を二日に分けて描くよりは、一日一枚、二日で二枚描かせたほうが、生き生きとした作品ができると、これまでの体験から実感しています。そこに彼らの時間意識の希薄さや精神的な幼なさを見ます。

普通学級の生徒たちは、反対に持続して描くことによって、作品と自分自身とを客観視でき、表現の内容と表現法を高めていくことができるのですが、彼らの精神活動は、まだ、そこまでには至っておりません。

今、子供たちの精神の幼稚化が指摘されています。事実、普通学級の生徒たちもこの学級の生徒たちと同様に作品と自身とを客観視できない傾向にあります。

しかし、それは、明らかに本質を異にするものです。一方は、情緒が安定していてもできないのであり、他方は、情緒が安定しないからできないのです。健全でありながらもまどろむようにしている生徒と、健全な成長を環境によって阻まれて、ゆがんだ心を制御できずに引き裂かれるような苦しみの中にあるのとの違いです。

でんぐり返しの三角形

この課題もクレヨンで描きました。まず、画面の好きな所に三角形を好きな色でぬりながら描きます。動きの方向を切り替えることで生まれた三角形を、今度は、面積のあるものとして、広がりのある空間として捉えてみました。

課題をはじめるときには、三角形による構成を、今度は貼るのではなく、描かせてみようと考えたのですが、一つ目の三角形を描かせて、生徒たちの表情を見ると、今までと同じでは満足できないぞと言っているように感じられました。彼らの知的欲求は、私の予想を越えていたのです。そこで、急遽課題を進展させる必要に迫られたのでした。

「みんな、ずいぶん上手になったね。きっちりと描けるようになって、うれしいな」とにこにこして言いながらも必死に次の展開を考えました。苦し紛れに思い付いたのが、この三角形のでんぐり返しの課題でした。

手元にあった色画用紙を三角形に切って、

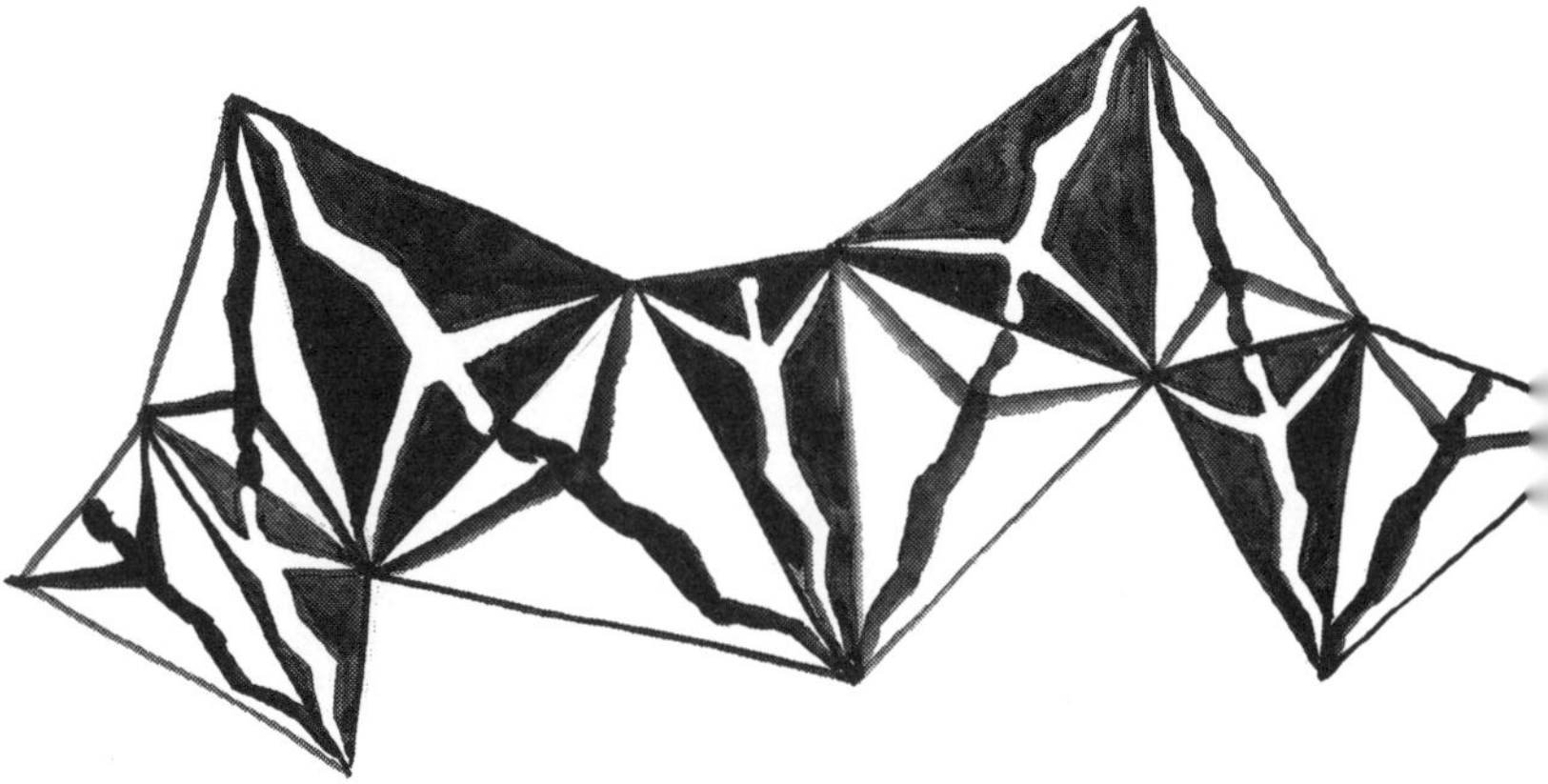

でんぐり返しの三角形　「先生、ぼくたちを甘くみないでよ。」生徒たちの知的欲求は、私の予想を越えていた。窮地に立たされたとき、三角形はでんぐり返った。

「さあ、見てごらん。三角形が、画面に登場しましたよ。みんなの画面にも、すでに三角形がしっかりした顔で次の仕事を待っています。

この三角形が、このように空間を大きくたたんででんぐりがえりをします。そのでんぐり返った形を描いてください。さっきのようにその三角形に触るように色を広げるようにぬって、また、でんぐりがえしです。そして、また色の面で、描いたら同じようにくり返して、画面全体をころげ廻ってください。それが今日の課題です」

私は、自分自身が三角形になって、教室中をころげるように動き廻りました。教室の中に笑いが溢れ、生徒たちは、一気に画面の中に入っていきました。

でんぐりがえしという言葉の響きが、すでに動的なものなのでしょう。「でんぐり返してウフフ、でんぐりがえってウフフ」と歌うようにして描きました。

3　自我を育てる

新しい課題はどのようにして生まれるか

一つの課題を進めていくと、様々な問題点が見えてくるものです。それらが、また、新しい課題を考えるチャンスを与えてくれます。

――真直に切る

三角形による構成では、なかなかきっちりとした角のある三角形を切る取ることのできない生徒がいました。どうしても方向転換をきっぱりとすることができず、角が丸くなってしまいます。その生徒のために考えたのが、方向転換に主眼を置いた〝ギザギザのある形〟という課題です。「ギザ、ギザ」と声を出しながら、その都度、意識的にはさみの動きを方向転換させ、切り取った形を台紙に貼らせていきました。

しかし、それでも十分ではありませんでした。もっと基本的な問題があったのです。真直に切ることが難しい生徒もいるのでした。そこで、真直に切ることを主題とした課題を考えました。「真直の気持ちで端から端まで切るんだよ。ずーっと長い線が続いていると思ってね。音も聞くんだったよね」

そう言って、長い紙ひもを何本も切らせました。できた紙ひもをそのまま台紙に貼るのでは、あまりに単調に見えるので、折って、初めの目的であった方向転換を加えることにしました。それが、「方向のある形」という課題を考えた最初です。

このような課題をくり返し試みていくと、生徒たちの意欲は、さらに高度な抵抗感のあるものを求めているように感じられました。

そこで新たに考えたのが、「季節を編む」という課題でした。

これは、あらかじめ水彩画で、季節を色で表し、それを紙ひもにして再び編み上げて作品にしたものです。きっちりとセンチを計りたくさんの等間隔の平行線を書いて、その線上を真直に切ることを目的としました。

イメージした直線上を切るのと、すでに決まっている線上を切るのとでは、明らかに抵抗感がちがい緊張させられるものです。しかし、すでにいくつもの作品を完成させて、自信を持った生徒たちにとっては、抵抗のある課題に挑むことが、むしろ新鮮であり、喜びなのでした。このような場合には、私は、より慎重に真直に切ることを求め、その抵抗を強めます。

――点と点を結ぶ

この課題で、さらに新しく問題になったのは、点と点を確実に定規を使って結ぶことができない生徒が多いということでした。

ここで見られる現象も普通学級と同じ現れをしているのですが、きっちりと点と点を結ぶ気持ちになれない生徒と気持ちはあってもできない生徒の明らかな違いがありました。

私は、次のようなゲームを考えました。生徒たちを教室のいろいろな場所に立たせて、まず、Aの私は、Cさんの所へ移動して、私の手とCさんの手とパチンと合わせ、今度はCさんが移動してF君のところへ行き、またパチンと手を合わせる。つまり、玉つきのような点と点を結ぶ行為を全身を使って、具体的な空間移動として行ったのです。

そのゲームを十分に満喫してから席につくと、色画用紙を渡し、黒板に描きながら、次のように話しました。

「画用紙を教室だと考えて下さい。教室の中には、たくさんの友達が立っています。友達を点として表してください。○《マル》ではなく、小さな・《点》として描きます。それを定規と色鉛筆を使って結んでください。ピッタリと点を押えて、誰の所へ行こうかな。決めたら定規を用いて、真直にその点に向って進み、パチン、はい、点と点を結びました。それを何回も行います。ピタッ、真直に進んでパチン。いいですか。今日の課題は、たくさんの点と点を結ぶ線の構成です」

単なる点と点を結ぶ小さな空間の作業として捉えるのではなく、具体的な体の空間運動のイメージをもって捉えると、難しさが解消されていきます。このようにして、線の構成は生まれました。

また、・《点》を○《マル》に書いてしまう生徒には、別の時間に錐《きり》を使って木に穴を開けさせる行為を体験させました。すると、錐をもむ行為の一点に集中する性格が助けになって、点を書けるようにな

点と点を結ぶゲーム　実感として分かることができると難しさの壁は消えてしまう。いかにして実感を育むか、それを考えていると、新しい課題がつぎつぎと浮かんでくる。

っていきました。

さらにこれを多角形を表す課題に発展させ、できた多角形に交叉しない対角線を引かせていくつもの三角形を作らせる課題へと展開していきました。

このように、生徒が直面している問題を一つ解決しようと試みると、次々に新しい問題が明らかになり、その問題を素直に受け容れ、それを乗り越える手だてを考えていくと、自然に新しい課題を発想できるものです。子供たちの可能性を開くためには、できないと言う前に、どうしたらできるかを考える教師の柔軟な思考が、求められているのだと思います。

コンパスで円を描く

三年生は、卒業すると、養護学校ばかりでなく職業訓練校に進む生徒もいます。仕事をするためには、計るという行為を欠かすことができないのですが、計るときには、起点をもつことが大切になります。基準となる0点《ゼロ》を合わせることができると、可能性は大きく広がります。

そこで、私は、起点の意識を明確にするためにコンパスで円を描かせました。中心点0にコンパスの針を定めて、その位置を固定しながら廻すということには、相当の意識化が求められます。中心の針の位置が、すぐに動いてしまって、苦労が続きました。

どんなに説明して意識化させようとしても実感としての理解は難しいようなので、校庭に出て、体で円の動きを体験することにしました。クラスの仲間が全員で手をつなぎ、その手を引いて円を歩んだり、一人一人に交替でロープを持たせ、それをピーンと張ったまま、中心にいる私の回りを歩かせたり、走らせたりして遊びました。あるいは、中心に立たせたりもしました。そうすると、あんなに困っていたコンパスがおもしろいように使えるようになるのです。

「校庭で動いたときのことを心に浮かべてごらん。先生が中心に立っているよ。一人一人がロープを張りながら歩いているよ。私の中心は、そのまま一回転。何回か練習してみましょう。できたかな、それじゃ、大きな画面に描いてみましょう。一つの中心で、必ず大小二つの円を描くことが約束です」

一枚の画用紙にいくつもの二重の円を描いていくと、さまざまな太さの輪の重なりが生まれます。今度は、消しゴムでその重なりに上下をつけました。重なった線の一方を消すことによって、立体的な輪の組み合わせが浮かび上がってきます。線を削り取ることで、積極的な空間が生まれるのです。

「どっちが上で、どっちが下か、下になっているほうを消す。どっちが前で、どっちが後か、後になっているほうを消す」

これは次元を画することが苦手な生徒たちに潜在的にそれを体験させるもので、基点を持つことと共通した性格を持っています。

さらにクレヨンで色をぬると、その画面は、いっそう立体感を増して空間に広がりを与えていきました。このようにして生まれたのが、「円による構成」という課題です。

生徒たちは、これまで出来なかったことができるようになって、その喜びを新たな意欲に換えていきました。そして、誰でもそうであるように、それを確実なものに定着させるために何遍もくり返すことを求めてきました。

私が、授業が始まる前に廊下を歩いていると、何人かの生徒たちが「きょうもコンパスを使っ

多角形に対角線を引く　多角形に対角線を交差しないように引けるかぎり引くとどんな形が生まれるかな。そうだよ、全部三角形になってしまうね。

て円を描こう。コンパスを使いたいなぁ」と自発的に言ってきました。このような生徒たちからの自発的な求めがあると、私は舞上がるように嬉しくなって、考えることもなく新しい課題を発想してしまいます。このときは、「円に内接する三角形」「円の分割による構成」「正六角形から生まれた形」などの課題を考えました。いずれもカラードフォルム紙二枚を用いて、一枚を台紙に他の一枚に形を描き、それを切り取って、台紙に糊付けして構成するものでした。

「円に内接する三角形」の課題は、次のように行いました。まず、選んだ紙にコンパスで任意の半径の円を描き、その円周上に任意の三点を設定してから、それらを定規を用いて結び三角形を作ります。さらに円をハサミで切り離し、任意の点を結んだ弦の上を切って、三角形と三つの半月形に切り離します。そして、元の円の形でしかも三角形と半月形が必ず異なる色になるように条件を付けて台紙に貼らせます。

愉快なことに弦と弧の性質から、裏表をひっくり返して貼っても元の円の形は崩れることはありません。ひっくり返しの空間運動は、表現者である生徒たちの心も鑑賞者の心も知らず動かして、静的に見えていながら強い運動感を感じさせる構成になりました。

「円の分割による構成」は、中学校の美術教科書に載っていたイタヤカエデの丸太を割って作った木のおもちゃ〈角館《かくのだて》のキツネ〉から発想を得たものです。任意の円を描きその円の中心と円周を二回結ぶと扇形ができます。また、中心と円周を結ぶ回数を増やすとその分だけ扇形の数を増やすことができます。できた扇形は、自由に台紙に貼らせました。切り取った紙の裏表を上手に活用しながら元の円を作ったり、接点を持たせて貼り合わせたり、全く自由に貼ったりとそれぞれに思い思いの工夫が見られ、生徒たちの心が生き生きと動いている様子が窺われました。

コンパスで円を描く　私が円の中心に立っているよ。一人一人が、ピーンとロープを張りながら円の空間を動くよ。ゆっくりと歩くようにコンパスを回してごらん。

「正六角形から生まれた形」は、コンパスを用いて円に内接する六角形を描き、その六角形を正六角形六つあるいは三角形四つに分割して「円の分割による構成」と同様に構成させました。この課題は、コンパスの使い方をすっかりとマスターした生徒に限って行ったのですが、コンパスによって正六角形が描けることに知的好奇心が引き出されて、賢明に取り組む姿が見られました。

これらコンパスを用いた課題のように、中心あるいは基（起）点を意識して、それを手離さないということは、長さや重さを量《はか》ることと本質的に結びついています。そして、その行為を重ねて体験することは、自分を持つという自我形成の大きな助けになると実感されます。

精神的な殻を破るための課題

内から外へ

小さな自分の世界に閉じ籠り、安住して、なかなかその殻を破ることのできない生徒を前にすると、より広い世界へ歩み出して欲しいという願いが高まります。そういう思いをもとに発想したのがこの課題です。これも、白黒の表現ではなく、色彩の助けを借りて行いました。

「まず、赤いクレヨンを持って下さい。これから画面の中央に、外へ向って、どんどん広がる生命が生まれるよ、誕生するよ」

といいながら、中心から外へ広がるマルを描きました。そのマルは、線としてではなく確かに生命を宿したボリュームのあるものとして描いてみせます。

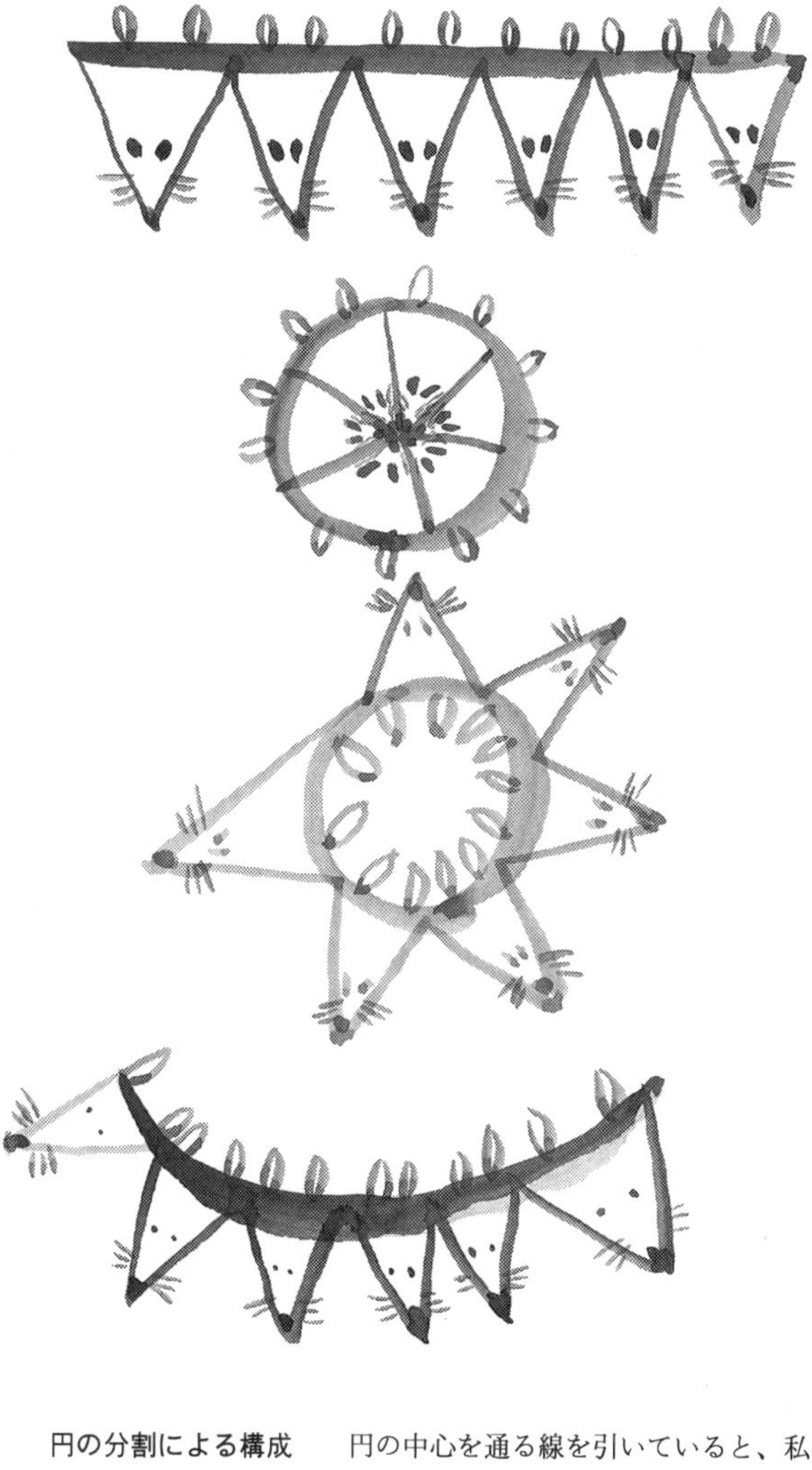

円の分割による構成　円の中心を通る線を引いていると、私は角館のキツネのおもちゃを思い出すんだ。鼻を寄せ会うと円になり、外へ向けると花のようになる。横に並ぶとイモムシのようだ。

「次は、この色のクレヨン橙色で描くよ。だんだん大きく広がっていくよ」と言いながら描いていきます。生徒たちは、私が描くのを見て、それを手本にして、いっしょに描いていきました。具体的な手本を見ながら、単純なフォルムを描いていくのですから、それだけに心の負担は軽く、安心して広がりの体験をすることができます。このような中心から外へ向かう膨みの体験を積み重ねていくと、心にも希望が膨らんで、何かできることがあると感じられてきます。

このボリュームのあるマルの重なりのように、自分の足で歩いて、一つ一つできたという結果を出させていくことが大切です。たとえ小さな達成感であっても、それが蓄積され、量をもってくると、心は安堵し満たされ、また新たな意欲が生まれてきます。さらに自らの可能性を信じる気持ちが育まれ、それは、大きな飛躍へとつながっていきます。

同様の発想で、「手の誕生」と題した課題を行いました。前章で挙げた中村桂子さんの『生命科学と人間』のテキストから、あの鳥の足のフォルム化の過程をもとに考えました。

はじめは、中心から外へという課題と同じように進みますが、このとき描法をもっと直接的に内から外への動きそのものとして描くことに発展させました。この描法は、意識をカッと目覚めさせ、表現するためのエネルギーを求めるものです。しかも途中から広がる部分と広がらない部分を作りました。

単純に内から外へと展開する部分では、「これは、ちょっときついね」と言いながらも余裕を見せていた生徒たちも、広がる部分と広がらない部分、言い換えると外から内への要素が加わった新しい展開部に入ると、背すじを伸ばし、きりりとした引き締った表情に変わりました。

やはり、ニワトリの手の形成の過程をイメージした課題の性格は、私たちの体のフォルム化を連想させ、精神のフォルム化を促し、それを高めるものだと思わずにはいられませんでした。

丸太を割ってできた椅子

精神的な殻を破るという視点からは、他にもいろいろな課題を発想できました。

男子生徒が多かった年のことです。生徒たちの成長はめざましく、それは、意識の目覚めは握手や相撲を取ったときの力強さにも表れていました。彼らに合った痛快な教材はないだろうかと探していると、直径二五センチ×長さ一メートルほどのサワラヒノキの丸太数本が、焼却場の脇に置かれてありました。早速、それを譲り受けて、何かできないだろうかと思案しました。

桧や杉などの針葉樹は割裂性《かつれつせい》があります。その性質を活かして割らせ、それで椅子を作ってみようと考えました。鋸で挽くのではなく、道具は鉈《なた》と木槌《きづち》だけです。それから垂木《たるき》を斜めに切ってクサビも加えました。「今作っているのは、クサビと言うんだよ。何に使うか分かるかな。あの丸太を二つに割るための道具になるんだよ」と言いながら、生徒たちの前で作って見せました。

丸太を立てて、年輪の中心を通る直線上に鉈をあて、

「さあ、木槌で打ち込んでごらん。そらっ、もっと力をいれて、バシッといけ。鉈の真上から力いっぱい打ち込め」

生徒たちが代わる代わる打ち込んでいくと、刃はだんだんに深く食い込んでいきました。そして、できた隙間にクサビを打ち、割れ目を広げていくと、やがて丸太は、メリメリと音をたて、二つに割れました。その割れる音とともに、「ヤッター」という歓声が上がり、「ほんとに割れたよ。すごいね」と信じられない表情で、その驚きを表していました。

この内に秘めた力を遠慮なしに吐き出す行為は、全身を熱くさせ、力強く生きていることを実感させてくれます。そして、もの事を打開するときの全身の力の結集がどんなものであるかを追体験させてくれるものでした。

さらにもう一本同様にして割りました。

木の割れた面は、ささくれていて、たくさんの刺が見えます。鉋やヤスリで削るには、時間がかかり過ぎます。全て手仕事ということにこだわらず電気カンナで削らせることにしました。電気カンナにスイッチを入れると生徒たちは、極端に緊張した顔になりました。絶対に怪我のないように使い方を説明して、割った面を平らにならしていきました。

電気カンナをかける生徒たちの表情が、急に大人びて見えました。中には、「ぼくは、恐いから絶対にやらないよ」と言う生徒もおります。私は、初めての体験をさせるとき、無理強いはしません。何度か見るだけの時間を与えます。

すると、どの生徒も皆と同じようにできることを願って心の準備をはじめるものです。その頃合いを見計って、お尻を押すようにしてチャレンジさせます。顔を紅潮させ、ドキドキしながら初めての経験を終えると、ぼくにもできた、やれたという満足感と安堵の気持ちで、何とも幸せそうな表情を見せてくれます。

木を割ったときにできたひび割れは、思いのほか深く、表面を鉋がけするだけでは消えませんでした。そこでトーチランプで表面を焼いて仕上げることにしました。ゴーッと音を立てて燃える火を木にあてるとささくれ立った角が赤く燃え、煙が立ちこめました。火の力を前に生徒たちの心が大きく揺り動かされているのが分かります。

思春期を迎えた生徒たちには、冒険が必要です。特に男の子の自律には、多少でも危険を伴う仕事が大切だと思います。それが注意深さや真摯な気持ちを育て、なぜ正しい知識が必要であるか、学ぶことの大切さを実感させてくれるからです。いつまでも安全を保証されていると、心は満たされず、子供のままの幼稚な精神から脱皮できません。

表面を焼き上げると、次にブラシをかけて炭化した部分を落します。手や顔を黒くしてこの作業を行いました。さらに縄をまるめたもので磨いて仕上げました。

最後の仕事は、脚作りです。これは、クリコギリで直径三センチほどの穴をあけ、そこに木の枝を差し込むことにしました。太いドリルの刃が、丸太の中にメリメリ音を立てて食い込んで、みるみる大きな穴をあけていきます。それも痛快でした。

脚にする棒は、校庭に出て手ごろな太さの木犀《もくせい》の枝を採ることにしました。枝をおよその長さに切り、先を削って穴に差し込み、木が割れないように、ゆっくりと騙々打ち込んでいきます。最後に脚を上にして大きな机の上に置き、差し金で高さを決めて切ると立派な椅子ができ上がりました。

腰をかけてみると、木のぬくもりが感じられ、心が自然に穏やかになごむような素敵な椅子に仕上がりました。

一人の生徒が、「この椅子に座ってもほんとうに大丈夫、つぶれてしまうんじゃないの」と冗談と心配がない混ぜになった思いを口にしながら、腰かけて安全を確めると、我も我もと奪い合うように座りごこちを確めました。

突き抜ける行為から　その一―点と線の構成―

それから数年後のことです。やはり男子生徒の多いクラスになったのですが、木を割るほどの強いエネルギーを生徒たちの中から感じ取ることはできませんでした。しかし、確かに生徒たちの内面（心の中）では、自分の殻を破りたいという思いが高まっていると感じられました。

彼らの力に合った教材はないだろうか、打開力や意欲を高めてくれる教材はないだろうかと考えました。そして思い付いたのが、紙にポンチで穴を開けるということでした。ポンチを木槌で打ち穴を開けるという行為が、文字どおり打開する力を与えてくれるだろうと考えたのです。

この行為に着目したのは、一九九一年に全国心身障害児造形美術研究会が編んだ「造形教育の教材集（No.1）の中の「光の集合」という教材に触れてからでした。それは、黒ケント紙に皮革用ポンチで穴を開け、そこにカラーセロハンを貼ってステンドグラスにしたものでしたが、私は、この穴を打ち抜くという行為に大きな可能性を感じ、いつか役立ててみたいと考えていたのでした。

そして、もう一つ、私が、この穴を打ち抜く行為に可能性を感じていた訳がありました。この学級には、発音がスムーズにできない生徒も入級しており、音楽の授業では、打つ・叩く行為によって表現ができるトーンチャイム・ハンドベル・和太鼓・マリンバなどの打楽器の演奏に比重を置いています。もう一人の学級担任だった三好健夫先生は、打楽器のスペシャリストです。実際に音を叩いて聞かせたり、いっしょに演奏することが多く、打つ・叩くという素朴な行為によって様々に音色を変えることができ、その表現の広がりを身をもって生徒たちに伝えることができます。

生徒たちは、身近に音楽を感じる体験を重ねて、生き生きと演奏できるようになっていきました。それと共に彼らの内面の活動はすこぶる活発になり積極性を増して、体の動きも目に見えて善くなっていくように感じられました。私は、このような生徒たちの変化を見ながら、「美術でもこの打つ・叩く行為をもっと活かすことができたらいいな」とその可能性の広がりを思わずにはいられませんでした。

幸い、学級には、革細工用の道具が揃っており、ポンチを買い足せば良いだけでしたし、紙もカラードフォルムの買い置きがありましたから、すぐに試みることができました。

実際に穴を開けさせてみると、それが、彼らにとって手強いものであることが分かりました。ポンチを真上から打つことが難しいのです。自分の手を打つのではないかという心配から、ポンチを持つ位置が極端に下がってしまったり、目が離れてしまうのでした。また、力の加減ができず、一方的に打ち続け、紙に穴が開いても、さらにゴム台深く打ち込んでしまう姿も見られました。

私は、生徒たちの制作を中断させ、穴を開ける音を聞かせることにしました。小さな声で、

「コンコンコン、コンコンコン、やさしい音が聞こえるかい。手首をやわらかくして、やさしく打つんだよ」

「五本の指、全てを使ってポンチを立てる。ほら、しっかり立つでしょう。そして音を聞こうね」

「五本の指で、真直たてて、コンコンコン、やさしい音でコンコンコン、いいかな」

このように注意して再開させました。

小さな声で話したり、音を聞こうと言って感性を呼び覚ますと、動作がやわらかくなり、一方

的でなくなります。ポンチから離れていた目もそこに吸い寄せられるように落ち着いていきました。音を聞くことができない生徒には、手を添えたり、何度も打って音を聞かせるなどの働きかけを重ねていきます。

この穴開けの行為は、単純に内から外へ力を出すという要素ばかりでなく、その加減を必要としているものであり、ポンチから目を離すことを嫌うものでした。必然的に対象と向き合うことを求める自己コントロール（制御）の性格を持っていました。

手の動きが、目（視覚）や耳（聴覚）などの感性と結びつき、さらにやさしくという感情と結びついたとき、紙という壁面を美しく打ち抜くことができるのでした。

それを体験している生徒たちの心は、自ら充実し明るくなります。そこには、行為と精神活動の連動があり、生徒たちにとっては、無意識であっても人間性を高めていると分かるからだと考えられます。

しかし、この日の穴開けは、狭い範囲に集中し、画面全体を意識したものではありませんでした。生徒たちは、ポンチで打ち抜くことだけで精いっぱいのように感じられましたし、集中させる行為の性格にもとらわれていたのだと思います。この時間は、穴開けの練習と位置付けて、そのまま続けさせました。

次の時間に、画面全体を意識させるために一つの試みを行いました。それは、二〇個ほどの穴を等間隔に開けさせ、それから自由に好きな場所に開けさせるということでした。そのことによって、画面全体が目に入るようになり、意識が全体に行きわたるようになりました。

作業を進めていくと、打ち抜かれた紙が、机の上に広がりました。表と裏の色ちがいの丸が散

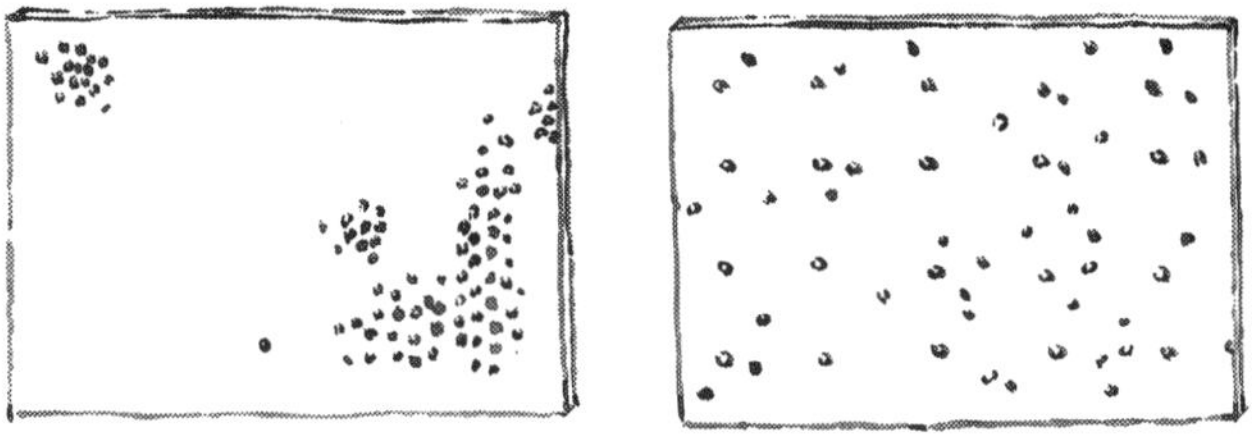

画面全体を意識する　穴開けに夢中になった生徒たちは、集中させる行為の性格に囚われて、余裕を失い硬い表情になってしまった。まずい、画面全体を意識させて、心に空間をつくろう。

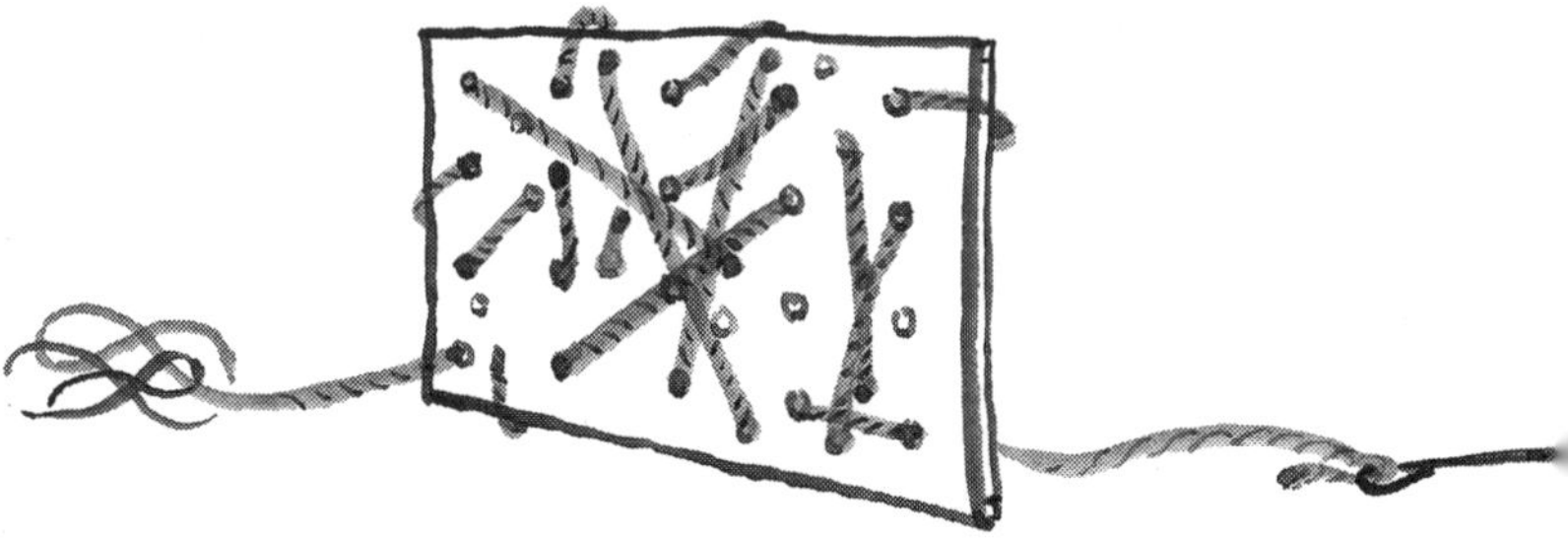

行為の軌跡　毛糸を穴に通すと次の穴から出てくるまで隠れて見えなくなってしまう。行為の軌跡が連続しているのではなく、休みが入ることで画面に呼吸が生まれ、美しくなる。

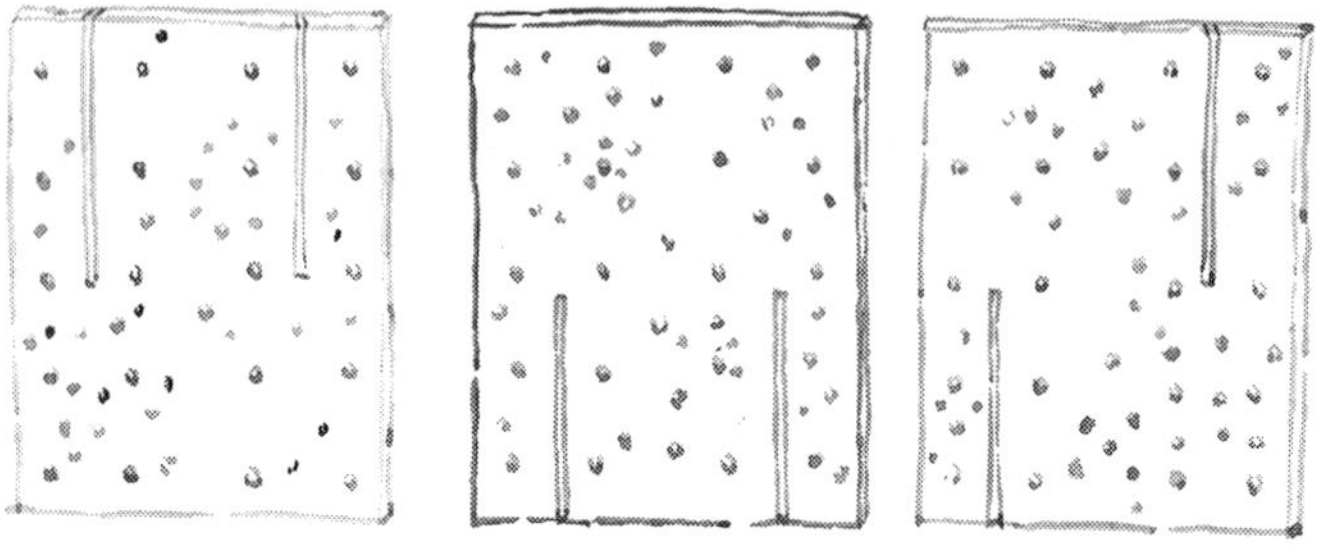

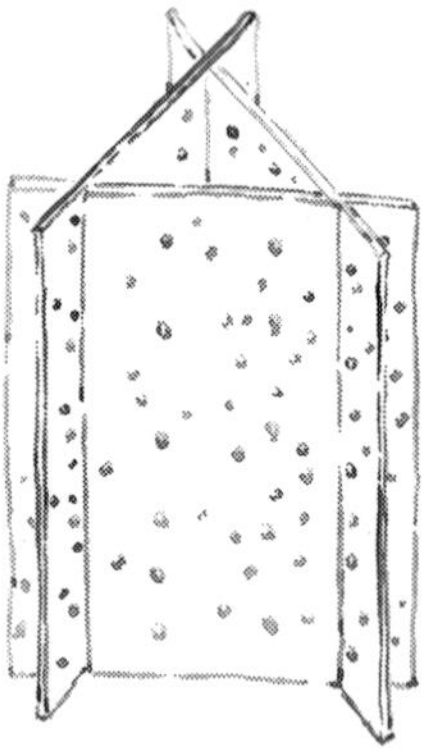

穴開けによる照明　厚紙に穴を開けるとなると簡単にはできない。五本の指でポンチを真っすぐ立てて、コンコンコン、しっかりとした音でコンコンコン。

らばった様子は、それだけで美しく感じられます。

「先生、机の上にお星さまがいっぱいだよ」と言って、穴を開けた紙よりも打ち抜かれた紙に興味を示す生徒もおりました。

穴を開け終えると、裏に桧棒を貼ってパネルにし、さらに穴を縫うようにして、毛糸で直線の模様を加えさせました。それは、まさに壁を突き抜ける行為でした。この行為の大切さを教えてくれたのは、スウェーデンのストックフォルムで重複障害児学級を担任されている石井バルクマン麻子さんでした。

かつて彼女が働いていた知的障害をもつ成人のためのデイセンターで、重度の障害をもった女性が、彼女とともにあるスクリーンを通り抜ける行為をくり返していくうちに心を開き、様々なことに関心を示すようになり、意欲的に生きはじめたという話をしてくれたことがありました。その印象が強く、具体的に行うチャンスを窺っていた私は、生徒たちが穴開けをする様子を見ながら、彼女の実践を思い浮かべたのでした。

確かにスクリーンを通り抜ける行為は、心を開かせてくれるものでした。それは、生徒たちの顔の輝きに端的に表れていました。

ほんとうに生徒たちの内面の高まりを育む教材に出会ったときは、ほとんど空気のように彼らのそばにいるだけで授業は進んでいくものです。ときどき、「どうだ、うまいでしょう」と自慢げに顔を上げたとき、ただ頷き、同意するだけで、また、制作に没頭していきました。

穴に毛糸を通していくと、自分の行為の軌跡が残ります。それは、明らかな空間運動の軌跡です。しかも穴を通すと、次の穴から出てくるまでに必ず糸が隠れて見えなくなってしまいます。

線が連続するのではなく、休みの時間が入ることによって、画面に呼吸が生まれ、それが美しさになっているようでした。

また、点と点を結んだ線引きの体験やその準備として行った遊びの体験も、確かな記憶として活きづいておりました。

毛糸は、四季折々に身近な植物で染め貯めたものを使いました。カラードフォルムの人工的な色彩と自然な毛糸の色とが対立し、緊張感のある画面となりました。

突き抜ける行為から　その二―穴開けによる照明―

この穴開けの行為は、よほど生徒たちの心をつかんだらしく、それから何度も「先生、あの穴あけをしよう」と要求されるようになりました。そこで、しばらく期間を空けてから、今度はB4判のイラストボードで行いました。

厚紙に穴を開けるとなると、これまでのように簡単にはできません。道具の使い方を正確にし、無駄な力をぬくために、いっそう五感の助けを必要としました。しかし、一度できたという確かな記憶は彼らの支えとなります。

「五本の指で真直に立てて、コンコンコン、しっかりした音でコンコンコンコン」

ここでも動作に節目をつけて、くり返し行いました。穴を開けようとする気持ちばかりが先に立っていた生徒たちの心の中に、音が聞こえはじめ、画面との間に距離が生まれ空間が生まれると、着実に穴の数を増やしていきました。これは、図のように三枚を組み立てて照明にしました。

雨の降る暗い日に明かりを廊下で燈《とも》すと、光が穴を突き抜けて、星がまたたくような照明にな

スクリーンを突き抜ける行為　スクリーンを突き抜けると何か気持ちがスカッとして、わたしにもできることがあると思えてくる。

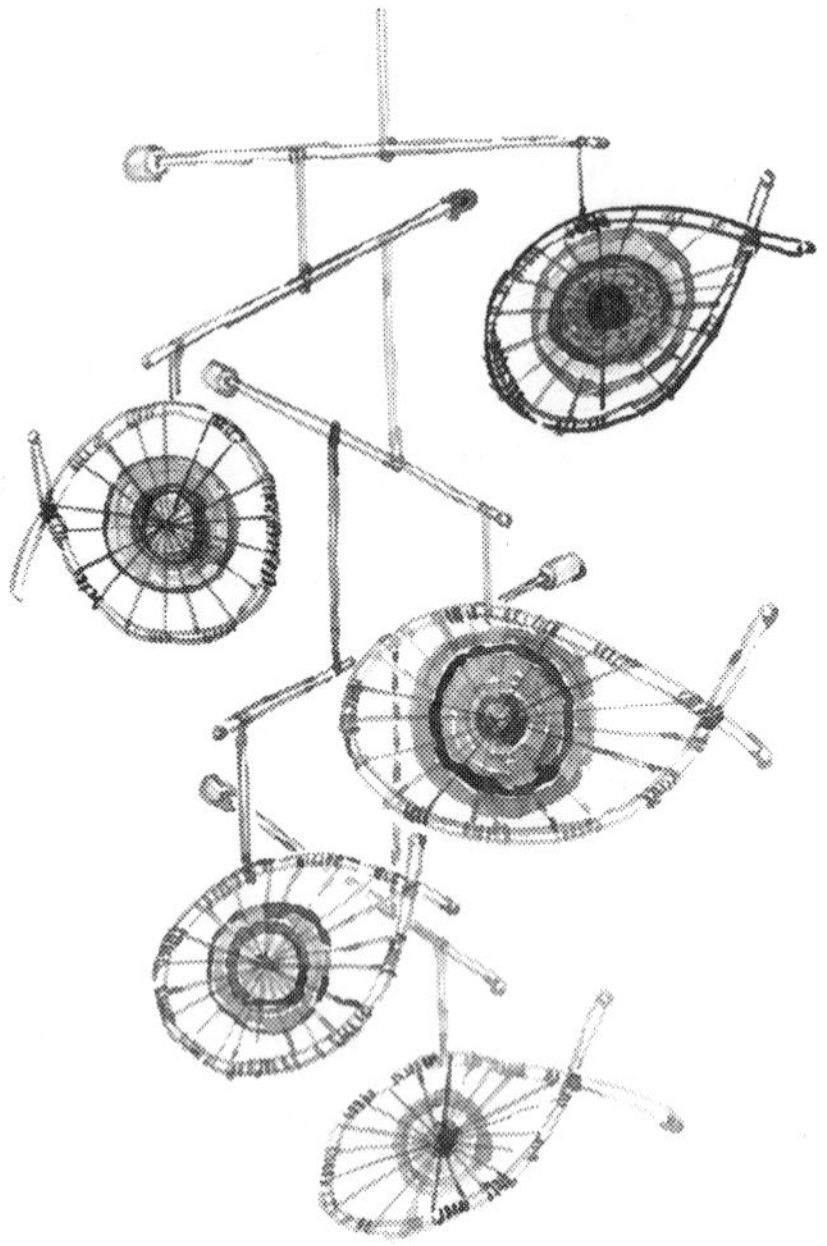

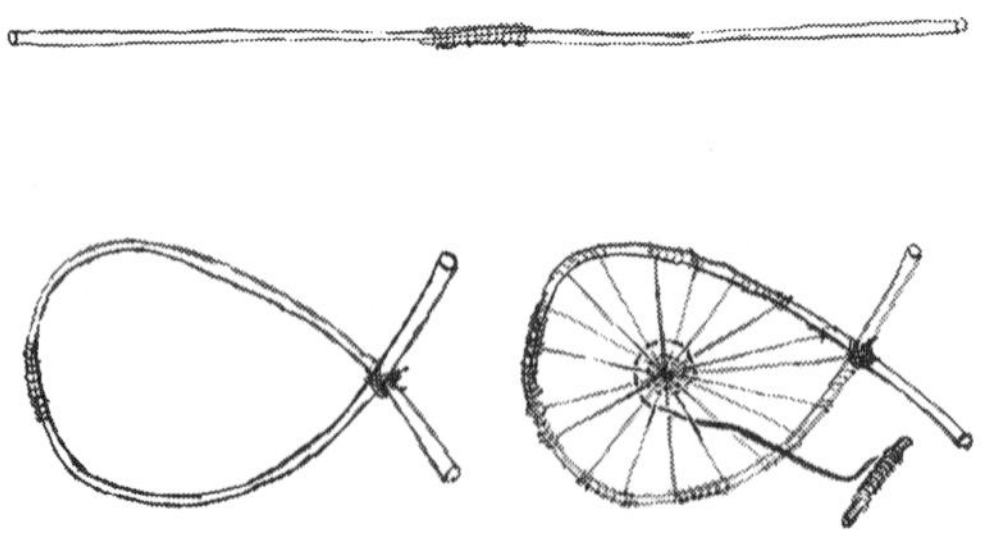

①月桂樹のひこばえやイチョウの枝を２本つなぎ合わせる。

②①の枝を曲げて輪をつくる。

③縦糸となる毛糸を放射状に張って、中心で束ねる。（縦糸は奇数）

縦糸を１本ごとにぬうようにして横糸を通す。

りました。その光に吸い寄せられるように、校長先生はじめ多くの方が見にきて下さり、生徒たちに声をかけてくれました。

生徒たちは、その照明の出来栄えに意を強くして、「もっと穴開けしよう」と私にせがみました。彼らの要求に応える良いアイデアはすぐには思い付きませんでした。そこで、作品のスケールが小さくなってしまうと思ったのですが、カラードフォルムで小さな明かりをたくさん作ることにしました。

例によって、カラードフォルム二枚を選び、一枚を台紙に、他の一枚を好きな形に切らせて自由に平面構成させました。次に穴開けをさせ、三角柱や四角柱・円柱に組み立てました。教室を暗くして、それぞれにろうそくを燈《とも》すと、生徒たちの心が夢の世界に静かに解き放されていくように感じられました。

生徒たちは、どんどん制作を続け、またたくまに三〇個ほどになり、それを集合させて組み立てると、達成感を満足させてくれるシャンデリアとなりました。

突き抜ける行為から　その三—毛糸を織って作ったモビール—

同様に壁を突き抜ける行為から発想して大きなモビールを作ったことがあります。これは、スクリーンを通り抜けながら、同時にスクリーンを作る課題でした。

秋の文化祭が終って間もないころでした。体育館の東側に植えてある月桂樹の根元には、長さ一メートルほどになったひこばえがびっしりと生えていました。その一本を切って葉を落してみると、よくしなって曲がります。これはいいと思い、生徒たちとたくさん刈って教室へ持ち帰りました。

それを二本一組にしてつなぎ、曲げて輪を作りました。そこに放射状に糸をかけ、中心で束ねてから、中心から広がる縦糸の数を奇数本にするために、さらに一本を加えました。そうしないと織っていくときに、うまく上下が入れ替わらないからです。縦糸でできたスクリーンを一本ごとにぬうようにして通りぬけていくと、まるい平面が織り上がっていきました。

この螺線《らせん》状に広がり折り返す場面のない織りは、一見単純で簡単な仕事に思えたのですが、一段一段方向が替わり横糸を折りたたむようにして行う織りと違い、生徒たちの心を明るくしてくれませんでした。

区切りがなく、限りのない連続性が、彼らの気持ちをグルグルと空転させ、意欲を削いでいるように感じられました。

彼らの表情が沈んで曇りはじめたとき、必ず、何らかの手だてが必要です。私は、時間意識を回復させるために、ある程度織り進んだら、横糸の色を変えさせることにしました。仕事の成果が、糸の色の変化によって確認できるようになると、生徒たちの表情は本来の明るさを取り戻しました。この連続性に区切りを入れる工夫をしてからは、ほとんど問題なく彼らの力だけで制作していくことができました。

しかし、精神的にことに幼ない生徒にとっては、やはり難しい仕事でした。一つ一つリズムよく横糸を通すことが大変で、いくつもの縦糸を飛ばしたり、方向が変わってしまうこともありました。明らかに手助けが必要でした。

そこで私は一人の生徒と机をはさんで向い合って座り、机の上にスクリーンを立てて、「はい、どうぞ」「はい、どうぞ」と横糸を手渡して織っていきました。やはり、スクリーンを突き抜ける行為は、余程楽しいらしく、相手をするといつまでも続けることができました。

でき上げると魚のように見え、それぞれを一つの作品として観るよりは、集合して全体を一つにするほうが、はるかに迫力が生まれると思われたので、モビールとして連結することにしました。

焼却場には、枝落しした桜の木が積まれており、その中から天秤にするのに手ごろな棒や重しにする太い枝を探しました。太い枝を輪切りにして、そこに細く長い枝をさし込み、それに作品をつるしてつなぎ合わせていくと、すこぶる見栄えのいい作品に仕上がりました。

4　意志力を育む―行為を関連づける―

行為の意識化を求められたしぼり染め

藍の生葉による絞り染めを行ったときのことです。

春に種を蒔き、梅雨に入る前にチューリップの球根を掘り上げた後の花壇に植え替えた藍は、雨水と太陽の恵みによって、葉を大きく茂らせておりました。

「さあ、あの藍の葉でしぼり染めをしましょう。小石と布に包んで、輪ゴムでグルグル巻いて絞ります。ほらっ、てるてる坊主ができたよ」と言って、何度か絞ってみせました。

ヤール幅で二メートルの長さの大きく真白でやわらかな絹布に、つるつるとした中国産の雨花《うか》瑪瑙《めのう》という赤や緑や黄土などのいろいろな色をした美しい小石を包むのですから、楽しくないはずはないと考えました。

以前、すでに卒業した生徒たちと、どんぐりの実を芯にして絞り染めをしたことがあり、その時は、障害の軽重にかかわらず、全員が抵抗なくできましたから、今度も絶対にうまくいくはず

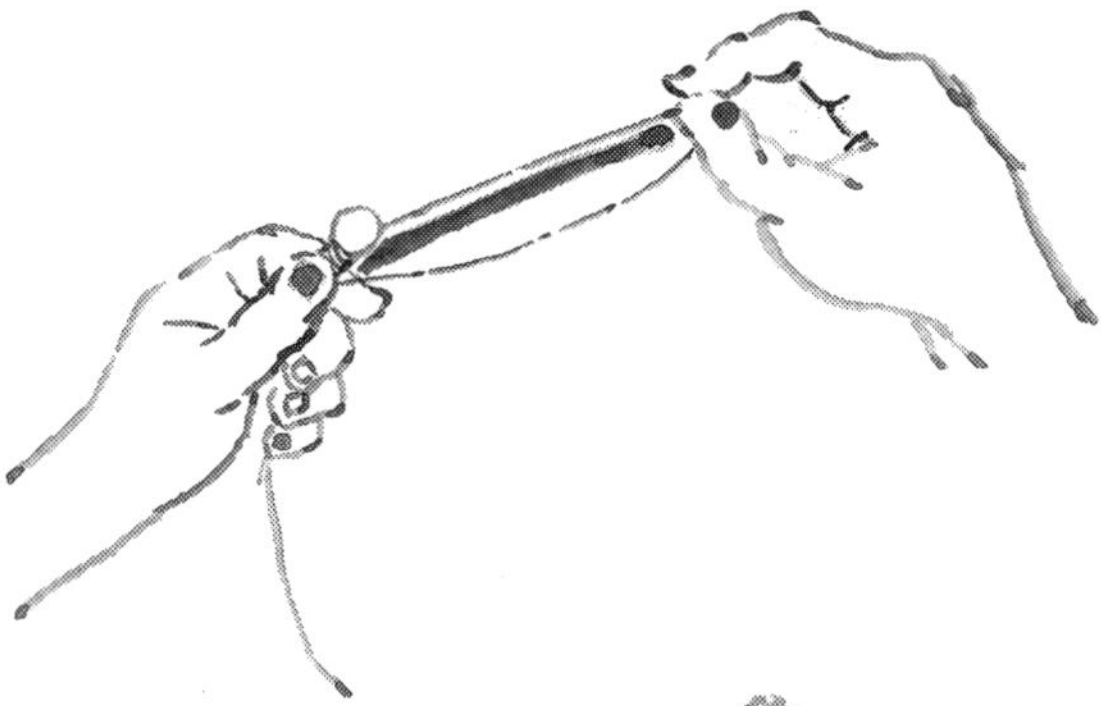

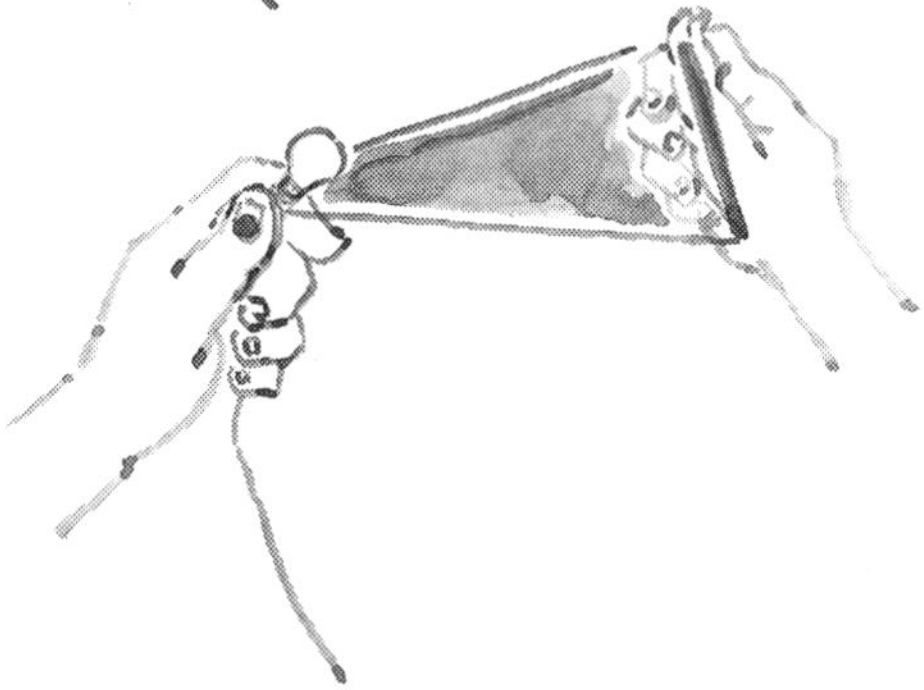

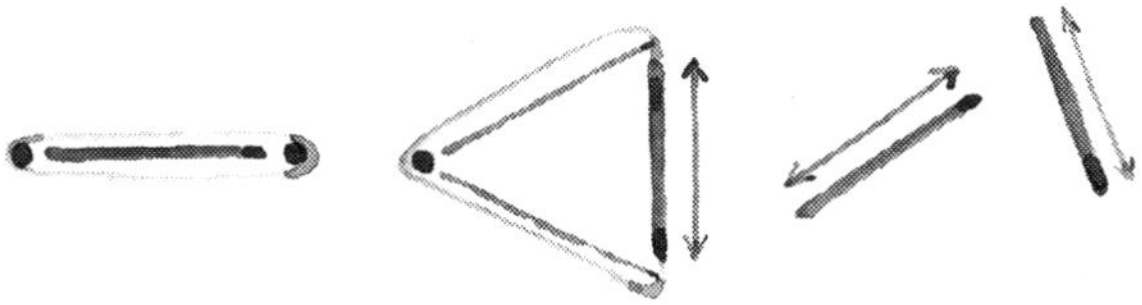

輪ゴムで布を絞る　輪ゴムのもち方ひとつでね、空間ができたりできなかったり、全く条件が違ってしまうんだ。絞れない原因がここにあったとはなぁ。

だ、簡単にできるだろうと甘く考えていました。

ところが、実際に絞らせてみると、ほとんどの生徒たちが戸惑いの表情をしています。「もう一度、ゆっくり絞ってみせるよ。すぐに分かるからね」と言いながら、動作に次元を与え、何度かくり返すと八人中五人は、間もなくできるようになりましたが、残る三人は、なかなかできませんでした。

なぜだろうといろいろ考えて、思い当ることとは、積み重ねた過程の違いでした。

どんくりを用いた絞り染めは、雑木林にどんぐりが、いっぱい落ちているのを見て発想したものでした。生徒たちの指先の力が弱く、指先と意識がしっかりと連動していないように感じられ、それを必然的に求める教材を探していたときでした。これなら単なる作業訓練としてではなく、感情に働きかけながらできると考えたのでした。

秋のよく晴れた日にどんぐりをいっぱい拾おう、秋の収穫の喜びを味わおうと呼びかけて始めたものでした。彼らは、しぼり染めに至るまで、一つ一つのどんぐりをつまんで拾い、洗い、煮て渋ぬきをし、乾燥させるという行為を重ねていました。

また、別の課題で、麻ひもを使ってタピストリーを作るために、何度も何度も手に麻ひもをグルグル巻く行為をくり返してもいました(『生きる力を強めるために』に収録)。そうした体験のうえにこの絞り染めがあったのでした。絞るのははじめてであっても同じ要素をもった行為を重ね、心を温めて準備をしていたのです。どんぐりもただのどんぐりではなく、特別な思いを持ったものだったのです。それらが、全て力になっていたことをすっかり忘れ、意識化もしていませんでした。

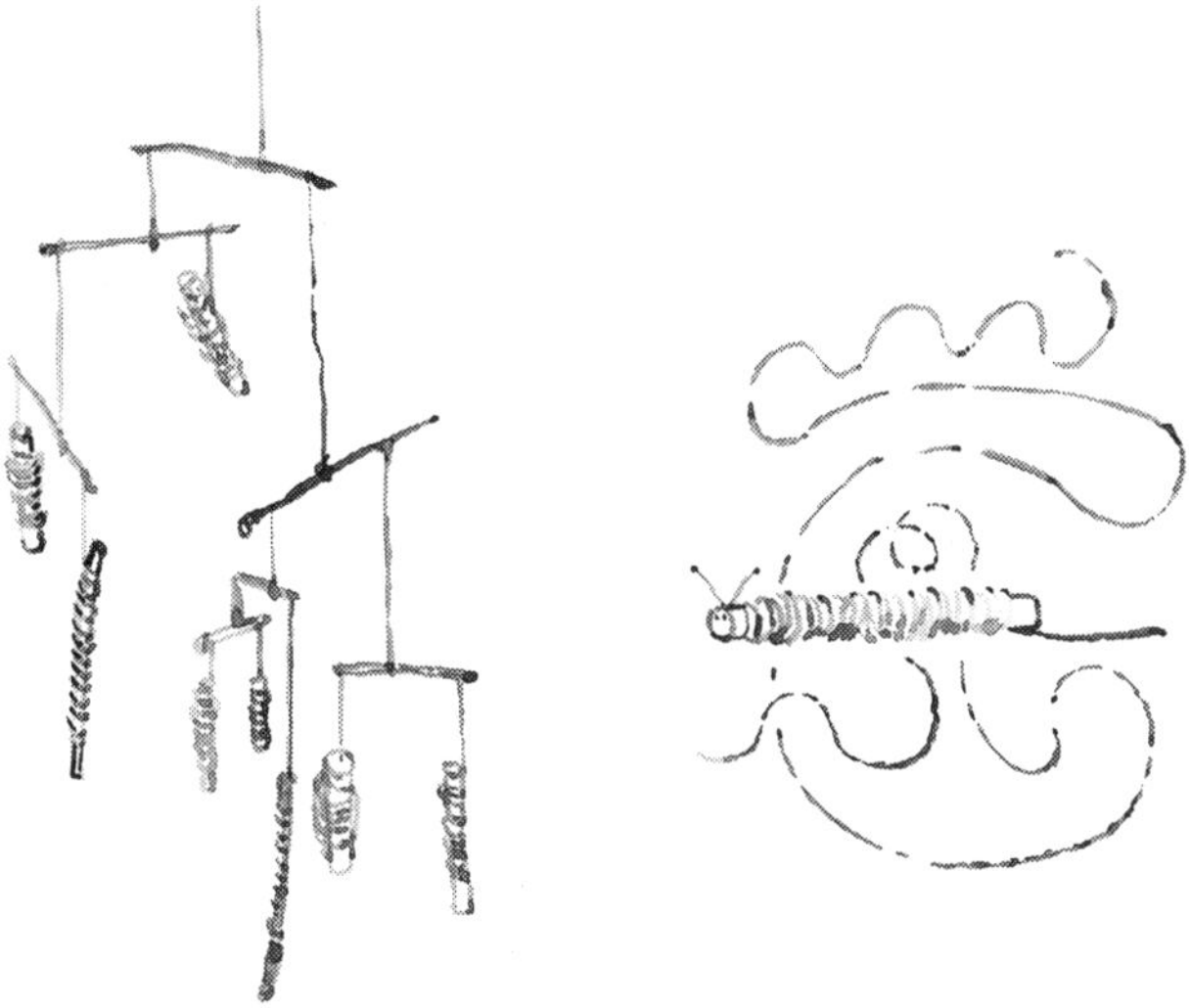

毛糸をクルクル巻く　　保育士をしている友人が教えてくれた。枝に毛糸を巻いたのがあったでしょ。あれを虫に見立てて遊んだの。喜んで喜んで、夢中になって遊んだわ。

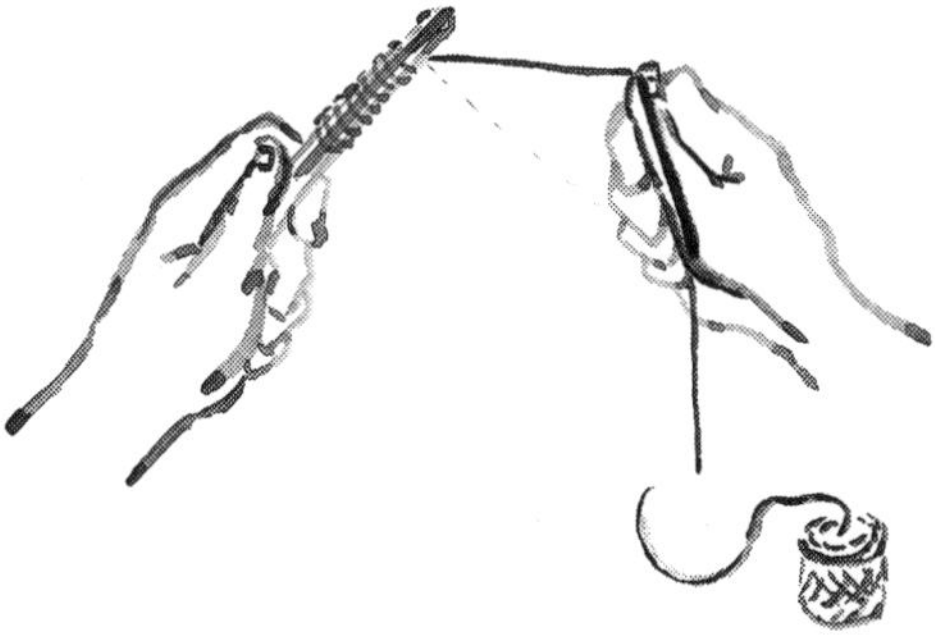

毛糸を巻く　　桜の細い枝に毛糸を巻かせてみたとき、生徒たちが、毛糸を握るようにもっていることに気がついた。そうか、これなら二つの方向性がはっきりと関係し合って空間ができるなぁ。

しかも決定的な問題は、私自身が輪ゴムで布を絞るという行為の意味を十分に理解できていないことにありました。

そのことにようやく気付かされたのは、その翌年に試みた「毛糸のクルクル巻きのモビール」を作るときの生徒たちの様子を見てからでした。

布を絞ることができなかった問題点が、麻ひもを巻くような行為を体験していなかったことにあると思い至った私は、それを補う課題として、桜の細い枝に毛糸を巻かせることを思い付きました。

直径一～二センチの桜の枝を一〇～一五センチの長さに切って、そこに生徒たちとともに身近な植物で染めた毛糸を巻きました。

「クルクル巻いてごらん」。そう言って、枝と毛糸を準備すると、巻き始めの糸の固定が難しいだけで、あとは難なく全ての生徒が巻くことができ、全く方向を迷うなどの混乱はありませんでした。なぜだろうと思い、彼らの糸の持ち方を見ると、一様に毛糸玉から伸びる長い糸を四本の指で軽く握り、人差し指と親指の先で固定しています。

私も長いひもを巻くときは、無意識に同じようにしていると思いました。実際にそれを意識して巻いてみると、体に対して糸を巻く方向が、しっかりと定まるのを感じました。私は、この五本の指でつつむように握ることによって生じる糸の方向が、もう一方の手に持つ毛糸を巻いている小枝の方向と関係し合って、明快な空間意識を創ることに気付いていなかったのでした。

前年、私が、生徒たちの前で無意識に見せた輪ゴムの持ち方は、一点でつまむようなものでした。それだと明らかに方向性が曖昧になり、空間性が弱まります。

この輪ゴムをつまむ持ち方と握る持ち方で布を絞り比較して検証してみると、前者は、輪ゴムが、指の太さだけの距離をもった平行線になり、後者は、輪ゴムを押える一方の手の親指となり人差し指が作る点と他方の手の輪ゴムを握っている長さによって、大きな三角形の空間を作り、明らかに輪ゴムが生み出す空間の大きさが違っていました。

生徒たちの混乱は、はっきりとした空間意識を持たせなかったことにあり、必然的に起こったことだったのです。一度は、偶然の重なりに助けられ、難なくできたとしても、二度目は、意識化なしに同じようにはできないことを身に浸みて実感しました。それと同時に、うまく行かない時こそ、意識化と新たな可能性を開く大きなチャンスだとも思いました。

藍を刈り、葉を茎からはずしてから洗い、それをミキサーにかけて細かに砕き、搾った、抹茶のような緑色の汁に、輪ゴムで絞った絹布を浸し、空気酸化させるとみるみる青い色に変化していきました。「おうっ」という低い驚きの声とともに染めは順調に進み、数度、浸し染めと空気酸化をくり返すと明るく澄んだ青に染まりました。

輪ゴムを皆ではずし作品は完成しましたが、その後も絞りをうまくできなかった生徒たちは、それぞれに「ぼくも絞れるようになりたいな」と私に訴えてきました。

それが力となって、先に紹介した「クルクル巻のモビール」や次に紹介する「クルクル巻きの構成」などの新しい課題の発想へと展開していきました。

クルクル巻きの構成

藍の生葉によるしぼり染めで、生徒たちが糸を巻く体験をもたないことに気付いた私は、次のような課題を考えました。

三角形の構成のときのようにカラードフォルム二枚を準備し、一枚を台紙に、他の一枚を真直ひも状に切らせました。それを指にクルクル巻かせると立体的なかたちになります。その端を糊で台紙に貼らせました。

「クルクル巻き」の構成と題したこの課題は、日ごろ造形表現を得意としない生徒たちから爆発的に支持されました。巻くという動作の軌跡が、心をもクルクル動かしたのだと思います。両端を巻いて、中心部を台紙につける独自の工夫をする生徒もでてきました。それをいくつも並べて貼ると肋骨を連想させせました。

「先生、これは恐竜の骨です」ということでした。

この課題も一日で終る予定が、生徒たちの要求によって四日連続で行われることになりました。誰にとっても、自らの力で成し遂げるという体験は、自信となり心を明るくしてくれるものです。できることを積み重ねることが、いかに大切であるかをここでも実感しました。

また、木の枝に毛糸をクルクル巻くだけでも美しく、楽しいものでした。それをイモ虫などに見立てて遊ぶこともできます。まだ実現していませんが、篠竹《しのだけ》の節を切り落し、筒状になったものに毛糸を巻いて、それを集合した共同作品も試みたいと思っています。きっと巻くという行為に光を当てても多くの課題を発想できるのではないでしょうか。

フェルト作り

生徒たちの心に熱を与え、意志力を育むためには、触覚体験が何よりも大切です。特に概念操

力をぬいてふんわりと開く　ほらっ、原毛には木の枝や草や糞がついているでしょ。これを掃除したいんだ。力をぬいてふんわりと開いてごらん。気持ちがあかるくなってくるよ。

作が苦手な生徒たち・児童や幼児期の子供たちには、それが求められています。

小さな子供たちは、泥んこ遊びをしたがります。体中をどろまみれにしながら、この掛け替えのない触覚を磨いているのです。触覚を働かせようとするとき、私たちは、いつの間にか指先ではなく、手のひらを使っています。指先と手のひらでは、役割がちがいます。指先の感覚は、概念的なものに働きかけたり、感じ取ったりし、指先に比べ、はるかに広い面積を持った手のひらは、それゆえに、熱やボリュームなどの実感を感じ取ることができます。

フェルト作りを計画した理由は、この手のひらの感覚を存分に発揮できる機会を創りたいと思ったからです。

私が、フェルト作りのワークショップを受講したのが、一九九〇年の初冬でした。原毛を買い入れたのが次の年で、それから少しずつ身の回りの植物で染め貯めていきました。

購入した原毛は、フォークランドという南米南端の島で育った羊の毛です。毛の質が細くやわらかいので、生徒たちにとって、扱いやすいと思ったからでした。

地球儀を廻し、フォークランド島を指差して、そこから船で運ばれてきたことを話しました。生徒たちと、写真で見た島の様子は、大きな木がなく、岩が突き出ていて荒涼としていました。

フェルトの作り方は、なかなか愉快なものです。ウール一〇〇パーセント表示のセーターは、何度か洗濯をくり返すと毛と毛がからみ合って、だんだんに硬くなってしまいます。その欠点を一つの性格ととらえて逆に活かしたものでした。

刈り取られた羊の毛は、本来うす汚れていて、しかも脂でベトベトしています。羊が雨に濡れても中まで雨が通らないように体を守るためです。授業で使った原毛は、スカードといって、すでに洗ってあり脂を落したものでしたが、それでも小さな木の枝や草や糞が付いており、まずそれを掃除しなければなりませんでした。

　毛を軽く広げるようにしながら、それらのゴミを落していきます。この内から外へ広げる行為も集中力を必要とするものでした。力をぬいて、ゆっくりふんわり開くと毛は抵抗しませんが、強い力で無理に開こうとすると急に動かなくなり、さらに力を入れると繊維が切れてしまいます。力でねじ伏せようとする男子生徒に囲まれながら、一人の女子生徒が実に上手に毛を広げていました。

　これまでの作業では、結んだり、固めたりすることが多かったのですが、これは、反対に開くものでした。

「力をぬいて、ふんわりひらく」

と声をかけながら行うと、何か新しい展望が開いていくような明るい思いが広がります。

　掃除が終ると、今度は毛を梳《す》きます。手廻しのドラムカーダーで行いました。この作業は、カーダーを廻す係と毛を入れる係の二人一組で行いましたが、一回に二〇グラムしか梳くことができず、染める準備をするだけでも大変な仕事量でした。フェルト作りを計画してから五年ほど準備を必要としたのは、そのためでもありました。毎年、少しずつ染め貯めて準備を重ねていきました。

　羊毛の染色は、浸し染めではなく煮染めです。染液を作ってからいったん冷まして、体温と同じくらいになったら原毛を入れ、約一時間ほどかけて沸騰寸前のところまで、ゆっくり染液の温度を上げていきます。そして、その温度を四〇分ほど保ち、放冷します。その間一五分に一回程

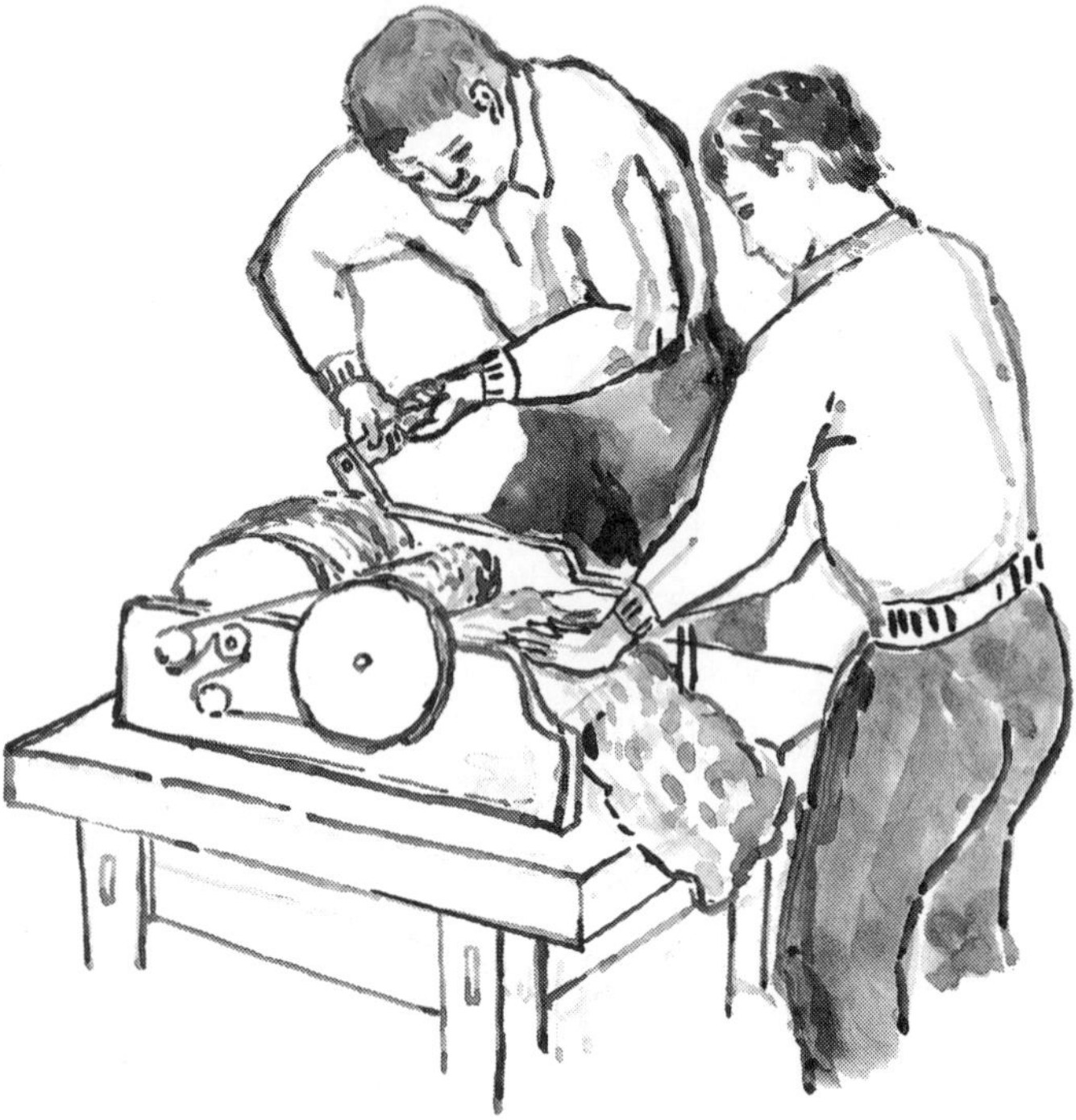

ドラムカーダーで毛を梳く　フェルト作りを計画してから準備に五年もかかった。手回しのドラムカーダーで一回に梳ける量は20グラム、途方もない仕事量だった。

度、斑にならないようにそっと原毛の上下を入れ替えます。染液の温度がある程度下がったら、原毛を染液から引き上げてぬるま湯で軽く洗い脱水します。染液の量は、被染物の四〇～五〇倍です。

次に媒染ですが、これには、染色する前に媒染しておく先媒染と、染色してから行う後媒染の方法があります。先媒染には、明ばんや木酢酸鉄《もくさくさんてつ》があり、後媒染には、酢酸銅や酢酸アルミニウム・塩化第一鉄などがあります。

媒染剤の量は、先媒染の明ばんと木酢酸鉄の場合、被染物の四～一二パーセント、助剤として、酒石英《しゅせきえい》あるいは乳酸を媒染剤の三分の一加えます。これを染液と同じ量の水に溶いて媒染液を作るのですが、低温では溶けにくいので、全体の一〇分の一の水を沸騰させ、そこで溶くことにします。よく溶けたことを確認して残りの水を加えます。

あとは、染色するときと同じ要領で行います。ただ、沸騰寸前の温度を保つ時間は、明ばんが三〇から四五分、木酢酸鉄は、一〇分程度にします。ある程度温度が下がったら被染物を上げて、軽くぬるま湯で洗い、脱水します。

後媒染の媒染剤の量は、被染物の重さの一から二パーセントで、助剤の酒石英あるいは乳酸の量は、やはり媒染剤の三分の一です。

酢酸銅の場合は、染液と同じ量のぬるま湯に助剤とともによく溶かし、そこに一時間ほど浸します。酢酸アルミニウムは、明ばんと同じ要領で、塩化第一鉄は、明ばんと同じように溶いてから、強い火で短時間で沸騰寸前まで温度を上げ、二〇分ほどその温度を保ち、その後すぐに媒染液から引き上げるほうが斑になりにくいようです。

染め終った原毛は、たっぷりのぬるま湯で、媒染剤の金属分が原毛に残らないように、二、三回洗い、脱水して乾燥させます。

《五年間で染め貯めたもの》

紅梅の枝	明ばん	'91年3月
椿の赤い花びら	木酢酸鉄	'91／3
サザンカの赤い花びら	〃	'92／3
八重桜花びら	〃	'92／6
桑樹皮	明ばん	'93／1
〃	硫酸銅	'93／1
みかん果皮	木酢鉄	'93／1
ポンカン果皮	明ばん	'93／2
〃	無媒染	'93／2
〃	木酢鉄	'93／2
〃	硫酸銅	'93／2
桜葉	無媒染	'93／9
〃	明ばん	'93／9
〃	硫酸銅	'93／9
〃	木酢鉄	'93／9

柿の葉	明ばん	'93／11
〃	木酢酸	'93／11
ばら枝葉	塩化第一鉄	'94／1
桃の枝	明ばん	'94／5
コチニール	明ばん	'94／9
〃	塩化第一鉄	'94／9
藍生葉	無媒染	'94／9
〃	〃	'94／10
みかん果皮	塩化第一錫《すず》	'95／2
ハルジオン	明ばん	'95／2
マリーゴールド花	明ばん	'95／11
〃	硫酸銅	'95／11
〃	塩化第一鉄	'95／11
アリザリンレッド	硫酸銅	'96／1
〃	塩化第一鉄	'96／1

※アリザリンレッドとコチニール以外は、全て学校にある植物や生徒たちが育てたものです。ポンカンやみかんの果皮は、給食に出たものを使いました。

フェルト作りのために九〇×六〇センチのパネルを六枚準備しました。一八〇×九〇センチ厚

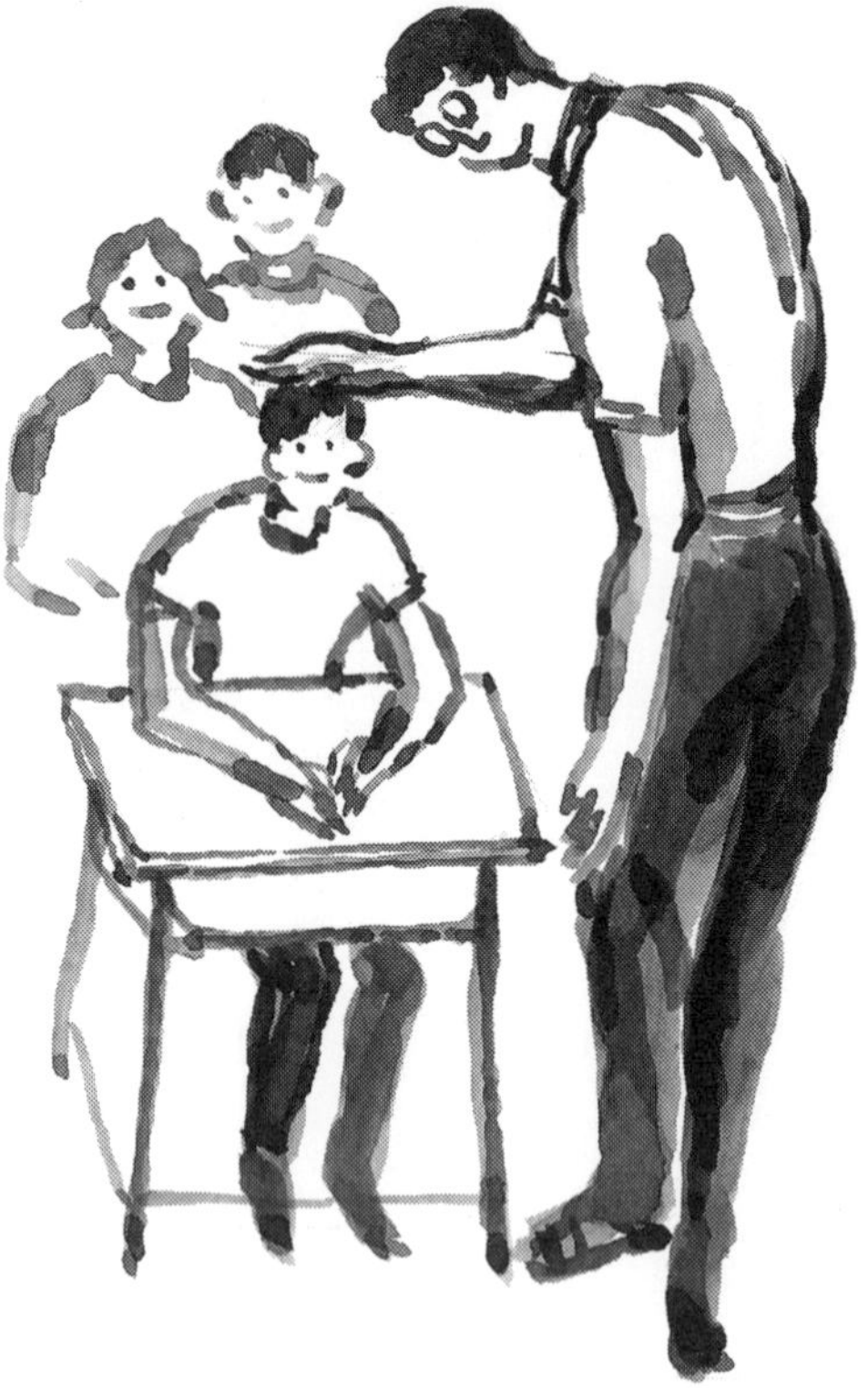

頭をなでる　　フェルト作りは、こんなふうに優しい気持ちではじめるんだよ。赤ちゃんを撫でるときのように、そおーっとだよ。

さ六ミリのベニヤを二枚、それぞれ三等分し、杉の小割で縁をつけたもので、これも生徒たちとともに作りました。さらに一八〇×九〇センチのパネルも同様に二枚作りました。

生徒たちの生きる力を育むためには、一つ一つの過程を大切にし、具体的に過程を歩むことが必要です。枝や小割の長さを計り、鋸で切り、紙やすりで磨き、釘を打ちつける。それぞれの行為の中に生きる力を強めるものが潜んでいるのです。

最後に、石鹸水が流れ出ないように布製のガムテープで板と小割の接合部の目ばりをして、ようやく準備完了です。

フェルト作りの当日は、いつもより早目に出勤して、美術室の一角に机を並べ、ベニヤ板二枚をのせて大きなテーブルを作りました。そこにこれまで染め貯めた原毛を広げたのですが、手廻しカーダーで一回に梳くことのできる原毛二〇グラムのカードの大きさが、幅三〇センチ×長さ四〇センチほどですので、縦に四つに裂いて置きました。

互いの色が響き合うように配置を考えながら広げていくと、私自身の心が温められ、弾んでくるように感じられました。

授業が始まって、教室に入った生徒たちは、やわらかに輝く原毛の色彩に包まれました。

「わぁ、きれい」

「ふわふわした毛がいっぱいだよ」

私が、「今日は、君たちや君たちの先輩が染めた毛を使ってフェルトを作ります」というと思わず拍手が起こりました。どの生徒も期待に胸を膨らませているのが分かりました。

一人一人にパネルを配り、まず模範演技をして毛を並べて見せました。

「これは、カーダーで梳いた毛を縦に四つ割りしたものです。これを両手で軽く持ち、細長い毛の先の所を片方の手のひら全体で軽く持って、そして力を入れないで、スーとぬきます。一〇センチから一五センチぐらいになりますね。これを繊維の方向をそろえて、美しく並べていってください。一本置いたら、また一本取ってきてください。色は自由です。好きな色を使ってください。もちろん同じ色を使ってもかまいません。

毛をまとめて持ち込ませないのは、一本一本取りに歩く間に、どんな色がいいか考えたり、パネル全体の配色を見るなど感性を働かせる機会が多くなるからです。美しい色の響きを自身の心にきいたり、画面にきくことができれば、色彩のドラマは必ずダイナミックに展開するものです。

一層目を全体に置き終えると、次は二層目にかかります。今度は、繊維の方向を九〇度変えて交叉するように置きます。

それぞれが大胆に色を選び、躊躇《ちゅうちょ》なく大きな画面を構成していきました。この作業は、静かに楽々と進んでいきました。彼らの表情を見ると、心の中に色のお話が次々と展開し、色の世界に生きていることが伝わってきました。

同様に繊維の方向を一層一層変えて五層ほど積み重ねたら、次にテトロン紗《しゃ》をかけて、その上から全体を手のひらでこすります。毛や紗が動かないように数箇所画鋲《がびょう》で止めて行いました。

「赤ちゃんを撫でるようにそっとこするんだよ」

授業のはじめに皆の頭を撫でて歩きながら、

「今日は、こんなやさしい気持ちで仕事をしますよ」と言ったことが、大いに役に立ちました。毛は、紗の上から手のひらでこするだけで絡み合っていきました。

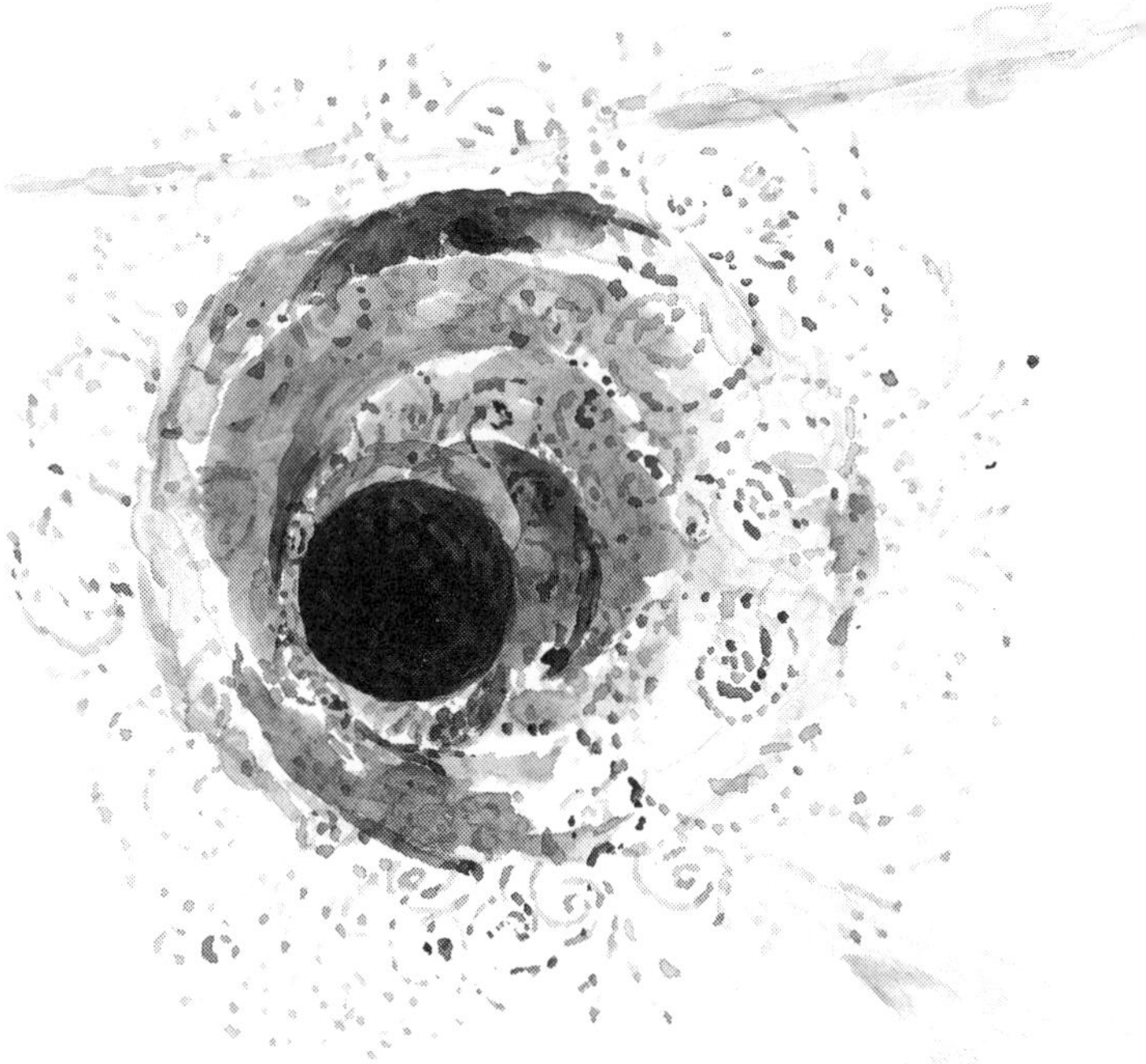

宇宙の誕生　茫洋として広がっていたものが、だんだんに集まり、つながり合って集合体を創り、凝縮して天体となる。フェルトを作っていると宇宙創造のドラマを連想してしまう。

試練　　愛情いっぱいに育てて、最後は試練を与える。布団叩きでビシビシ叩いて仕上げると、シャキッと張りがでてくるよ。

このフェルト作りは、三人で一組にして、一枚の大きな作品にしたいと考えました。ベニヤ一枚分の広さの平面を撫でて廻ったら、どんなにか楽しいだろうと思ったからです。紗とともに巻き鮨のようにして、大きなパネルに移動させ、元に戻すように広げました。接合部を整え、再び紗をかけて画鋲で止めました。

紗をかけずにできれば良いのですが、力の加減のできない生徒は、穴の開くまでこすり続けるだろうと予想されました。この工夫によって、毛の表面が動くことなく、上手にフェルト化を進めることができました。

次に石鹸水をかけて、やさしくやさしく撫でました。

「ワァー、気持ちいい。やさしく、やさしくでしょ」と大きな声を出したり、はしゃいだりしながら、元気いっぱい行いました。

この課題は、日ごろ遠慮がちな生徒たちを積極的にさせるものでした。毛を敷きつめたパネルの上は、石鹸の細かい泡でいっぱいになりました。

「なんだか生クリームみたいだな。さあ、みんな、もっと生クリームを作ろう」と一人の生徒がめずらしく仲間に呼びかけました。全身を使って撫で廻していると、次第に話し声も少なくなり、それぞれの触覚の世界に没頭していきました。

手のひらの中で少しずつ動いていた毛が、急に固くなって動かなくなっていきました。それは、茫洋として広がっているものが、つながり合って集合体を創り、凝縮して天体となるような宇宙創造のドラマを思わせるもので、まさに「フォルム化」の追体験だと思いました。

さらにフェルト化を促すために、直径一〇センチほどの塩化ビニル管に巻いて、ゴロゴロところがしました。やさしく撫でてフェルト化させたものを、今度は、熱い石鹼水をかけて強い力を加えて固めるのです。

フェルトができる過程は、人を育てることと共通しています。愛情いっぱいに育て、大きく育ったら試練を与える、そうしないとしっかりとしたフェルトになりません。初めから試練を与えてしまうと小さく歪《いびつ》に固まってしまいます。

フェルト作りの最後は、再び広げて、ふとん叩きでビシビシ叩き上げて仕上げます。そうするとシャキッと張りを持ってくるから不思議です。そして、ぬるま湯で濯《すす》ぎ水が透明になるまで洗い、脱水して乾しました。

汚れた教室を皆できれいに掃除をしてフェルト作りの一日は終りました。

片付けや掃除も大切な学習です。全ての過程があっての仕事であり、生活だと考えるからです。子供たちの心は、部分を担うのではなく、全体を体験することによって、自信が生まれ、情緒も安定するのだと思います。

仕上げのアイロンかけにも伸び伸びとした空間運動の場があり、そこでも生徒たちは心を解放することができました。

ねじれの教材

生徒たちの日ごろの様子を見ていると、関係付ける力が育てられたら、どんなに素晴しいだろうと思うことが度々あります。

ふっくらと膨らむばかりでなく、ねじれと切れ込みのある体形にならないだろうかとも考えま

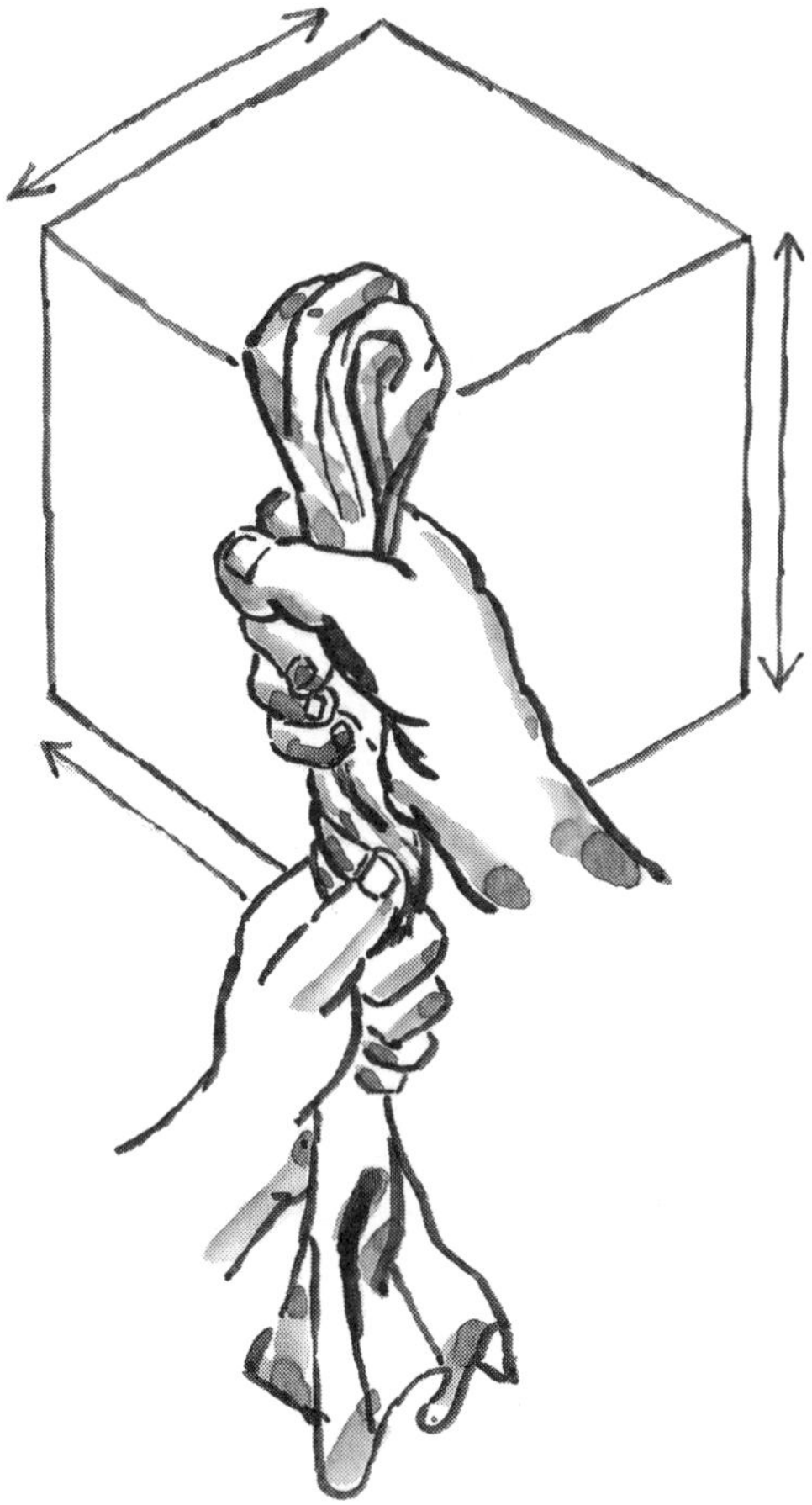

ねじる　ねじれをもった行為を体験すると体の中が熱くなる。熱の体験が温かな感情を膨らませてくれる。

す。

ねじれは、異なる方向性をもつ力の関係によって生じるものです。例えば、クリコギリのように、縦に穴を開けるために、クリコギリを横に回転させるとか、あるいは雑布をしぼるときの雑布の中心線と左右の手の横回転などです。

このねじれの体験をするとき、必然的に体の中に熱を生じます。この体を熱くする体験が、温かい感情を深めるうえで、とても大切だと思われます。

ところが、ほんの半世紀ほど前までの生活では、日常だった藁《わら》で縄を綯《な》うとか、紙縒《こより》をよるとか、洗濯物をしぼるなどねじれの行為が、現代生活では必要とされなくなっています。しかし、子供たちの心の成長には是非必要だと考えます。

ドライバーでねじ釘をねじ込む行為やクリコギリで穴を開けるなどの行為を必要とする場面を意識的に設けてきましたが、次に紹介する課題は、ねじる行為に着眼して、これまで染め貯めた毛糸を縒《よ》り合わせて太いひもを作り、それを簡単なマクラメ・レースの技法で壁かけにしたものです。

まず、縒り合わせる毛糸を同じ長さにするために計らなければなりませんでした。計る体験が少ない生徒たちのために、実際に歩かせて計らせることにしました。この学級の前の廊下には平均台があり、丁度、生徒たちの腰の高さぐらいにセットされていました。これはいいと思い、そこに四メートルの垂木をくくりつけ、両端に釘を打って三八〇センチに長さを設定しました。

平均台を廊下の中央に出して、毛糸の端を結んで、一人が五回往復します。出発点に戻ったら一回、二回と皆で声をかけあいました。五周すると一方の端を釘からはずし、三センチほど残し

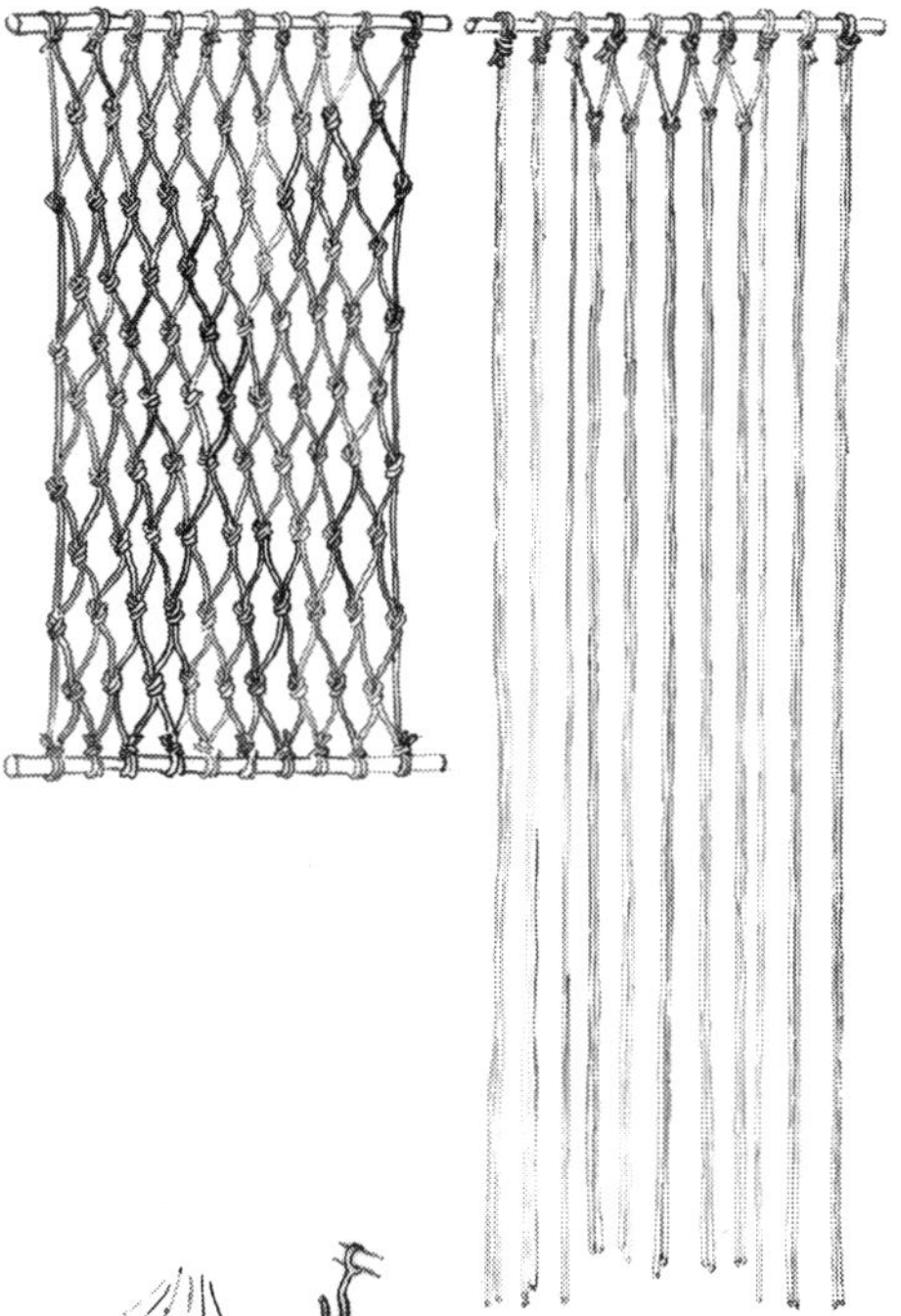

結ぶ　結ぶという行為はドラマチックなものだね。太い毛糸のひもが、網のような壁かざりに変身したよ。

植物で染めた毛糸による　それぞれ毛糸を１本もって扇のように広がります。気をつけていないと手放してしまうよ。この課題の面白さは、撚りを戻さないように持ち続けることなんだ。

てひとまとめに固結びし、もう一方の端は、折り返しの所で切り離しました。毛糸の本数は、生徒の人数に合わせて決めました。一〇人の生徒が、替わる替わる束を作り、合せて三〇束作りました。

教室の壁の高い所に、うまい具合いに偶然鉤《かぎ》が付いていて、それを利用して毛糸を撚《よ》ることにしました。固結びした先の輪になっている所をそこに引っ掛け、それぞれが毛糸を一本持って扇のように広がって並びました。時計の針が動く方向に撚りをかけていくのですが、ちょっと気を許すと毛糸を手離してしまいます。注意力の持続を必要とすることもこの課題のおもしろさでした。

指の腹をつかって、毛糸を上手にころがして撚ることができる生徒もいれば、なかなか上手にできない生徒もおりました。その様子を見ていたクラス担任の先生が、割り箸《ばし》の先に毛糸を結んではどうかとアドバイスしてくれました。教卓にあったセロハンテープで留めて行うと箸の硬さが助けになって、すべての生徒ができるようになりました。

次に二人一組になって二本の糸を合わせ、これまでと反対方向に撚りをもどし、さらにそのまま撚りを強くしてできた糸を五本一組に合わせて結び、ゆっくり撚りもどしをすると、太さが一センチぐらいのりっぱなひもになりました。

植物で染めた毛色のやわらかい色彩が緊張感をほぐし、このねじれた集中力を必要とする作業は、順調に進んでいきました。

三〇本のひもができ上がると、石鹼水をつけて摩擦しフェルト化を促して、解けることのない安定したひもにしました。石鹼水をビチャビチャさせて行う作業は、水遊びやドロンコ遊びのようで、心を解き放してくれました。毛糸はからみ合って固まり、その行為をする生徒たちの心を解放するのですから、ここにもねじれがありました。

　ぬるま湯で洗い、乾燥させて、次に組み立てを行いました。一メートルの長さの棒に一方の端をしばりつけ、図のように結んでいくと網のような壁飾りになりました。人の手によって関係が結ばれると、必ずそこに新しい存在が生《む》すことになります。結ぶという行為は、極めて創造的なものです――子供たちが、靴のひもが結べないと話題になったことがありました。それが、創造力の低下を物語る警鐘だとしたらどうでしょうか。恐ろしい気がします。

　この学級の半数の生徒たちにとっては、この結ぶ仕事は、とても難しいことでしたので数人が代表になって行いました。

藍を育てて染める

〈行為の意識化を求められたしぼり染め〉の中で、ほんの少し藍染めについて触れていますが、一九九四年には、藍を育てて染める課題にも取り組み始めました。そのきっかけは、フェルト作りにありました。原毛を染め貯めて、それがかなりの色数にのぼってくると、私は、そこにどうしても青を加えたくなりました。身近にある植物で染めた原毛は、茶系統の色から黄色・黄緑系統の色に限られており、やはり色相の幅が小さかったからです。

「ここに青を加えられたら、どんなにこれまで染め貯めてきた色が引き立つだろう」と、青への憧れは募っていきました。また、チューリップを育てて染める体験から、生徒たちの生きる力を育んでくれるのは、生命体験・カルチャー（的文化）体験・創造的体験を含んでいる〈育てて染める過程〉にあると身に浸みて感じていましたから、手軽に藍の染料を買い求めて染めることもできず、是非にも育ててから染めたいと思っていたのです。ここでは、一九九九年に実践した絹布の生葉染め・絹布の叩き染め・木綿の発酵染めを紹介します。

藍の生長

藍の種蒔きは、桜の花の蕾が膨らんで、もうすぐ咲こうとしている三月下旬、最後の授業のときに行いました。種を蒔き終えて、すぐに鳥避けの網をかけました。藍の種はスズメの好物で、網がないとすっかり食べられてしまいます。

「スズメさんはこの種が好きでねぇ、どんなに遠くからでもすぐに見つけてしまうんだよ。ほらっ、あそこでスズメがもう見ているよ」と回りの存在に注意を向けます。何か目的を持って行動するとき、私たちは常に外囲にあるものと様々に関係していることに気づかされます。その一つ一つが私たちの存在を顧みさせて精神活動を活発にしてくれる掛け替えのないものだと私は考えています。

よく肥えた土に蒔かれた種は順調に育ち、六月には立派な苗に生長し、五本の苗を一組にして植え替えました。しかし、この年は梅雨入りが遅く、植え替えてからしばらくは全く雨が降らず、強い日照りによって半分ほど枯れてしまいました。しかたなく、月末に再度植え替えをしました。自然を相手にする仕事は、予定通りにことが進まず、様々な備えと粘り強さが求めます。しっかりとした目的意識を持ち、それを実現していく意志力を持ち続けなければ、自然の中で生き続けることはできないと思わずにはいられませんでした。

七月に入ると梅雨空がようやくもどって根付きも良くなり、月半ばに雑草を取り終えると、すっかりと持ち直して順調に生育し始めました。そして、九月には青々とした大きな葉を茂らせるまでに育ってくれました。

絹布の生葉染め

二学期の授業が軌道に乗り始めた九月半ばに藍を刈り、その葉を扱いて（茎からかき落として）洗い、少量の水をくわえてミキサーにかけて青汁をとり、青汁にスカーフ大の絹布を浸して〈絹布の生葉染め〉をしました。白い布が、緑色の汁の中で緑色に変わり、みんなで布を広げてパタパタと空気にさらすとサーッと瞬く間に青に変わって行きました。「ワーッ、すごい」と思わず声を出してしまうほど、その色の変化は劇的でした。その驚きの体験を何度もくり返して染め重ねると夏の空のような青い色に染まりました。それを水で洗い、その日の晴れ渡った太陽の光と熱にさらして乾かすと、カリッとキレのある色に仕上がりました。

この日は、授業時間を延長させてもらい、美しい色を二枚染めることができました。次の授業の日も同様の作業をくり返して、さらに二枚染めました。今度は、その布を叩き染めに用いるためにやや薄めに染めて終わりました。その染色法では、絹・羊毛などの動物性の繊維を染めることができます。フェルトにした原毛の染色もこの方法で行いました。

絹布の叩き染め

それから一週間後、薄い青に染めた絹布を使って〈藍の生葉の叩き染め〉をしました。ベニヤ板の上に絹布を広げ、そこに藍の葉をたくさん並べて、さらにもう一枚の絹布を重ね合わせてサンドイッチのようにしました。それから、金づちで叩いても生地が痛まないようにテトロン紗で覆い、それをベニヤ板に画鋲で止めて簡単に藍の葉や絹布がずれないようにしました。これで準備完了です。

私は、次のように歌うようにしながら叩いて見せました。

「(金づちの)音を聞いてこんこんこんこん。やさしく叩いてこんこんこんこん。少し強めにこんこんこん。重ねて重ねてこんこんこん」

この叩き染めは、木の葉のフロッタージュと本質的に同じ技法ですから、葉の形を追うように触るように叩いて葉っぱの形を浮き出していかなくてはなりません。いざ、生徒たちに叩き染めをさせてみると、相当な意志力が必要であることが分かりました。フロッタージュの触るという行為を叩くという行為で実現しようというのですから、当然言えば当然のことだったかも知れません。それでも歌うような言葉かけの調子の良さに引きずられてか、生徒たちは、懸命に叩き出しました。しかし、始めは楽しんで行うことができたのですが、並べて置いた藍の葉の数も多く、次第に彼らの表情が曇り始めていくのが見えました。

私は、「欲張り過ぎているなぁ」と感じながらも、努めて明るい声を出し「お助けマンがやってきた、いっぱい手伝いまーしょお」と言ってどんどんと作業を進めてしまいました。彼らがこの課題を心の底から楽しめるのは、ハンカチ一枚の大きさが限度ではないかと感じられました。

それでも、叩き終わってテトロン紗を外し、絹布を開いてみるとたくさんの藍の葉の形が浮かび上がっていて、生徒たちは皆感激してバンザーイという声とともに拍手をしました。よく叩いた所は濃い青に、叩き足りなかった所は色が薄く形もはっきりとしていませんでしたが、むしろそれが効果的に奥行きを与えて、素敵な共同作品に仕上がりました。これもよく水洗いして葉っぱの滓《かす》を落とし、天日にさらして乾しました。その後、まだ授業では実践していませんが、木綿のハンカチに藍の葉をのせて、さらにその上に透明の薄いフィルムをのせて叩いてみました。それが、思いのほか上手く染まり、幼稚園や小学校の教材として活かせる可能性を感じました。しかし、まだ、その堅牢度《けんろうど》の試験はしていません。

てるてる坊主のタピストリー

また、木綿染めも試行錯誤しています。この年は、たくさんの藍の葉（およそ三キログラム）を二五リットル用の染め釜に入れて水に浸して発酵させる方法を試みました。週二回の授業では、発酵のタイミングを計るのが難しく、発酵が行き過ぎてしまい、強烈な臭いの原因を作って、学校中を異臭騒動に巻き込んだようです。学級担任の先生からその顛末《てんまつ》を聞き、しばらくは恐縮しておりました。

あまりの臭いに顔を背ける生徒たちを前に、私は、努めて平静を装い、発酵させた液の中から葉を引き上げて見せ、生徒たちにも引き上げさせました。生徒たちは、「ウェー、ウンコクセイ」と言いながらもこの作業に参加しました。少しでも臭いをやわらげようと染め釜を屋外に出し、そこに消石灰《しょうせっかい》（五〇グラム）をいれて攪拌《かくはん》させ、さらに苛性《かせい》ソーダ（一〇〇グラム）とハイドロサルファイト（三〇グラム）を加えて藍を建てました。

この藍染めは、板染めと棒絞めという絞りの技法で行いました。これらの絞り染めは、板や棒で挟んでその部分が染まらないように手当する方法です。まず、九〇センチ×二メートルの綿ブロード二枚を準備し、それを縦に四つ折り、横に八つ折りにします。折り畳むときは、一回毎にアイロンをかけて、きっちりと折り目をつけさせました。

板絞めは、九ミリのベニヤ板を長方形（一二×一五センチ）に切って挟み、C型クランプで四箇所止めました。棒染めは、幅が五センチ・長さが三五センチの棒を四角に折り畳んだ布の斜線にわたし、やはりC型クランプで止めました。そして、何度も藍の液の中に浸しては引き上げ、空気酸化させて染め上げました。残念ながら、期待したほどの濃い青には染まりませんでした。毎年少しずつ染色法を工夫して進歩させているのですが、その完成には、まだ、しばらく時間がかかりそうです。

これらの絞り染めは、ドングリや雨花瑪瑙などを布に包んで輪ゴムで絞ったものより、はるかに見た目が派手でしたが、生徒たちの出番が少なく、彼らの良さや内面の活動を引き出すものだとは思われませんでした。共同作品は、一人一人の心の動きが見えて、個性が反映されたものでなければ、面白くありませんし魅力もありません。私が、これまで目指してきたそれぞれの力を結集して一つの作品を創るという方法に立ち返る必要を感じました。

「どうしたら生徒たちが喜び、顔を輝かせることができるだろう」と染め上がった布を見ながら、生徒たちの顔を一人一人思い浮かべていると、そこにてるてる坊主の姿が現れて見えてきました。〈てるてる坊主のタピストリー〉の誕生です。「よし、これだ」と思い、以前染めていたハンカチを取り出して、そこに丸めた原毛を包んで、染めた毛糸でしばり、安全ピンでつるすと私の心も浮き浮きとしてくるのを感じました。

次の週に、生徒たちは、一人一人木綿のハンカチを染めました。すでに、大きな布を染めていましたからその経験が生きており、それぞれが自分の力で上手に染め上げることができました。てるてる坊主を作るときは、皆の顔がきらきらと輝いて心の底から嬉しそうな表情でした。

V

いかにして心を育み、生きる力を育むか

1 自我形成の境界の〈内〉と〈外〉

これまで述べてきたように、私の色彩造形教育は、美術の立場から、いかにして子供たちの心を育むことができるか、生きる力を強めることができるかという問題に向き合い、その解決を指向して「フォルム化」してきたものです。

私は、どこまでも目の前にいる生徒たちがかかえている具体的な問題に向き合い、その解決を図ってきました。さまざまな試行錯誤を重ねることによって、どんな場合に、子供たちの顔が輝きまたそれを失い、私自身の心が晴やかになりまた曇るのかという実感（事実）を蓄積していき、やがて、それらを位置付けなければならないと思うようになりました。そして、色彩とフォルムの性格・行為と心理・行為の時間と空間などについて、思考するに至りました。

これまでの歩みの中で確信できたことは、私たち人間の精神活動や実践力の基礎となり、それを支えているものは、第一章の「過程のある授業―花で心を染め上げる―」の中で述べたような、自然の動きにつつまれ、生命あるものに触れ、それに働きかけるなどの経験であるということです。それらの経験が、感性を開き、感情を深め、意志を生み出し育んでくれるということでした。

結果が大切であるばかりでなく、それに至る行為の過程の中に、さまざまな経験の場があり、それこそが、精神活動を育んでくれる掛け替えのないものだったのです。

改めて、その意味を考えさせてくれる興味深いことがありました。それは、『ヒトはなぜ子育てに悩むのか』(正高信男著、講談社現代新書)の中に紹介されている「仔ネコにとって毛糸玉は本能を呼び覚ます」という話です。

まず、その中の「剝奪実験の発明」の項の要約と、「ライハウゼンの反論」の抜粋をすることにします。

剝奪実験の発明

発生学者クォが次のような経験を剝奪する実験をした。実験室で生まれ、すぐに親ネコから離され、そののちネズミとの接触をまったく持たないで単独で飼育されたネコというのを、一グループ育ててみることにした。やはり、実験室で生まれたのちすぐに親から離されたが、エサとしてネズミの肉を与えられた経験を持つネコというのを別グループとして育てた。いずれの場合でも生きたネズミを見たことはついになかった。ただ一方ではエサとしてネズミを日常食する機会を得たが、他方は、エサとしても与えられなかった。ネコたちは成長して、おとなになったある日、本物の生きたネズミに遭遇する。エサとしてネズミを食した経験を持つネコは、ただちにネズミを捕えたが、食したことのないネコは、まったく関心を示さなかった。ネコは、ネズミをエサとして、生得的に認知しているわけではない。

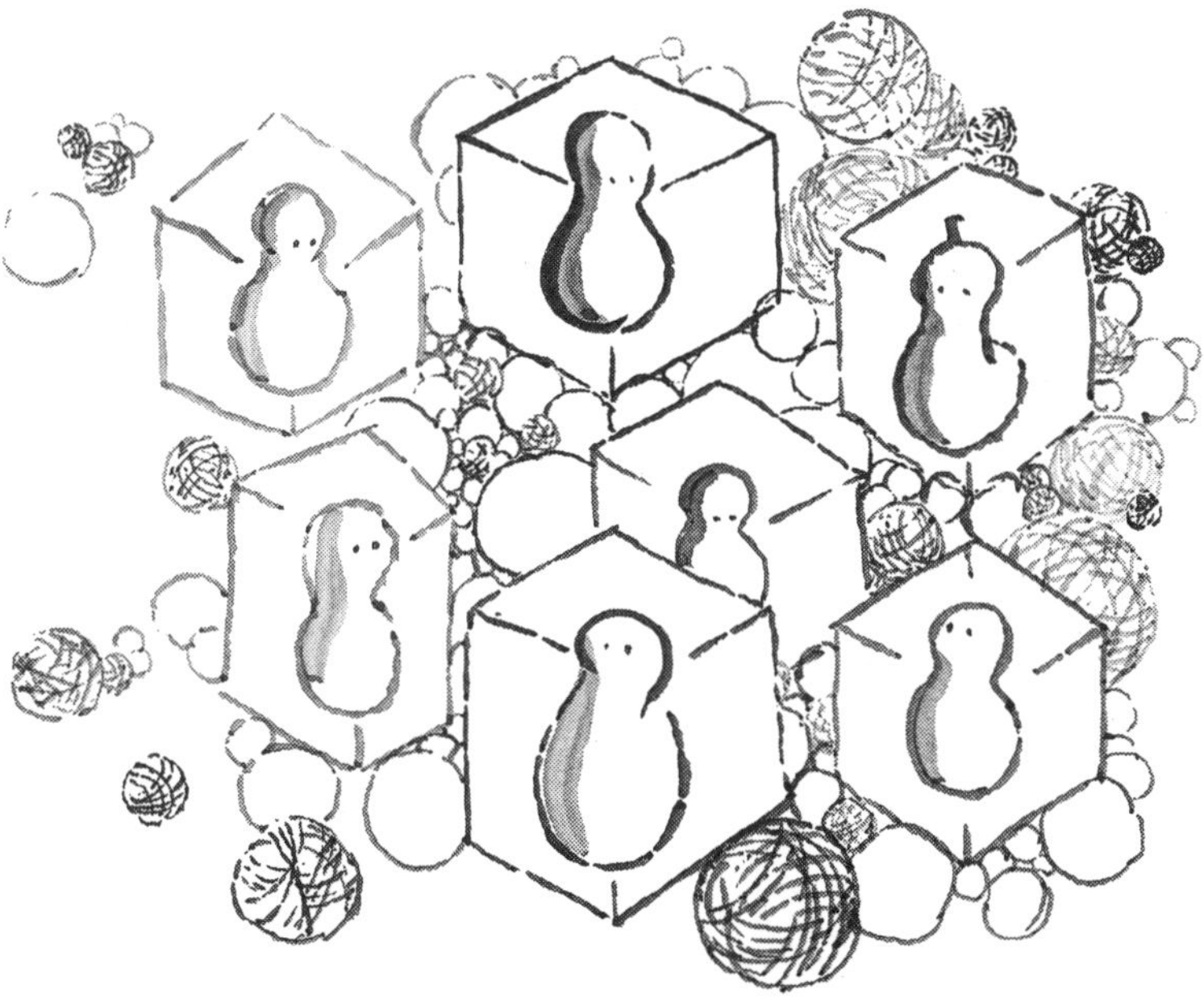

経験の剥奪　自然の中には、人間性を呼び覚ます無数の毛糸玉が存在している。現代人の完璧性は、子供たちを人工の箱の中に押し込め、限りなく完璧に毛糸玉から隔離してしまった。

これに対して、動物学者ライハウゼンは、次のように反論した。

ライハウゼンの反論

なるほど、クォが行ったように、飼育条件を統制して、生まれてこのかたネズミの肉を食したことのないオトナネコというものをつくりあげると、ネズミを獲らないのは疑うべくもない事実である。だが、仔ネコに注目して、まだ成長の途上にある時分に、彼らの眼前にちょうど視野を横切るように、丸くて柔らかそうに映る球体状の小さな物体をころころところがしてみよう。仔ネコは目を開いているかぎり、何をしていようとそれまでしていたことを中断し、ころがってきた球形状の物体に飛びつくことは百パーセントまちがいないというのである。しかも、この追跡動作は、経験を必要としないことをライハウゼンは発見した。遺伝情報によって規定された行動パターン、つまり本能なのだ。（中略）現在でこそ、文明化した社会では、仔ネコは、せいぜい毛糸玉ぐらいしか「じゃれる」対象を持っていない。けれど古代、野生状態では何にじゃれていたのか。自然界にあって、丸くてふわふわして目の前を横切る物体といえば、まずたいていはネズミ類なのではないかと、彼は考えた。（中略）またネコの本能追跡行動は、仔ネコの時分にだけ生起するようになっている。

私が、身近な自然を活かした教材にこだわり、それを求めてきた理由は、そこに仔ネコの毛糸玉にあたる経験の場があると体験的に感じていたからだと思います。行為の性格と色彩やフォルムの性格を結びつけようと発想したのも同様の理由からでした。

そして、特に注目しなければならないことは、自然に働きかける行為の過程において出会う毛糸玉は、一つだけではなく、無数に存在するということです。その多様性や多面性が、私が意図した範囲をはるかに越えて、生徒たち一人一人に働きかけて、彼らが潜在的に持っている能力を引き出してくれたのだと思います。「ああ、こんな力があったのか、こんなにも成長できるのか」と私は幾度となく驚き、有頂天になるほどの喜びを味わうことができました。

そして、今更ながらに、それぞれの性格によって心に触れるものが違い、また、異なる取捨選択をするのだということに気付かされました。それらが積み重なり、関係し合うことで、個性が創られてきたのだということを彼らの成長を通して、まざまざと実感させられます。

ライハウゼンの反論の中で、私がもう一つ注目させられたのは、ネコの本能追跡行動が仔ネコの時分にだけ生起することになっていると〝臨界期〟について語っている言葉でした。人間は、順応性が高く、多様性に満ちた存在ですから、いつからでもやり直しができる存在であると楽観的に捉えているのですが、それでも確かに人間の成長には、ある種の臨界期があると思われます。

私は、精神の成長の過程を、これまでの教師としての教育体験から得た実感をもとに、大きく分けて次の二つの時期があると捉えています。

一つは、主に感性・感情・意志を育み自我を形成する時期であり、他の一つは、その自我を主に思考によって高める時期です。

自我の形成が順調に進んでいる場合には、感性・感情・意志・思考は、互いに連動して高め合う相関関係にありますが、もし、自我の形成が何らかの原因によって不調である場合には、どんなに思考に働きかけても感性・感情・意志とは連動せず、相関関係は成立しなくなります。つまり、自我が形成されてこそ、その高まりがあるのであって、自我がないところには、その高まりはあり得ないということになります。精神発達には、自我が形成されているか否かの厳然たる境界があると言うことができます。

その位置付けをせずに自我形成が不十分なうちから、いたずらに思考に偏った働きかけをすると、子供たちの自我形成の障碍《しょうがい》となるばかりか、精神に強いストレスとダメージを与えることになってしまいます。

今、初等教育にも（さらには幼児教育にまで）コンピューターが導入され、さかんに活用されようとしています。より小さい年齢からそれが必要だという考えが大きな影響力を与えているようです。

果してそうなのでしょうか。私は、決してコンピューターを否定する者ではありませんが、それを活用するのに適切な（精神発達の）時期があると考えます。コンピューターは、情報の記憶や整理などをするための道具であり、作業効率を高め、思考を助けるものです。しかし、どの視点から見ても自我形成の境界の外にあるものです。

したがって、感性・感情・意志を育み自我を形成する時期にある乳児・幼児・児童にとっては、ほとんど必要性を認めることのできないものだと考えます。まして、この限定された機能しか持たない機器が、自然に代わり得るだけの多様性と多面性を包含し、子供たちの内にある潜在能力を引き出すために必要な経験を提供し得るとは思われないのです。

しかしながら、子供たちの生活時間と生活空間をテレビとコンピューターが完全に独占し、覆い尽すほどの事態が現実化して、その勢いを増しているように感じられます。

私は、あの剝奪実験に使われたネコと現代に育つ子供たちを思わず重ね合わせてしまいました。私たち大人は、無意識のうちに、あるいは子供たちにとって良かれと願う一方的な気持ちから、彼らの経験を剝奪していると言えないでしょうか。事実、第二章「中学校普通学級の美術の授業から」で述べたような幼稚さ・個性豊かな教育と叫ばれながらなお進んでいく画一性・荒くうるおいのない感情・心が動かない冷たさ・無気力などの問題が、経験の剝奪に起因すると捉えたとき、あまりに符号して恐しく感じられます。残念ながら、経験の剝奪を現実のものとして認めなければならないようです。

経験によって学びとらせる教育法

さらに経験について考えさせられる二冊の本を紹介します。

一冊は、動物学者で大森貝塚を発見して有名なE・S・モースによって著された『日本その日その日』(平凡社東洋文庫)であり、もう一冊は、法隆寺大工の西岡常一さんの『木のいのち木のこころ〔天〕』です。

前者からは、経験が豊かであったと思われる明治初期の日本人の様子を窺うことができます。モースが、日本にきた目的は、腕足類の研究でした。江の島でいろいろな貝を採集して分類をしています。その手伝いをしたのが、人力車夫などのごく一般の庶民でした。分類という仕事は、小さな違いをも見逃さない注意力を必要とするものです。その難しいはずの仕事を誰もがたやすくやってのけています。そして、彼らが、おだやかで、表情が明るく節度があって、美意識が高く、実践力に富み、強い好奇心と注意力を持っていることに驚嘆し、それを率直に述べています。

また、後者からは、経験によって学び取らせる日本の教育法を見ることができます。

棟梁が弟子を育てるときには、大工修行の基礎は刃物研ぎにあるとして、二年、三年をかけてでもそれを修得させるといいます。棟梁は、実際に研いだ刃物を使って見せたり、自分で削った鉋屑を見せて、刃物がいかに切れるものであるかを具体的に示します。道具を見てやり、研ぎ方を教えるのではなく、目標となるものを明確に提示してみせるのです。

刃物は、姿勢が悪くても、力の入れ具合が悪くても、癖があっても研げないものです。弟子は、試行錯誤の中で、自分の癖に出会い、それを克服するために自分で考え、工夫して、努力して、また先輩がするのを見て学ぶことから、素直に自分の悪い癖を正し、それを修得します。棟梁は、それを見守り、突き当っている問題を乗り越えさせるために、遠廻しに考えや創造力が膨むヒントを与えたといいます。

そこには、どこまでもそれぞれのテンポで歩ませ、その過程を経験させる中で実践力・感性・注意力・自らを省みる力・思考力・個性などを育てる教育がありました。技能を修得させるばかりでなく、人間としての存在（自我）を形成させ、それを確固としたものに高めようとする姿が窺われます。

私たちは、いつの間にか、モースが見た日本人の在り様とは対極の状態にきてしまっているようです。また、経験によって学び取らせる教育法も手離してしまったようです。

その原因は、どこにあるのでしょうか。

私は、私たち人間（日本人）が、自らの存在を十分に理解し、認識できなかったことにあると考え、その認識の必要性を強く感じます。

近年、生命科学が急速に進歩を遂げ、人間の死が、人間の生を支え、高めてきたという（新たな）確固たる視点を与えてくれました。私は、その視点から教育も新しく捉え直す必要があり、このことによって、子供たちが抱えるさまざまな問題を具体的に解決する道が開けていくのではないかと考えます。

これまでの教育は、知育に偏重したものであったことは、衆知の事実です。その根底には、人間のあらゆる能力は、生得的に具備され、また開かれているという漠然とした認識があったからであり、より多くの知育を施すことによって、人格が効率的に完成すると期待されていたからだと思われます。

今、教育は、完全に行き詰まり、その在り方に誤りや何らかの欠陥があることが、明らかになりました。それは、いわゆる生命科学の言う人間が死ぬことを受け容れて繁栄してきた生物である、という認識が欠けていたからだと考えられます。

個体としての人間が死ぬと、その人が生きて獲得してきた文化や磨き鍛えてきた能力も消えてしまいます。しかし、全てが消えてしまうのではなく、生命を営む中で獲得したものの記憶は、次の代に一つは生得的なもの（本能）として、また多くは潜在的なものとして受け継がれることになります。その潜在的なものを呼び覚ますのが、《追体験》という経験であると捉えることができると考えます。

人間は、誰もが新しくこの世に生を受けると、新たに人類の生命の歴史を歩み直すことを宿命付けられた存在です。この非効率的に見えるやり直しこそが、多様性の母体となって、どんな状況に置かれても柔軟に対応させ、人類に生き延びる力を与えてくれるものなのです。

子供たちをこのような生命の歴史的存在として捉えてみると、〈効率化〉や〈経済性〉を命題とする物質文明が、子供たちの成長にとっては、必ずしも豊かさをもたらすものではなく、むしろその成長を脅かすものであることが窺われます。物質文明の目覚ましい発展の中で、人間の成長も効率化が図れると錯覚してしまったところに大きな誤謬があったのではないでしょうか。

人間が、限りない可能性を持った存在としてあり続けるためには、精神と肉体の「フォルム化」を急がず、人間が潜在的に持っている能力を目覚めさせる豊かな経験をより良く生きて欲しいとの願いを持って、子供たちに捧げる他に方法はないと考えます。

モースが見た日本人と現代の子供たちの表情の相違は、そこに起因しており、一度は手離した経験による教育法に光をあてる必要があると考えるのもそのためです。

これから育つ子供たちが、心身ともに健康であるために、ここで、物質文明の効率化や経済性によって、豊かさや便利さを得ると同時に何を喪失して、子供たちから何を奪ってきたか、その負の要素について検討してみることにします。

2　経験の剝奪から経験を捧げるへ

私たち日本人は、過重な労働と物資の不足から解放されたいという切なる願いを物質文明の進展に託して走り続けてきました。物が豊かにあって、便利な生活を実現できさえすれば、きっと幸福になれると信じ、それがもたらす負の要素には、思い至らず、全く無防備であったと言えるでしょう。

ところが、永年の夢の生活を実現したとき、そこに待ち受けていたのは、未来を担うはずの子供たちの心や生きる力が育てられていないという深刻な現実でした。しかしながら、その現実に向き合うことができずに、誰かが解決してくれるのを待って、問題を先送りにし、あらゆる判断から逃がれて、責任をとらずにいる。それが、現在の私たち大人です。

なぜなら、物質文明の負の要素は、大人たちの生きる力をも脅かすものだったからです。この負の要素に目を向けなければ、物質文明の無秩序な巨大化は、止まることなく進み、私たち自身の存在を破滅させるまで続くと考えられます。

この負の要素は、子供たちの経験を剝奪するという性質を持っています。

そこで、この剝奪されている経験の内容を具体的にするに当って、私は子供たちの現実から、次のように考えました。

子供たちは、物質文明の進展とともに創造的文化体験・カルチャー的文化体験・生命体験などのあらゆる経験と、それによって呼び覚まされ、育まれるはずの感性・感情・意志・思考などの精神活動の機会を奪われていると。

はじめに、創造的文化体験ということについて考えてみることにしましょう。

例えば、子供たちが、日ごろ使っている生活用品を思い浮かべると、それらの多くが大量生産の工業製品であり、たとえ手作りであったとしても、そのほとんどが購入されたものであることに気付きます。彼らは、出来上がった品物を与えられ、消費者としてそれを享受しているのです。それは、即ち人（子供たち）がものを創る場面に立ち合い、創られる過程に触れる機会を与えられていないことを意味します。つまり、子供たちは、創造的文化体験を奪われているのです。

ものを創るということは、人が、積極的に物理的・化学的働きかけをすることです。その働きかけによって、ものは、だんだんにときには劇的に変化をとげて新しい存在に生まれ変わります。創造的体験とは、変容（変成）の体験であると言うこともできます。

このような創造的変容の体験は、数々の変容によって成長を遂げていく自己の姿や、あるいは、可能性の限界に挑み、発明や発見を蓄積して生活を打ち立ててきた人類の歴史を想起させ、希望を持って、未来に向かって生きようとする姿勢や実践力を呼び覚まし、育んでくれるものです。

このままものを創らない消費に偏った生活を進めていくと、子供たちの創造的文化体験は喪失し、事態の悪化は増々進んで、希望を持てない子供たちを増やし続けることになると案じられてなりません。

次にカルチャー的文化体験について、作物を育てるという視点から考えることにします。

物質文明の進展は、第一次産業人口を激減させました。したがって、直接自然に働きかけて作物を育てたり、その姿を身近に見る機会が極端に少なくなっていることを意味します。作物を育てるということは、第一章の「チューリップを育てる」の項で述べたように小さな種が大きな野菜になったり、日々の天気や季節の移ろいに注意を向けたり、種を蒔く時期や植え替えの時期などを認識することであったり、五感を研ぎ澄まして作物が必要としているものを聞き取り、それを適《かな》える体験をもつことでした。

つまり、対象となる作物を育てることを通して、人類の生命を支えてきた自然に目を開き、それを細やかに分化させて受け容れることでした。また、願いをもって、自然に働きかけることによって、収穫を高める体験をすることでした。

そこで、受容力や可能性を切り開く積極性を育んできたのです。このような直接自然に働きかける体験を栽培という意味を含んで、私は、カルチャー的文化体験と位置付けることにします。

直接自然に働きかけることのない生活では、店頭に並べられた野菜を購入して食べることになります。それでは、食は満されても、育てるという経験によって得られる実践力や生きる力となる実感・知識・精神活動までは購入できません。子供たちは、カルチャー的文化体験を喪失し、つまり、物質文明やそれを推し進める大人たちによって、この体験を剝奪されたことになります。

さらに生命体験について考えてみることにします。先に述べた作物を育てることもまさしく生命体験と言うことができると思いますが、ここでは、生物としての人間という視点から述べることにします。

人間は、地球上の全ての生物と同じ時間の生命の歴史をもっています。その中で、人類の祖先は、状況に応じて変わり続けるという「変成する生き方」を選択しました。生物として死を受け容れたのも変成（変容）を容易にするための積極的な姿勢からです。より良く変わろうとすることが、人類を特徴付ける最も大きな要素だと言うことができます。

現代の子供たちが直面している問題は、学力という単一な基準や経済を優先して全てを金銭に置き換えてしまうなど、固定化されて多様性を排除してしまう社会状況の中で、子供たち一人一人が、本来持っている能力を最大限にひらき発揮できる機会を持たないというところにあります。人類の特徴である「変成する生き方（選択の自由がある生き方）」が必要とされていないのです。人間が人間であることの証である変わることを求められないとき、生命体としての方向性は見失われ、未来を指向するエネルギーも喪失してしまうのです。

何不自由のないはずの子供たちが、意欲をなくし、絶望の淵から立ち上がることができないのは、そこに起因していると考えられます。そのように考えたとき、考えあぐねてきた問題の正体が、深い霧の中から忽然《こつぜん》と姿を現してくるように感じられます。

例えば、冷暖房機器の普及ということについて考えてみると、一面では、確かに夏冬問わず快適な生活を送ることができ、とても便利ですが、他の一面では、いつも同じ温度の部屋で暮すことによって、温度感覚を刺激されず、皮膚感覚を働かせる場を喪失してしまっています。それは、変成（変容）する存在であることを否定されたことになります。

あるいは、食材についてみると、ビニールハウスの普及など農業技術の向上や世界各国からの輸入によって、季節に関係なく野菜が（夏野菜も冬野菜も同時に）食べられ、すでにそれがあたり前になって、違和感を持たないほどです。

さらにレトルト食品など、いつも同じ味を提供する食品や強い臭いのない食品が好まれて普及しています。販売の効率化をはかるために野菜の規格も厳格に守られ、それから少しでも外れると商品価値を失うといいます。

このように食材・加工食品は、季節感を持たず、その姿すらも多用性を排除されているのです。ここにも変わらない世界の広がりと変成（変容）する生き方の否定を見ることができます。この変わらない世界の広がりは、二四時間営業のコンビニエンスストア・電気の普及による昼夜のない生活・除菌や抗菌効果をうたう製品の氾濫など枚挙に遑《いとま》がありません。

これら多様性を排除されたものの氾濫やリズムのない生活は、日常として、空気のように子供たちや私たち大人を取り囲み、便利さと豊かさという善良な顔を見せながらも、ジワジワと絶望感へと駆り立てているのです。

なぜなら、変化のない世界とは、一元的で未来を持たない〝不毛の死〟を意味するからです。それは、生物としての人間が、未来をより良く生きるために受け入れた変成（変容）を積極的にはかるための〝死〟とは本質を異にするものです。

変成（変容）する存在である人間が、変成（変容）を望まれず、固定化することだけを求められるとすれば、生命を否定されているに等しいことであると、認められる大人があまりに少なすぎるのです。

物質文明に追随し、反感を持たずにそれを推し進める大人たちに対して、子供たちは、経験を与えよ、変成（変容）する存在であると実感させよと、さまざまな形で警鐘を鳴し続けています。それにもかかわらず、どんなに強く打っても一向に聞き入れられず、子供たちは、増々過激な行動へと駆り立てられていると考えられないでしょうか。

私は、山積された教育問題の核心は、そこにあると考えます。

文明のフォルム化

生命を脅かすほどに巨大化してしまった文明をこのまま放置しておくことはできません。その利益と不利益をはっきりと位置付けて、両者の均衡を図らねばなりません。物質文明も広がるばかりでなく、〝削り取る〟ことによって、高まらなければならない時代に至っていると考えられます。文明の真の「フォルム化」が求められているのです。

知的障害のある生徒たちと普通学級の生徒たちを前に据えて、彼らの生きる力を強めたいと歩み始めた私の色彩造形教育は、現代社会において、いかに自我を確立していくことができるか、生命活動を高め、心身ともに健康な存在となるためには、何が必要なのか、という問題に帰着しました。

そして、この問題解決には、物質文明が子供たちから奪い続けてきた創造的文化体験・カルチャー的文化体験・生命体験などの経験を彼らに捧げることだと思い至りました。つまり、一人一人が内在させている内部自然を経験によって耕すことで、感性を目覚めさせ、感情を深め、意志力や思考力を育むことが求められているのです。

私の色彩造形教育の実践は、ささやかであっても、これまで考えあぐねてきた「いかにして心を育むのか、生きる力を育むのか」について、具体的な方向を与え得るものだと考えます。経験を捧げられた子供たちが、嬉々とした表情でいるのを見ると、それが、あらゆる子供たちに真に待ち望まれているものであることを確信させられます。

3　教育問題の解決は大人たちの自己実現から

色彩造形研究所の活動

一九九二年の秋に、私が妻の澄子とともに、色彩造形研究所を設立したのは、現代という時代が抱えている問題（特に子供たちの教育問題）を根本的に解決したいと願ったからです。私たちは、その問題解決のために、子供たちを育てている大人たちが、能動的で健康な精神をもち、生き生きとした存在になることが何よりも求められていると考えました。そして、それにアプローチできるのは、芸術であり、とりわけ色彩と造形の表現活動によって成り立つ美術であるとの実感を深めていました。

私たちは、この研究所を設立する一〇年ほど前から、すでに「幼児のための美術教育研究会」を主宰し、その歩みを始めておりました。この一〇年というわずかな期間の中でも人々の暮らしは大きく変わり、自然から離れ、生産的な立場から遠のき続けていました。その暮らしの変化に比例するように、子供たちの自我形成の不調を物語る問題が次々と顕在化し、深刻化してきました。私たちは、その現実を前に、子供たちが、大人たちに何を求めているかを考えさせられ続けてきました。そして、次のように子供たちにとっての大人の存在を位置づける必要を感じました。「大人の存在というのは、子供たちの最も身近にあって、最も影響力の強い自然環境の一つであり、自然を象徴するものであると」

自然から遠のき変化することのない世界に取り囲まれて暮らしている子供たちを健康に育てるためには、大人たちが、日々、積極的に自己変革をして新しく生まれ変わり、自然を象徴する「変性（変容）する生き方」を提示することによって、失われている生き方を補償し、勇気づけ、精神の健康を呼び覚ますほかはないと考えたのです。

それは、私は彫刻家として、妻は染織家として、芸術体験を重ねてきた中で得た実感であり確信でした。二人にできることは、子供たちを育てている大人たちのための〈色彩〉と〈造形〉による芸術体験の〈場〉と〈機会〉を提供することではないかと思われたのです。

現在、このような考えのもとに、美術による教育研究会や〈行為〉と〈過程〉を豊かに含んだワークショップを企画し実施しています。

ここには、幼稚園や小学校の先生方・保育園の保母さん・若いお母さん方が集まり、熱心に水彩画・彫塑・紙による造形・クレヨン画・鉛筆デッサン・フェルト作り・身近な植物で毛糸を染め、織り機を作り、マフラーを織るなど多岐にわたる色彩と造形による芸術体験をしています。

それらの表現活動は、どれもが人類が積み重ねてきた経験を呼び覚ますものであり、同時により良く生きようと人類が選択してきた「変成する生き方」を引き出してくれるものです。つまり、精神の健康さを引き出して、生き生きとした存在に高めてくれる活動です。

第三章「私の色彩造形教育」の「なぜ美術教育は必要とされるのか―美術の特質について―」の項で述べているように、美術の表現活動は、自らが表現した作品を自らが鑑賞者として観ることができ、作者と作品の徹底したコミュニケーションによって成り立つものです。自分は何を作りたいのか、どんな夢をもち、どのように生きたいと思っているかを自らに問いかけ、客観視させて自己意識を高めてくれるものです。つまり、自我の確立を促し、高めてくれるものです。

作品は、その色彩とフォルムが美しいのか否か、輝きをもつか否かによって、作者の生きる姿勢を「変成する生き方」に照らして容赦なく暴いてしまいます。その事実から逃げるのではなく、真摯に受け止めてそれぞれの限界を乗り越えて行くと、身に纏《まと》った余計なものがそぎ落ちて素直な存在に高まっていきます。子供たちが、そのような健康な生き方に触れたとき、全身に喜びを表して、彼らもまた、その生き方を選択することができるようになります。

表現者は、常に当事者として主体的な存在です。その立場で自分自身と向き合い、客観視する経験を重ねると、子供たちの存在や問題の本質を、温かくしかも厳しく客観的に捉える目が養われていきます。自身の体験と成長に照らして、子供たちの気持ちを想像する力が養われるのです。

芸術体験は、このように自身の心が生きているのか否かを突き付けて自己変革を促してくれます。

もし、表現や教育を芸術としてではなく、自己変革の伴わない技術（遣り方）として捉えてしまうと、いつまでも本質に辿り着くことができなくなってしまいます。なぜなら、技術的視点から本質を見ると、その本質の影は無数にあって、その影の重なり合いから生まれるものは、実体が無く生命をもたない虚ろなものだからです。結局のところ、学ぶものが多いにもかかわらず、何一つ確信を得ることは出来ないことになります。

多くの場合、その煩雑さから疲労感がつのり、楽しいはずの表現や教育（子育て）が楽しく感じられず、どのように生きたいと考え、また子供たちを育てたいと願うのかという本来の目的が見えなくなってしまいます。

また、この芸術体験の活動の中で、もう一つ大切にしていることは、表現を終えた後のお茶を飲みながらの話し合いです。その時に、参加者の一人一人は、自らの作品の結果ばかりでなく、それを継時的に鑑賞し発表します。表現活動の中で何を感じ思い考えたか、そして、表現を終えた今は、どのように感じ思い考えるかを話すのです。互いの心の動きを明らかにすることによって、より明確に自身の存在を客観視することができ、自己意識を高めることができます。

私たち夫婦は、表現の善悪を問題にし判断するのでなく、参加者自身が、自分の存在に気づき、それぞれの限界を乗り越えやすいように、表現されたものがどのような方向性をもち、背後で何につながるのかを位置付けできるように、遠回しに、ときには核心に切れ込んだアドバイスをしています。

この活動によって、私たちが何よりも勇気づけられることは、研究所に通うお母さんや先生方が、明るい表情となり、積極的に問題解決のために動き始めるということです。その生き生きとした姿を見るにつけ、この運動を広げていきたいと思わずにはいられません。

繰り返しますが、生き生きとした存在というのは、遣り方として誰かから誰かへと簡単に授けられるものではなく、一人一人が、人類の歴史を辿り、自分の人生を主体的に歩んでこそ獲得できるものです。

外身のスタイルをつくることではなく、〈中身〉をつくってはじまて生まれるものです。ああだろうか、こうだろうかと思い悩み苦しむ自立した歩みの中で、あらゆる叡智《えいち》を栄養としながら、試行錯誤の経験を重ねることによって高まるものです。

つまり、試行錯誤の歩みによって、自己意識と自己コントロールする力を高め自我を確立することなのです。それが私の考える精神のフォルム化です。

色彩造形研究所は、このような人材の育成に是非とも役立ちたいと思っています。

そして、私自身は、幼児教育や初等教育に携わる人たちを育てる機会や場がより多く広がっていくことを切に願っております。

あとがき

一九九二年に出版された「生きる力を強めるために—心障学級の色彩造形教育—」からこの続編までの丸八年間、私は、「色彩造形教育と自我形成」について、くり返し考え続けてきたように思います。しかし、これまでも自我という言葉を何遍も発していながら、それらは、特に意識化されて使われたものではありませんでした。それが本書の編集作業が始まってから私の色彩造形教育が自我形成へのアプローチを目指したものだとようやく意識化できたのでした。

この二つを結び付けてくれたのは、『「私」は脳のどこにいるのか』(沢口俊之著、ちくまプリマーブックス)の次の文章です。

自我には大きく二つの側面、あるいははたらきがある。一つは、自分の行動を意識的に制御することで、たとえば自由意志はこのはたらきの代表的なものの一つである。このはたらきをここでは「自己制御」とよぼう。もう一つの側面は自分自身を意識すること、つまり「自己意識」である。

自我とは何かについて、そのものズバリ、単純明快な文章を読んで「それって、ものを創ること、美術そのものじゃないか。そうか」とストンと得心できたとき、彫刻の制作が急に進み始めるときのように、結び付きたがっているもの同志がパッと結び付いて、一気に本書がフォルム化していくのを感じました。

本書の編集作業の間に、教育問題のスポットライトは虐待に向けられ、それが、さらに深刻化していることを窺わせていました。

二〇〇〇年一二月二二日の新聞記事に「一月から十月までに虐待を受けた児童は一六六人で、前年同期に比べて五八人増えた。うち三八人が死亡した。(警察庁のまとめ)」とありました。二〇〇一年になってからも、乳児・幼児の虐待死の報道が続いています。それに呼応するように、朝日新聞には、三月八日から三日連続で「虐待——児童養護施設の子どもたち(上・中・下)」の特集記事が、子供たちの切ない心情とその痛ましさを象徴する写真とともに掲載されました。

私は、この特集記事を読みながら、児童養護施設の子どもたちの様子に、私が、直に接している生徒たちを思わず重ね合わせてしまいました。なぜなら、この記事で繰り返し述べられている「虐待を受けた子どもは、………」という虐待を特徴付ける記述の一つ一つが、複数の生徒たちの顔と結び付いてしまったからです。そして、次にくる教育問題の巨波が、この姿となって現れてくるのではないかという直感的な危惧の念を抱きました。

この記事から以下の記述を抜き出しました。

・欲求がかなえられないとパニックを起こして大暴れしたり、固まったりするのは、虐待を受けた子どもたちによく見られる行動だ
・虐待された子どもが自分に起こったことや気持ちを話し出す事は、癒しの第一歩といわれる。自分が安心できる安全な場所にいることを認識してはじめてできる
・虐待を受けた子どもは、わざと大人をいらだたせ、自分が虐待を受けるように仕向ける傾向があるという
・同じ年ごろの子どもたちと遊ぶのが苦手だ。（みんなが）縄跳びをしていると、一人ボールを持ち出す。みんなが鬼ごっとしていると縄跳びをする
・大人がいれば独占しようとする。興味を示す大人も決まった人ではない。相手をしてくれる人ならだれでもいい
・虐待を受けた子どもは、人への愛着を持ちづらい。だれにでもベタベタしたり、逆に攻撃的になったり、人との安定した信頼関係を築くことが難しい
・自分を肯定できないことも虐待された子どもの特徴だ

これらの記述を抜き出していると、最初に学級崩壊を体験した一九九五年頃のことが思い出されてきました。私が、何人もの生徒たちから、「自分のことだけ見てほしい。自分の面倒だけみてほしい。自分の声だけ聞いてほしい。自分の存在だけを包んでほしい」という叫びを感じ取ったのは、このときでした。あれから五年、それらの叫びは大きくなるばかりです。

いよいよ自己意識と自己制御を引き出して育んでくれる芸術が、自らが自らの存在を認めるこ

とのできる芸術が、真に切実に必要とされる時代になったと感じます。

しかし、芸術の必要性を実感している人は、まだ少数派です。しかも芸術の必要性を自らの言葉で説得力をもって話すことのできる人は、さらに少なくなります。

本書が、子供を育てる大人たちの自己実現と子供たちの自我形成の手掛かりになり、さらには芸術教育の進展へ役立つことができたらと心から願わずにはいられません。

どんなにささやかであっても、願いをもって行動しはじめると、たくさんの方々のお世話になり、支えられていることに気づかされます。そのすべての方々に心から感謝致します。最後に続編の刊行を決断して下さったはる書房の古川弘典さんと編集していただいた佐久間章仁さんに深くお礼申し上げます。

二〇〇一年三月一二日

葉山　登

色彩造形教育の実践

――自我形成へのアプローチ――

葉山《はやま》　登《のぼる》

著者略歴

1949年　秋田県能代市に生まれる
1973年3月　武蔵野美術大学美術専攻科修了
1974年4月～1978年3月
同大学彫刻研究室助手
1978年10月～1979年9月
パリ国立美術学校客員教員
1980年4月～1989年3月
日本観光文化研究所所員・同人
現在　公立中学校・高校美術科講師
武蔵野美術大学非常勤講師
幼児のための美術教育研究会主宰
彫刻家

現住所；色彩造形研究所
〒187-0032　東京都小平市小川町1丁目546番地

2001年5月23日　初版第1刷発行

発行所　株式会社　はる書房

〒　101-0065東京都千代田区西神田1-3-14　根木ビル
TEL・03-3293-8549　FAX・03-3293-8558
振替・00110-6-33327

組版／BIG MAMA、印刷・製本／中央精版印刷
絵・葉山　登

ISBN4－89984－016－0　C0037

ふろく

教材集 目次

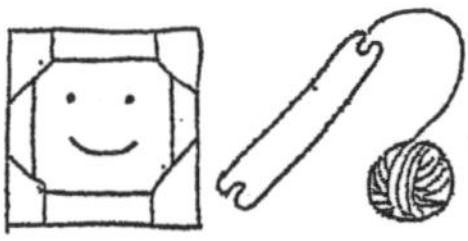

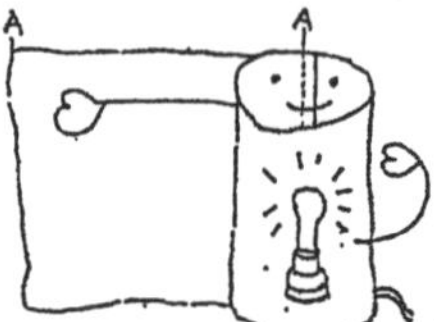

身近な植物で毛糸を染める

校庭にある植物を染料に用いて
染めてみませんか　クワ・ヨモギ・
桜・タンポポ・ハルジオン・チューリップ・ススキ・給食にでる
ミカンの皮などいろいろな植物が染料になります。

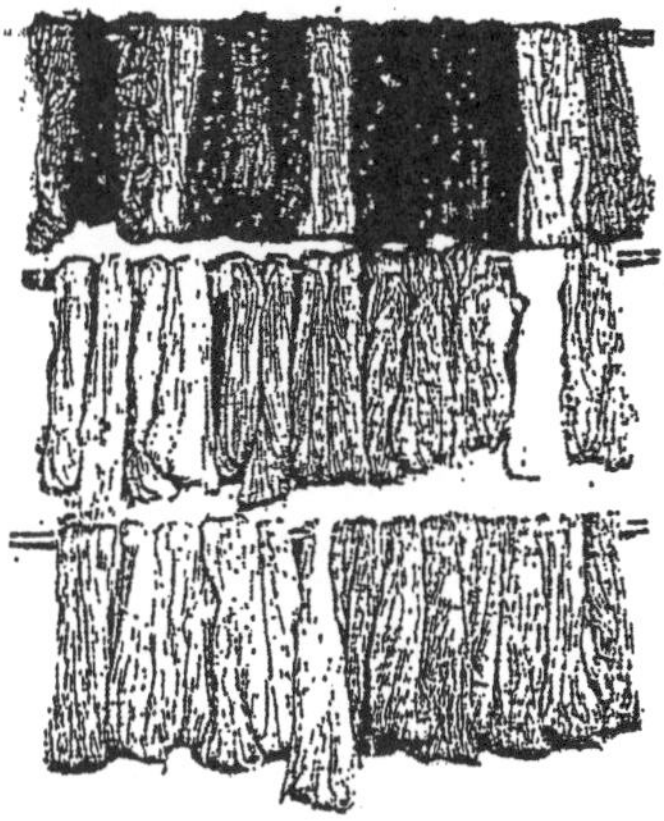

〈材料〉

生なりの毛糸　500g

媒染剤

A. 明ばん媒染

生明ばん 又は 焼き明ばん
＋　45g
酒石英 又は 酒石酸カリナトウム
15g

B. 鉄媒染

木酢酸鉄　40cc
＋　乳酸　10cc

〈道具〉

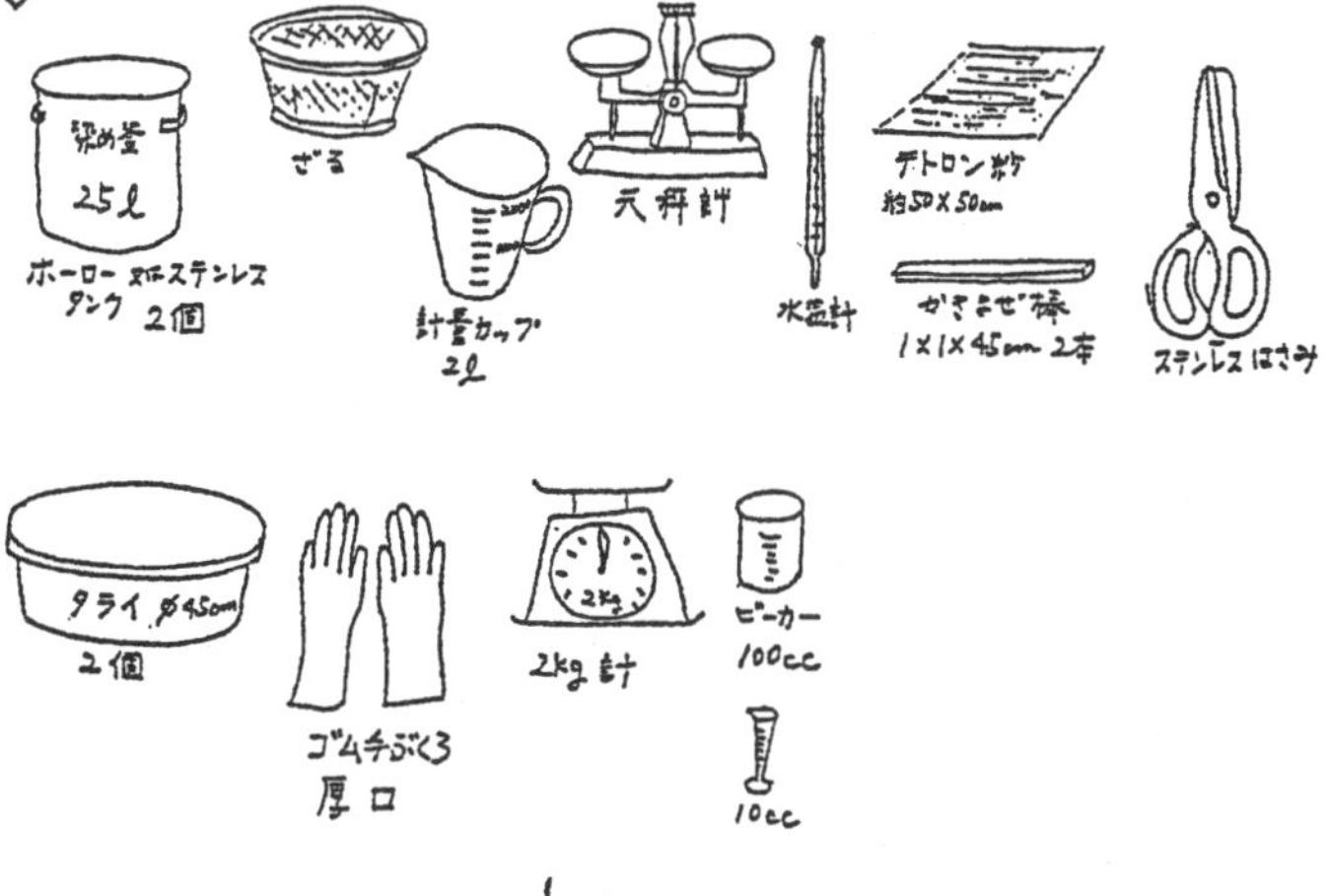

工程
〈染液をつくる〉
① 植物採集

季節の中で一番美しく輝いて見える植物の花や葉を約1.5kg（被染物の300%）つみます。

② 採集した植物を水洗いする。

③ 植物を細かにきざむ

ちぎる

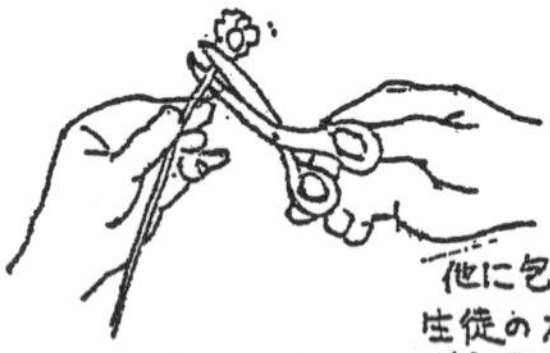

はさみで切る

他に包丁で切るなど、生徒の力にあわせて方法をかえると良いと思います。

④ 煮出す

きざんだ植物

＋

水 20ℓ（被染物の40〜50倍）

中に入れてふたをする

⑤ できた染液をこす

⑥ 濾した染液をタンクにもどしてさます。

染液できあがり

〈媒染する〉

媒染剤は、できるだけ毒性の少ないものが望ましいですので、明ばんと木酢酸鉄を用いています。それでも十分あざやかに染まります。

①毛糸をぬるま湯につけ、かるく押し洗いする

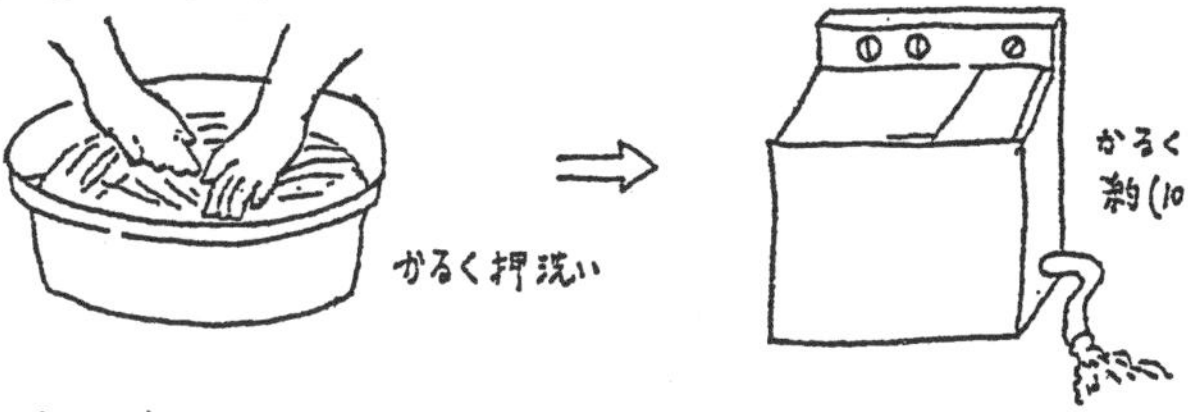

② 媒染剤を溶かす

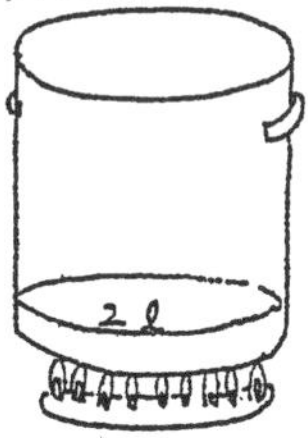

2ℓの水を入れて沸す

A 明ばん

明ばん 45g (被染物の 6～12%)

助剤 酒石英 15g (被染物の 2～4%)

B 木酢酸鉄

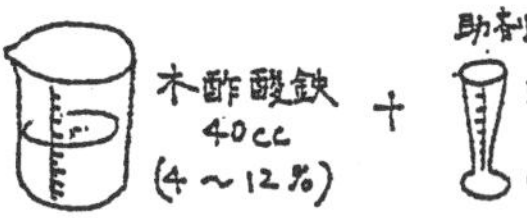

木酢酸鉄 40cc (4～12%) ＋ 助剤 乳酸 10cc (1～4%)

③ 水が沸騰したら媒染剤と助剤をとかし、18ℓの水を加える

④

染浴の温度が35°～40°になったら脱水した毛糸を入れる。

※ 棒を用いて糸の上下を15分に1回ゆっくり入れ替える

○明ばん

毛糸を入れて、ゆっくり温度を上げて、1時間かけて沸騰寸前の92～94℃にする。そのままの温度を30～45分保つ。(グラグラ煮るとフェルト化します。)次に、火を止めて常温になるまで放冷。

○木酢酸鉄

毛糸を入れて、ゆっくりと温度を上げて、1時間かけて沸騰寸前の92～94℃にする。そのままの温度を10分間保つ。次に、火を止めて放冷。

⑤ 常温になったらかるくぬるま湯でゆすぎ、かるく脱水する

媒染できあがり

〈染める〉

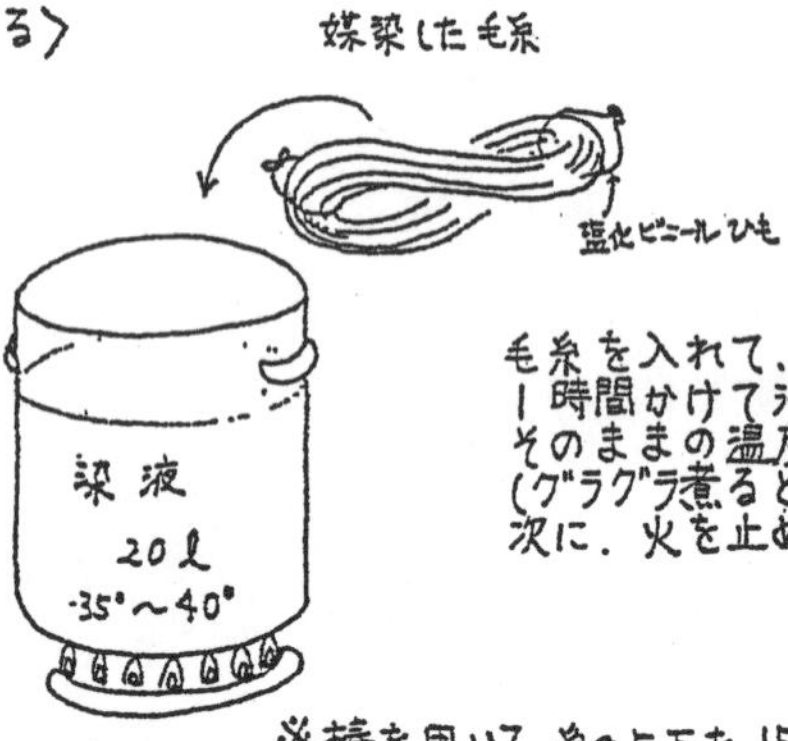

毛糸を入れて、ゆっくり温度を上げて、
1時間かけて沸騰寸前の92～94℃にする。
そのままの温度を20～40分保つ。
(グラグラ煮るとフェルト化します。)
次に、火を止めて常温になるまで放冷。

※棒を用いて、糸の上下を15分に1回ゆっくり入れ替える。

放冷して、常温になったら、たっぷりのぬるま湯の中で2回ゆっくりゆすぐ。
かるく(約10秒)脱水機で脱水する。

よくはたき
糸をさばく

⇒

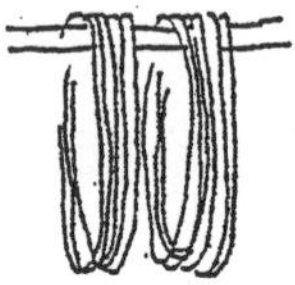

棒を通して陰ぼしする。

染めあがり

〈授業時数〉 6時間半

- 植物採集 ＋ 植物の水洗い ＋ 植物をきざむ　2時間
- 染液を作る ＋ 媒染　2時間
- 染める　2時間
- 洗い ＋陰ぼし　30分

(この間の仕事は、15分に1回糸の上下を入れ替えるだけ)

〈課題について〉

花つみから完成まで、色にはじまり色に終る課題です。色彩教育の一環として位置付けて行ないました。

自然の色は、複雑です。緑の中に赤や黄・青などの様々な要素が見えかくれしています。その微妙な色のバランスとの出会いは、生徒たちの感情の深まりに強く働きかけてくれるようです。四季の色につつまれながら全身を働かせていると、心も体も解放されていくのを感じました。

共同制作

織りのタピストリー

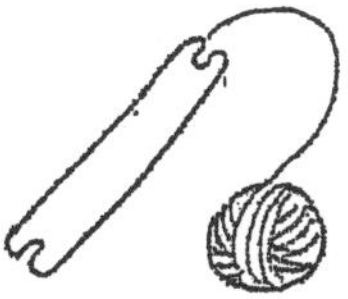

植物で染めた毛糸を使ってタピストリーを作ってみませんか。織り枠作りもむずかしくありません。

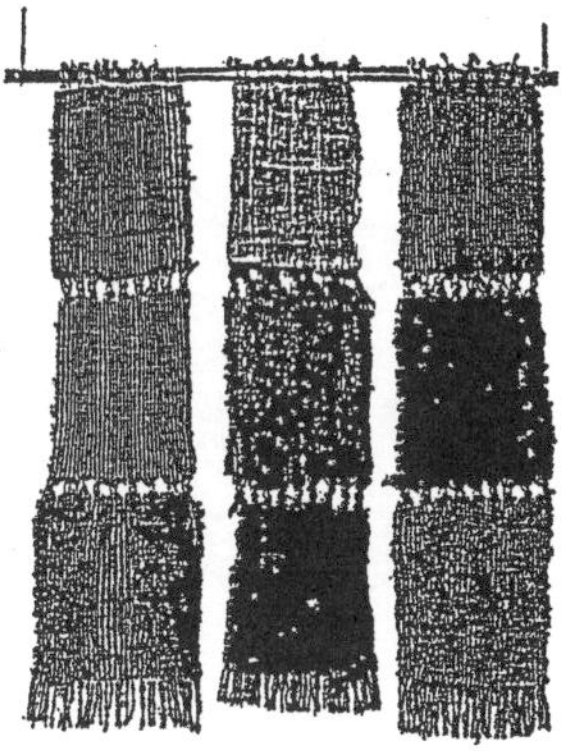

〈材料〉（5人分）

- 染めた毛糸 600～700g
- タルキ 4.5×4.0×360cm 5本
- 版画用シナベニヤ 30×45×0.3cm 3枚 （倍版）
- 小巾板 9×1×360cm 2枚
- φ1.5cm 長さ60cm 丸棒 5本
- ファックス原稿用紙 5m/m方眼 5枚
- 長さ25～30m/mの木ネジ(+)，160本
- ステンレススクリュー釘 長さ18～20m/m
- 両面テープ 2m
- タコ糸 20m
- B4の厚紙 3枚

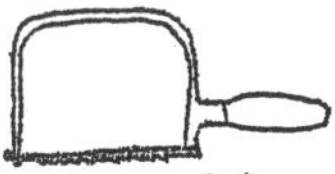

糸のこ 3本

〈道具〉

きり 5本

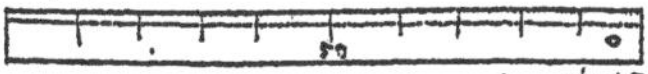

1m定規 3本

ねじまわし 5本

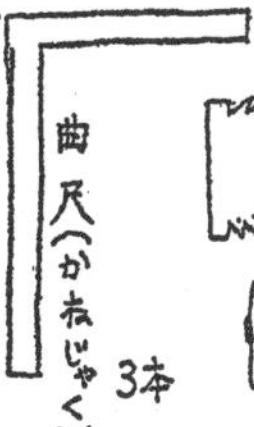

曲尺(かねじゃく) 3本

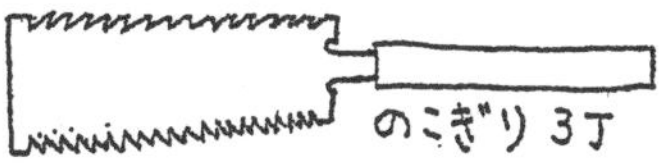

のこぎり 3丁

竹ものさし 50cm 5本

金づち 5丁

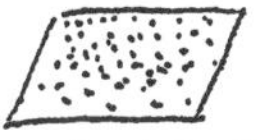

ペーパーやすり

5こ

〈織り枠を作る〉

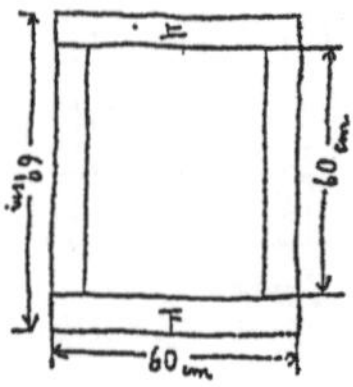

① タルキを60cmの長さに4本切る

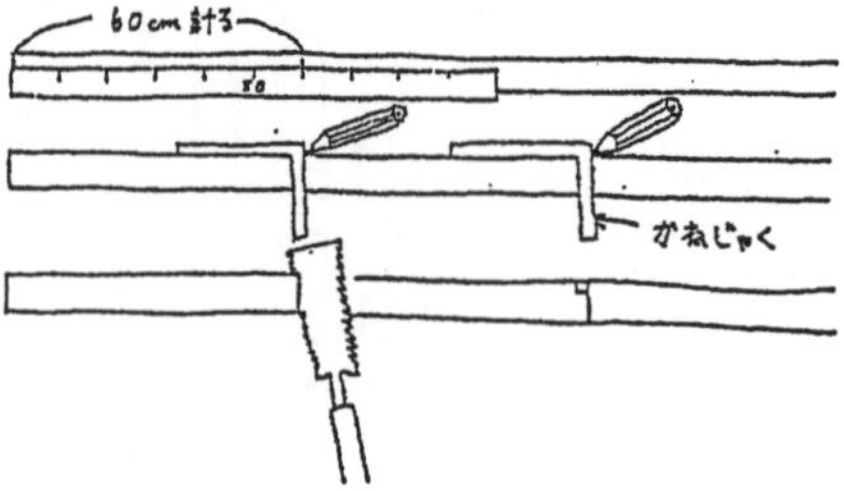

② 小巾板を三角に8枚切る

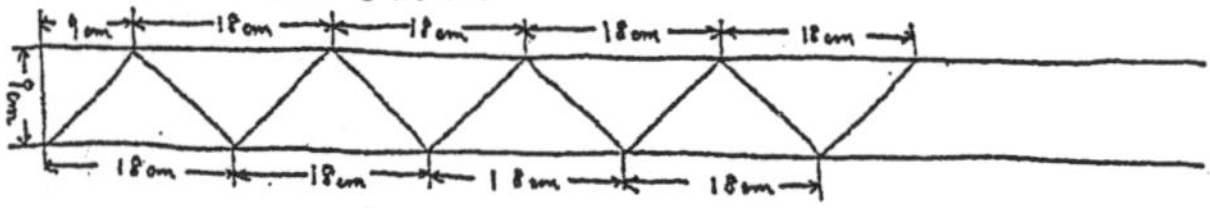

③ 四隅に三角の板をのせ、木ネジで止める。うら側も同様にする

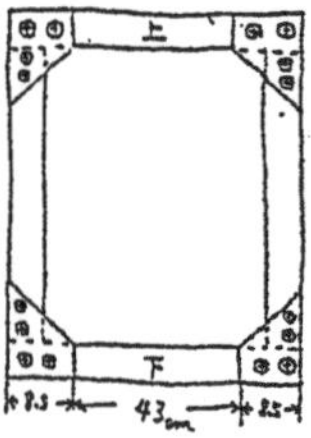

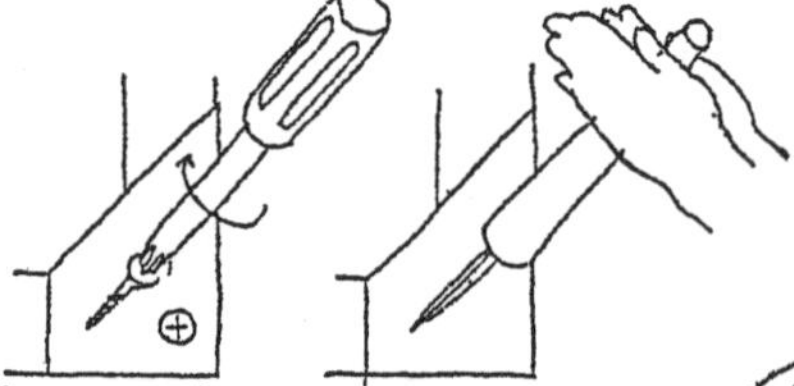

木ネジで止める　　きりで穴をあける

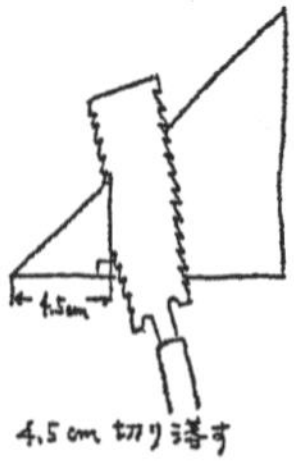

4.5cm 切り落す

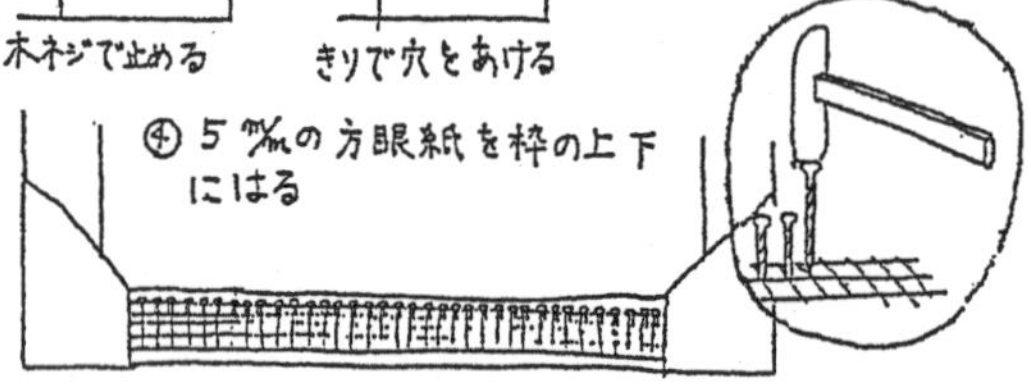

④ 5mmの方眼紙を枠の上下にはる

⑤ ひと目もりごとに釘を打つ

釘はさびない
ぬけにくい 〉ステンレス スクリュー釘

〈ひと 縦糸の間に入れる板を作る〉

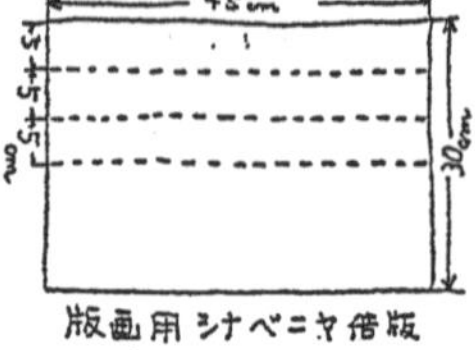

版画用シナベニヤ合板
点線をのこぎりで切る

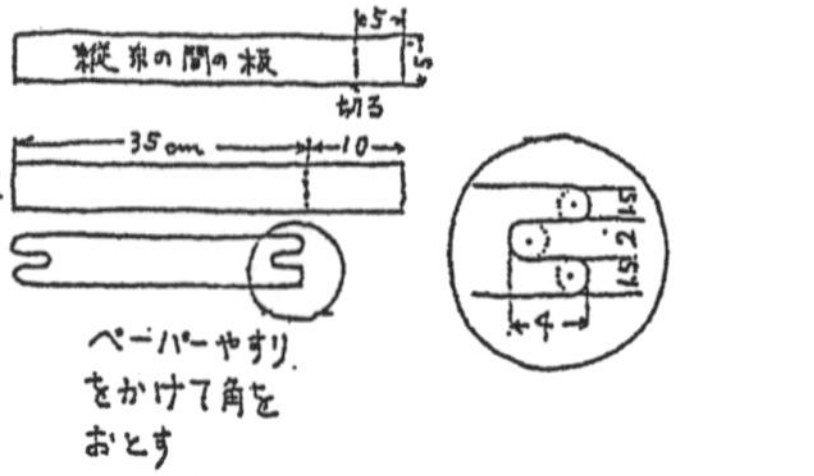

ペーパーやすり
をかけて角を
おとす

〈糸かけをする〉

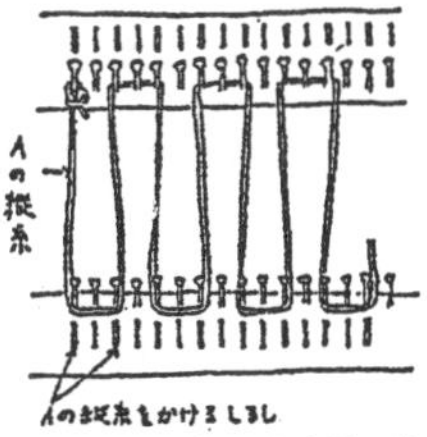

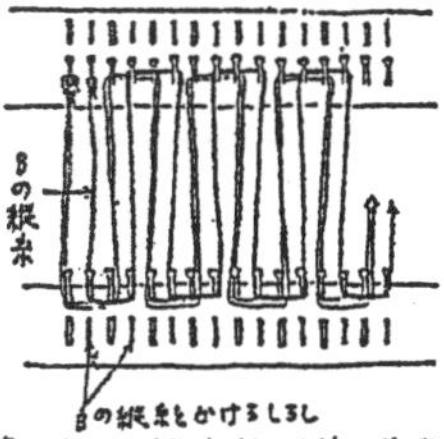

※A・Bの縦糸をかける位置を色鉛筆で色分けしておくと以後の作業が楽です。

〈そうこうの糸かけ〉

巾8cmのうすい板にタコ糸をBの縦糸の数だけ巻く

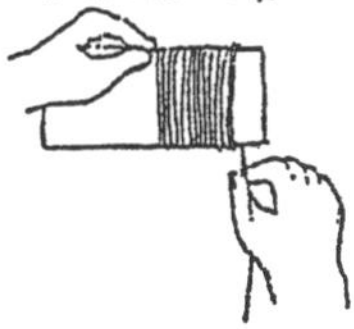

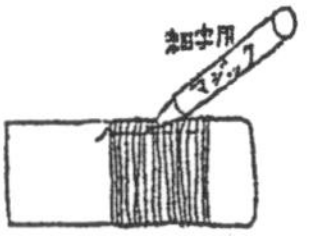

マジックでしるしをつける

長さ60cmの丸棒に1cmの目もりをつける

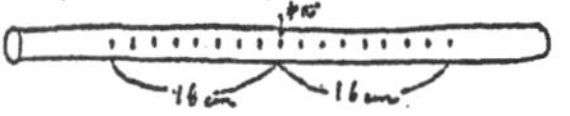

目もりの上に両面テープをはる

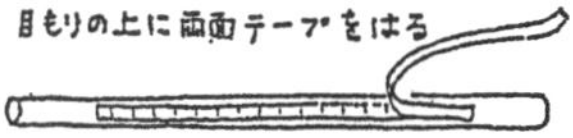

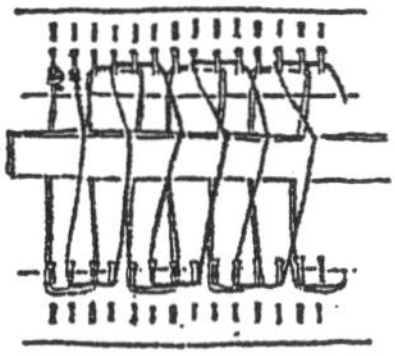

巾4.5cmのうすい板をAとBの間に通して立てる

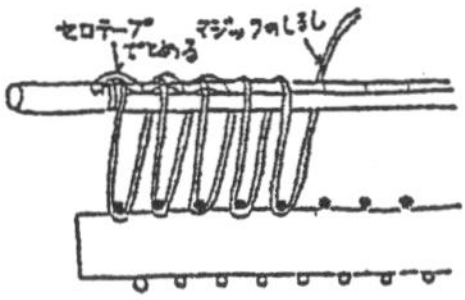

目もりとマジックでつけたしるしを合わせながらBの縦糸をひろう

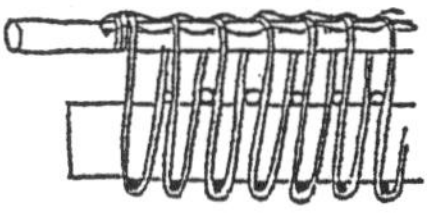

巾4.5cmのうすい板をAの糸を上にしてAとBの間を通す

〈織る〉

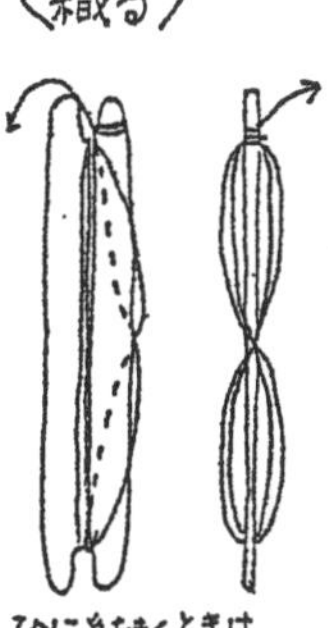

ひに糸をまくときは8の字にする

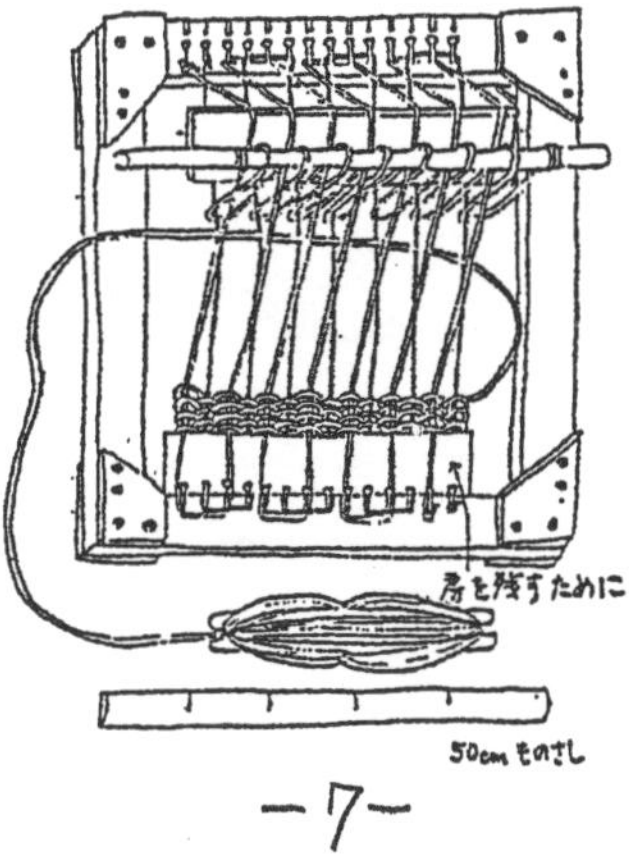

糸つぎ

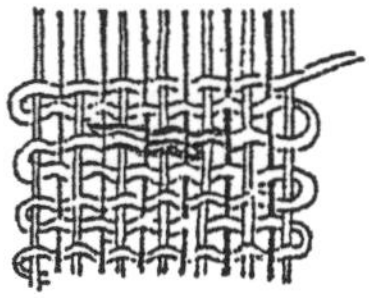

〈織りの原理〉

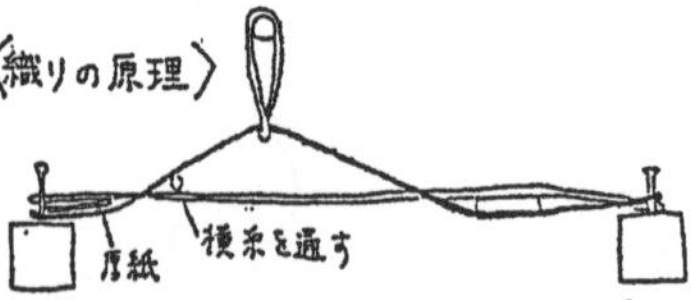
厚紙
横糸を通す

① 織りはじめに厚紙を入れる。そうこうを上げ
横糸を通す。

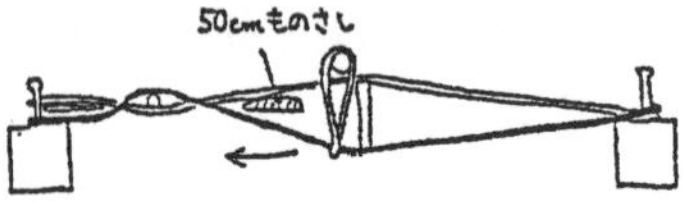
50cmものさし

② うすい板を立て、Aの縦糸を上げる
50cmものさしを間に通し、矢じるしの方向へ
ゆっくり打ちこむ。

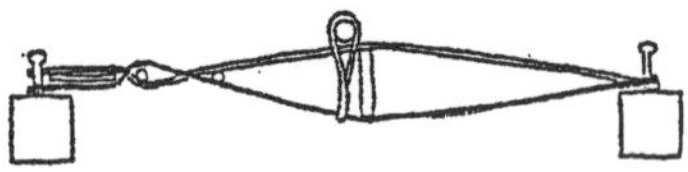

③ ものさしをぬき、横糸を通す

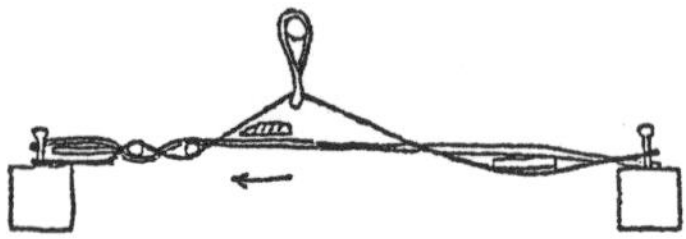

④ ふたたび50cmものさしを矢じるしの方向へ打ちこむ

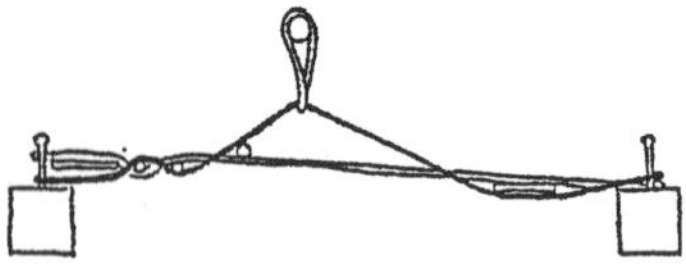

⑤ 横糸を通し、②へ　その後は、くりかえし

〈機からあげ組み立てる〉

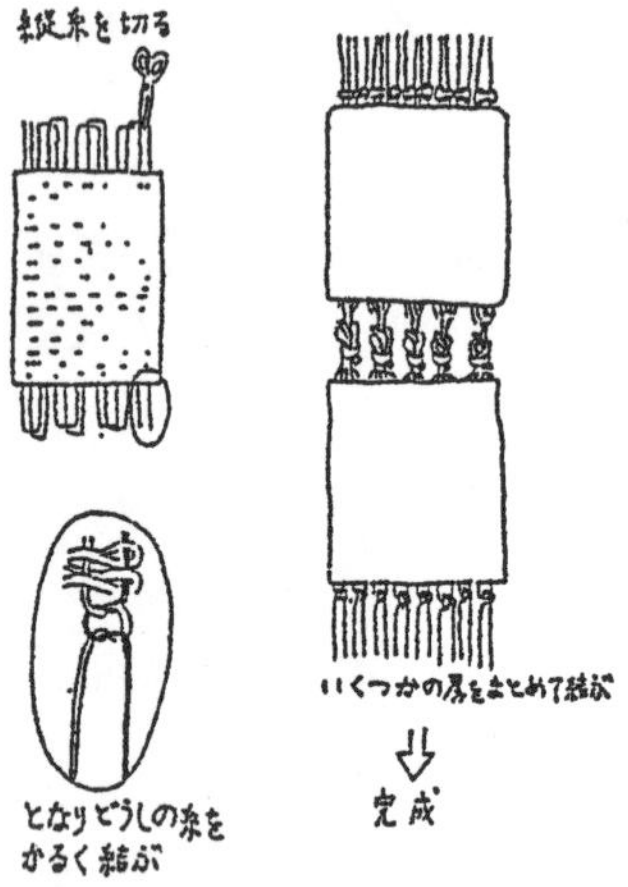
縦糸を切る
となりどうしの糸を
かるく結ぶ
いくつかの房をまとめて結ぶ
完成

※組み立ての前に純正石けんの液につけてから、テーブルの上でかるくたたいて形を整え、ぬるま湯ですすぎ、陰乾して、アイロンをかけると一層美しく仕上ります。

〈授業時数〉
計27時間

織り枠を作る		10時間
織る（2枚）		14時間
仕上げ組み立て		3時間

〈課題について〉

自信がなく、生活実感の乏しい生徒たちのために考えた課題です。一つのものが生み出される過程をすべて体験させることをねらいとしました。連結して共同制作にしたのは、大きな作品にすることによって、それぞれの作品の価値が高まり、それが自信につながると思ったからです。

釘打ちは、思いのほか難しいようでした。自分の力を外に出すという行為は、自己表現することと深く関わりがあるように思われました。

自信のなさが障害の一つになっている場合は、先を急がせず、一つ一つゆっくり行ない、理解を深めることが大切だと思いました。

共同制作

どんぐりしぼり

近くにどんぐりの木はありませんか。
どんぐりの実をたくさん集め、それを芯にして輪ゴムでしぼると簡単にしぼり染ができます。

材料

- 綿ブロード (90×200cm) およそ300g
- 直接染料10g ＋ お塩大さじ4 (シンプリコール・ダイロン・みやこ染め 他)
- 輪ゴム 500本
- どんぐり 500個 (いろいろな大きさのものがあると より楽しくできます。)

道具

タライ φ45cm ぐらい　ざる　計量カップ 180cc程度。　熱湯　大さじ　ホーローボール φ15cm前後 他の金属製でもよい。

工程

〈どんぐりを準備する〉

① 秋の空気をいっぱいすいながら どんぐりをひろう

② 水洗い

③ しぶぬき。
水をひたひたに入れて煮る。
沸騰してから10分程で火をとめる。

④ 釜からあげる

⑤ 広げて乾す

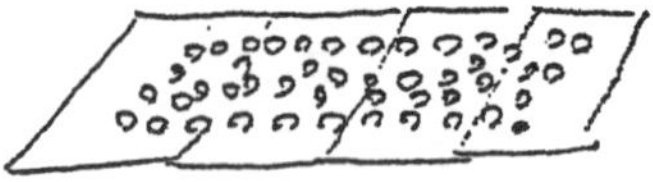

〈しぼる〉

① どんぐりを布でつつむ

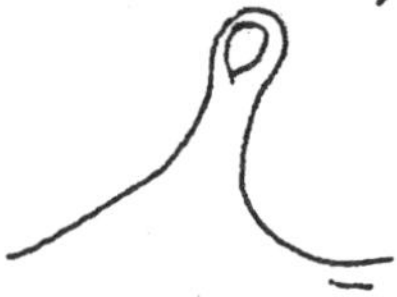

② どんぐりを芯にして輪ゴムをかける

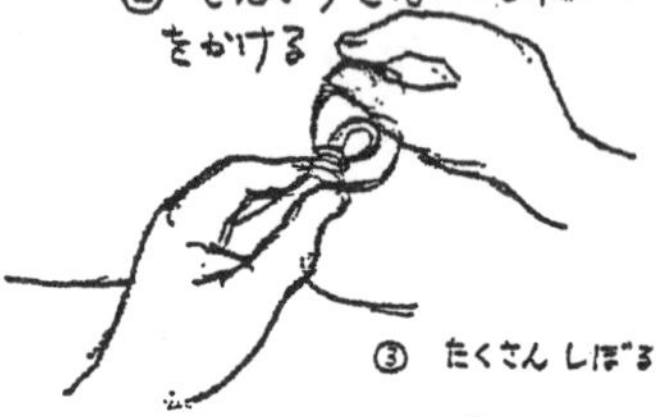

③ たくさんしぼる

〈染める〉

シンプリコール染料の場合

1

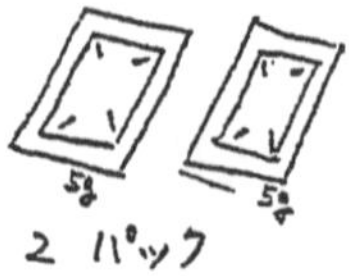

2パック

+

お塩大さじ4
（染浴を中性に保つため入れます。）

+

熱湯

2カップ

φ15cm程度の小さいボールでよく溶かす。

2. 布をぬるま湯につけて、かるく脱水する。

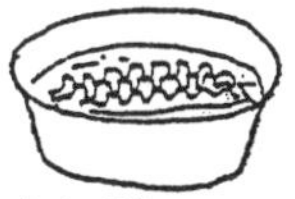

3. 大きな溶器（10ℓ入る程度）に染めるものがつかる量（6ℓ〜9ℓ）のお湯（50℃〜70℃）を用意する。

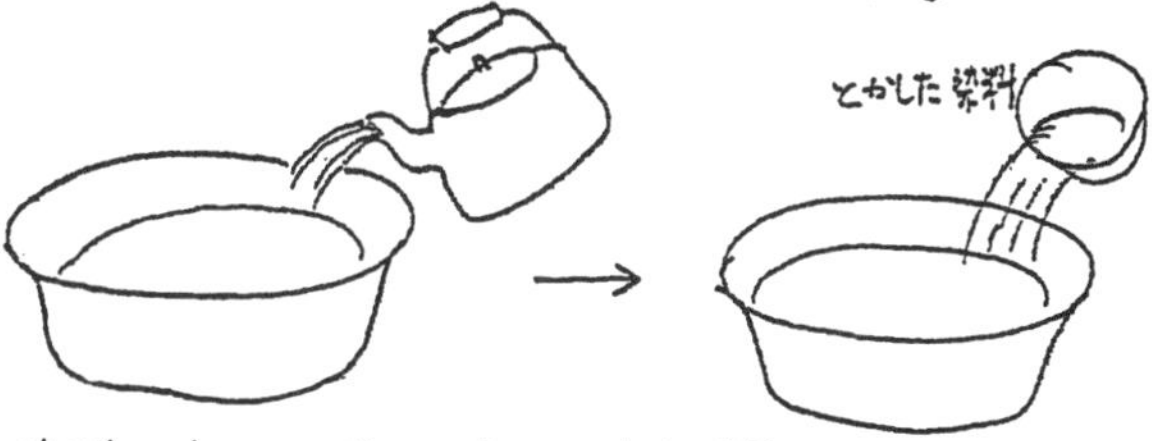

4. 溶かした染料を容器に入れ、よくかきまぜる。
布を染浴の中に入れて、5分間よくかきまぜる。

その後は、10分間隔でかきまぜ、40分間染める。

5. 中性洗剤で洗い、かるく脱水する。

〈輪ゴムをはずす〉　………しぼり染め完成

※色止め

授業時間数

どんぐりをひろって洗う	2時間
煮てほす	1時間
しぼる	2時間
そめる	1時間
輪ゴムをはずす	2時間

多摩地区には、まだ多くの雑木林が残っています。どんぐりの木も多く、毎年秋になるとたくさんの実が落ちます。

生徒たちとともに秋を実感するために、どんぐりひろいは、またとない教材に思われました。ただひろって終るのではなく、何かに活用できないかと考え、思いついたのがこの課題です。

大きな机いっぱいに広げた布が次第に小さくなっていくと、生徒たちの気持ちも動きはじめ、夢中になって取り組みました。

染めてから輪ゴムをはずすと、しぼった所が白く浮き出てきます。それに驚く生徒たちの姿が強く印象に残りました。無意識のうちに指先をいっぱい使わせることのできる教材です。

Tシャツのしぼり染め

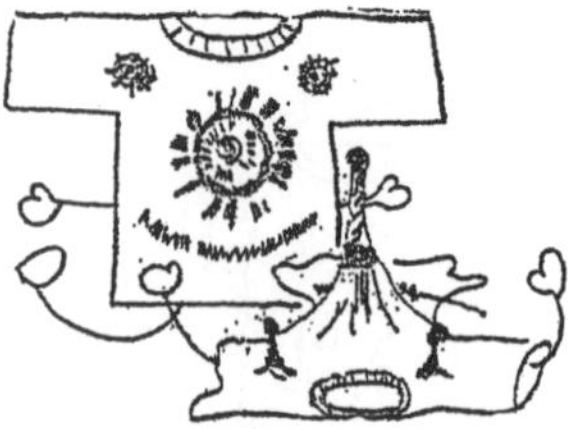

糸と輪ゴムでしぼった簡単で
楽しいしぼり染めです。

〈材料〉…… 1人分

・木綿Tシャツ(1枚140〜150g)
・直接染料(シリアス染料) 染めるものに対して3% 約4g
色はお好みで……(例えば赤-レッド4B・青-ブリアントブルー6B・
緑-グリーン3GN・橙-オレンジGGLなど)
・無水芒硝 木綿は中性浴でないと染まりません。中性浴にするための薬品。
染めるものに対して10〜20% 約20g
・色止め剤(アミフィックス) 直接染料の色止め剤。
水1ℓに対して 4〜10cc 約10cc
・しぼるための材料
大きめのぬい針1本・木綿手ぬい糸10m・輪ゴム20〜30本

〈道具〉…… 5人用

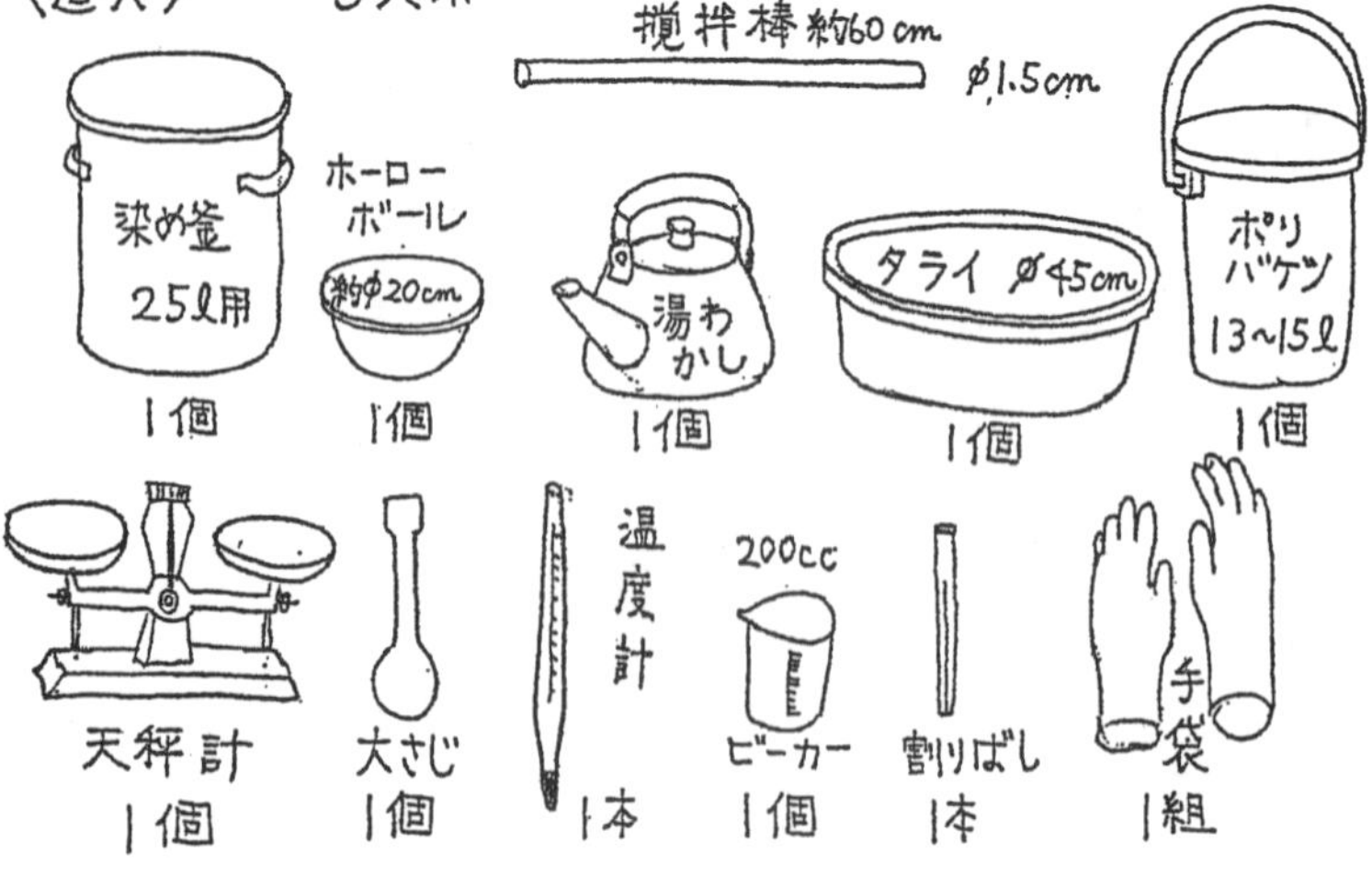

工程

〈しぼる〉

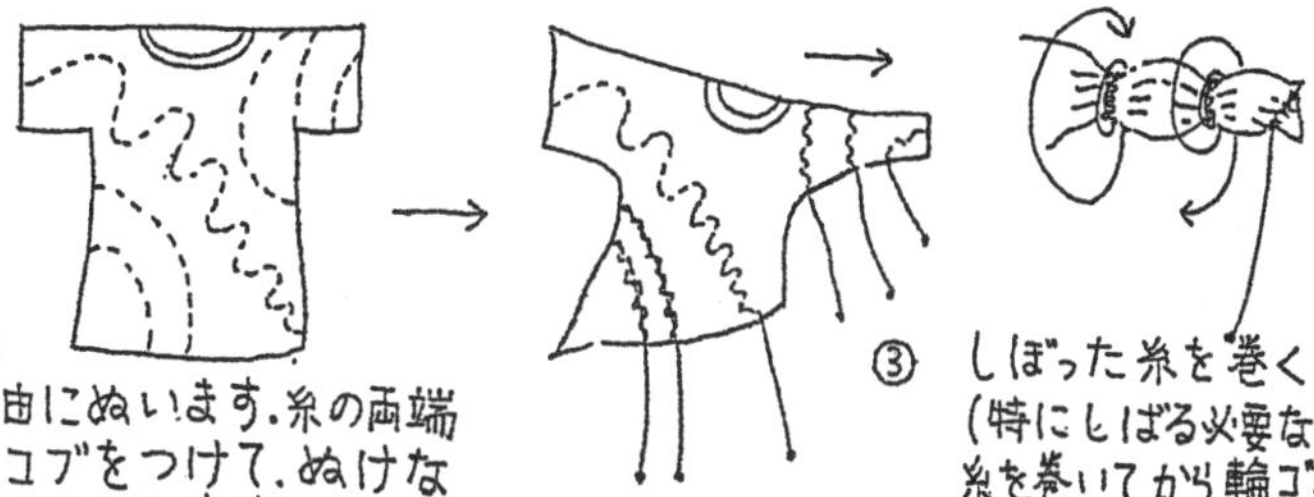

①
自由にぬいます。糸の両端にコブをつけて、ぬけないようにします。

② 糸をしぼる。

③ しぼった糸を巻く（特にしばる必要なし）糸を巻いてから輪ゴムをかける。

※ どこか1か所をたくさんしぼっておくとポイントができて見栄えする作品に仕上がります。

〈染める〉

① しぼったTシャツをぬるま湯につける。（10分間）

② 染料をとく

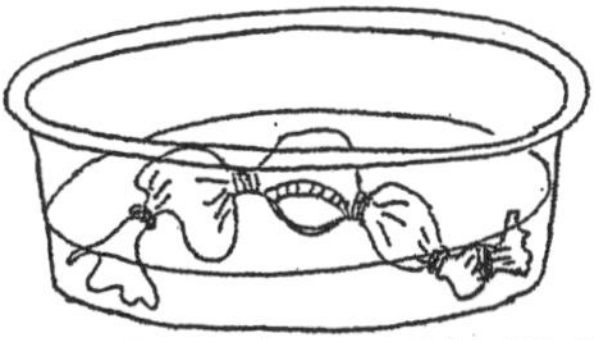

染料2パックを必ずお湯を入れた後に入れること

※ぬるま湯につけるとしぼった所に染料が入りにくくなります。

③ 染浴を作る

50℃ 20ℓのお湯に溶いた染料と芒硝100gを加えてよく混ぜます

④ 50℃から沸騰まで20分・沸騰してから20分間煮染めする。

ぬるま湯につけておいたTシャツを軽く手でしぼり
染浴に入れる。染浴の温度をゆっくりと上げる。
ゆっくりと大きく静かにTシャツを染浴の中で繰る。
(はじめの15分ほどで染めむらができるかどうか決まってしまう。)

⑤ 色止め液を作る　水5～8ℓに色止め剤(アミフィックス)を50cc加えてよく混ぜる。

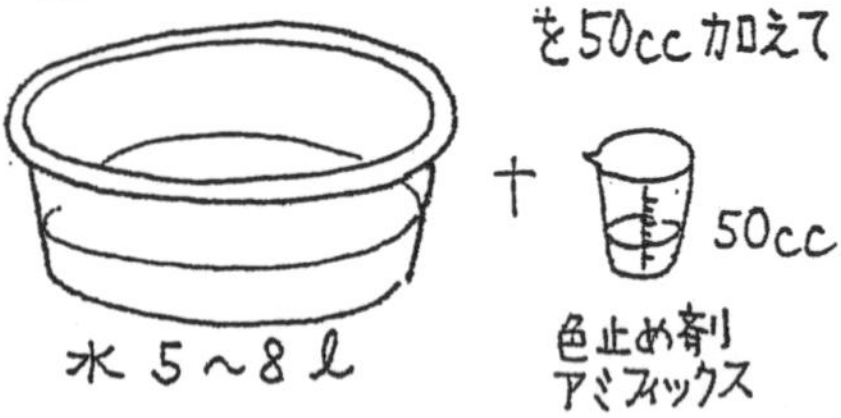

⑥ Tシャツを色止め液に入れる(20分)
染め上がったTシャツを染浴から上げてかるく水洗してから色止め液に入れる。

⑦ よく水洗いして脱水。

⑧ しぼった輪ゴムと糸をはずす。

⑨ 陰乾し →完成。

〈授業時数〉3時間
しぼる　1時間
染める　2時間

〈課題について〉

化学染料を用いると便利に短時間に染色できますが、その分過程も少なく、深く印象に残りにくいように感じます。同じしぼり染めでも身近な植物を用いると、もっと楽しいと思います。植物では、木綿は染まりにくいですが、最近は便利な助剤が市販されています。

共同制作

麻ひものタピストリー

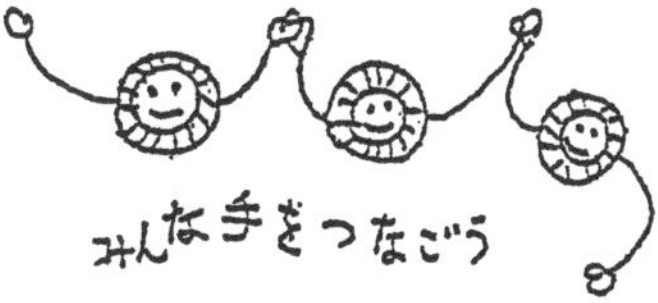

荷造り用の麻ひもで輪を作り、それを連結して作ったタピストリーです。

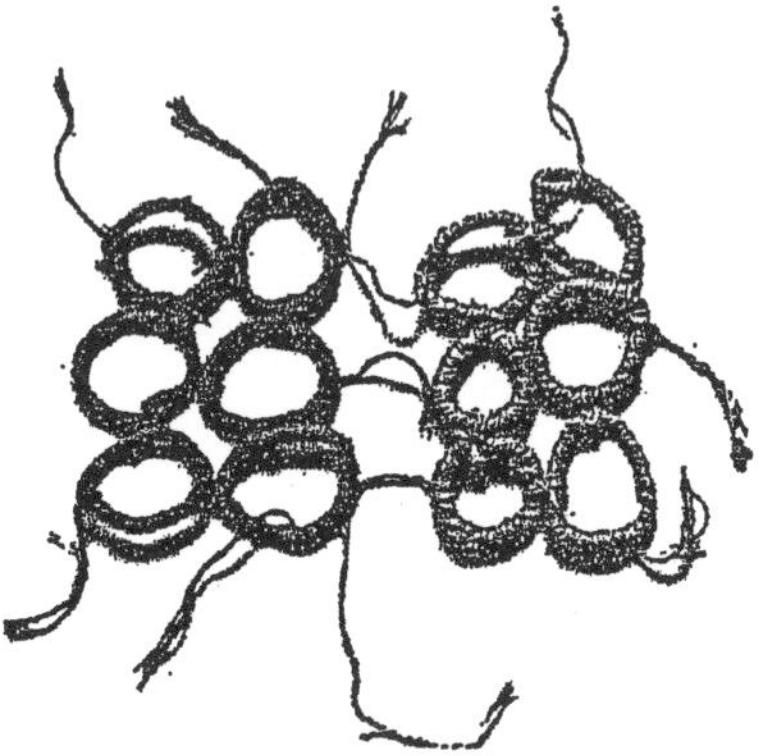

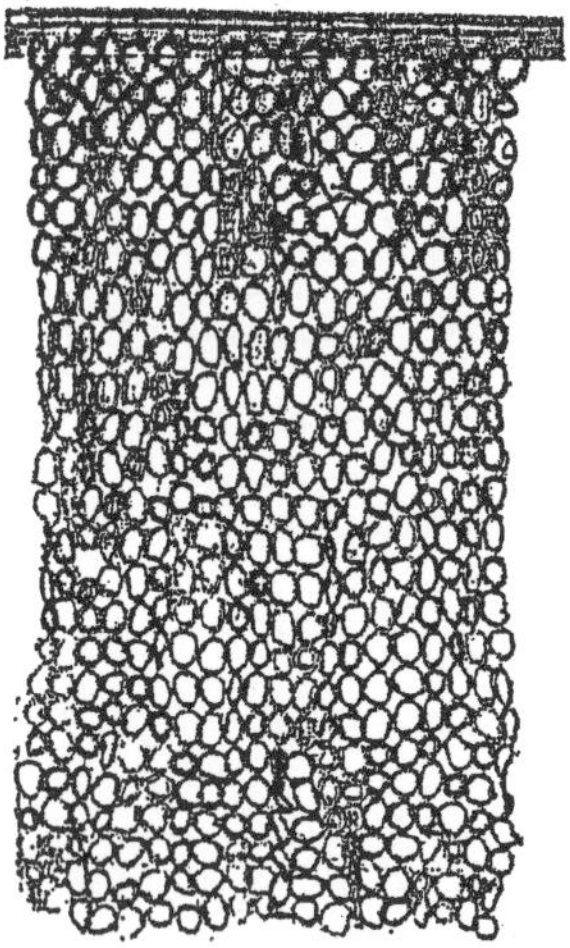

材料
- 麻ひも　4kg
- 直接染料 ＋お塩 4色 各30g （シンプリコール・ダイロン みやこ染め 他） 4色
- φ3cm 長さ120cmの丸棒　1本

道具

はさみ 人数分　φ45cm 4個　計量カップ 180cc程度　熱湯　大さじ　ホーローボール φ15cm前後 他の金属製でも可 4個

工程

〈麻ひもで輪を作る〉　480個で 90×180cm ぐらいの大きさに なります。

① 体で3尋計って切る　　② 1尋半を手のひらに巻く。

1・2・3・声を出して数えます

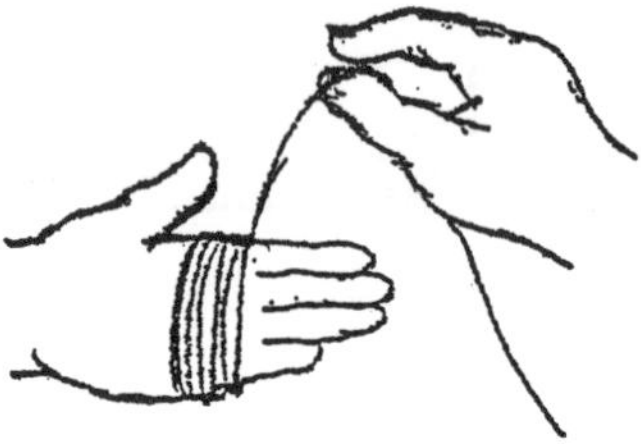

③ 手のひらに巻いたひもを
芯に残りの半分コイル状に巻く

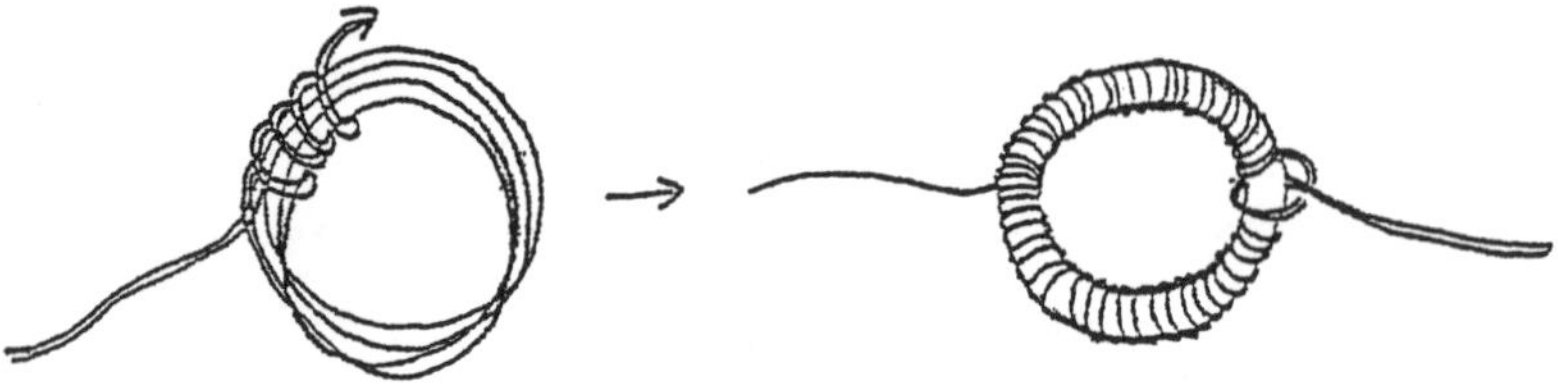

〈輪を染める〉　←詳しくは、どんぐりしぼりの染めるにあります。

1Kgの麻ひもを染めるとき染料は30g
被染物　　　　　　　　　被染物の3%が目安

① 染料を溶かす
30gの染料 ＋ 塩150g ＋ 熱湯1ℓ強

② 輪をぬるま湯につけ 軽く脱水する

③ 20ℓ以上入る大きな容器にお湯（50℃〜70℃）を20ℓ準備し、溶かした染料を入れかきまぜる。

④ 染液の中に輪を入れ、5分間よくかきまぜる。その後10分間隔でかきまぜ40分間染める。

⑤ 中性洗剤で洗い、かるく脱水し、乾燥する。

〈連結する〉

①同色の輪6個1組が基本形

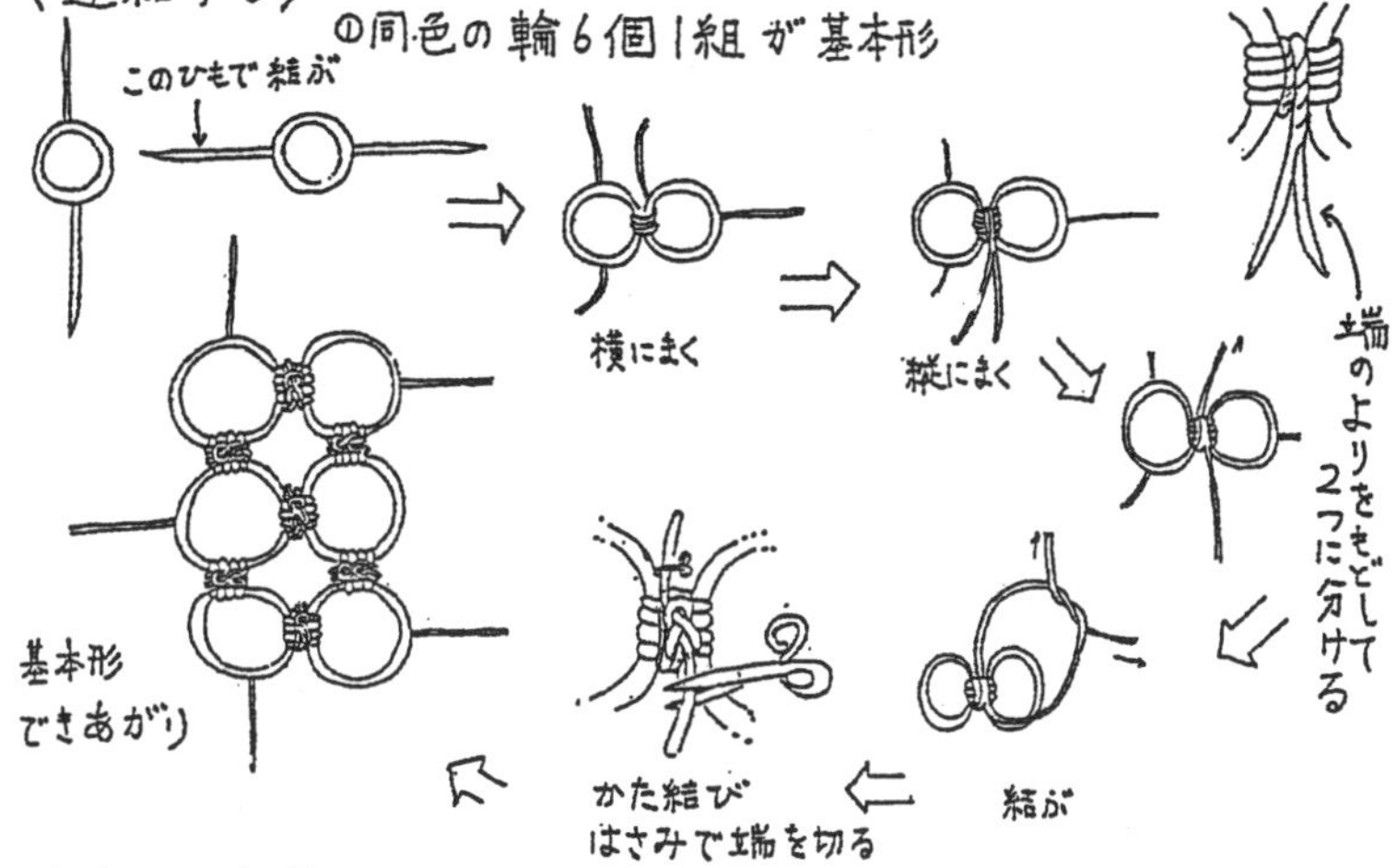
このひもで結ぶ
横にまく
縦にまく
端のよりをもどして2つに分ける
基本形できあがり
かた結び
はさみで端を切る
結ぶ

②基本形の連結

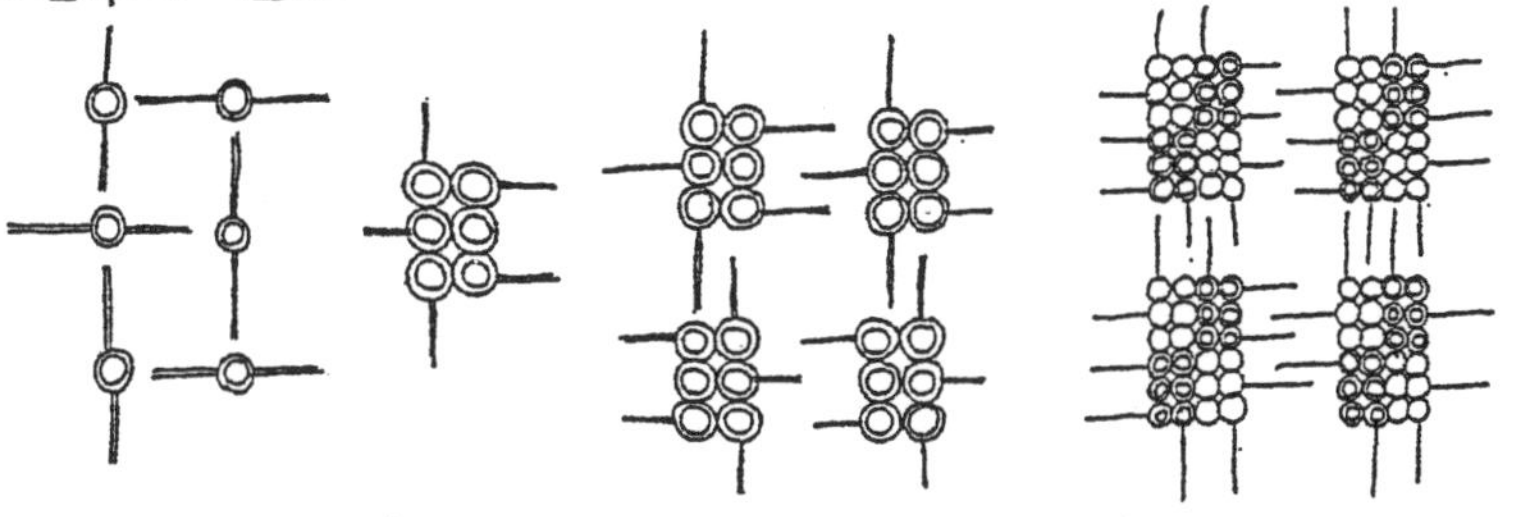

輪6個 ⇒ 基本形 ⇒ 基本形4組を結ぶ ⇒ どんどん拡大する

〈授業・時数〉20時間

麻の輪を作る	10時間
染める	4時間
組み立てる	6時間

課題について。

動作の遅い生徒や学習障害・学習遅進の生徒たちのために考えた課題です。はじめは、ほとんどの生徒ができず、混乱もありましたが、大きく両手を広げ、自分の手にひもを巻くというように体を使い、体で覚える課題ですのですぐに慣れ、全員できるようになりました。クルクルひもを巻き、それをくぐらせるというリズムのある動作が、内面の活動を活発にしてくれました。

藍を育てて染める

藍を育てて染めてみませんか。

アカマンマのようなタデ藍の
深緑の葉の汁で、絹・毛糸
毛織物を簡単に染められますよ。

〈藍を育てる〉アイを育てる・あいをそだてる・愛を育てる？

材料

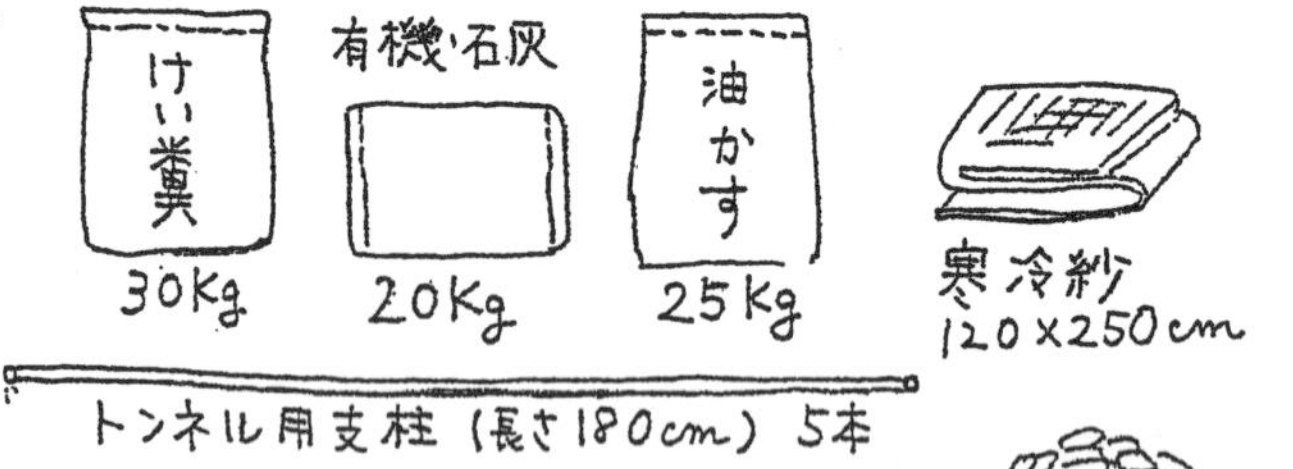

道具

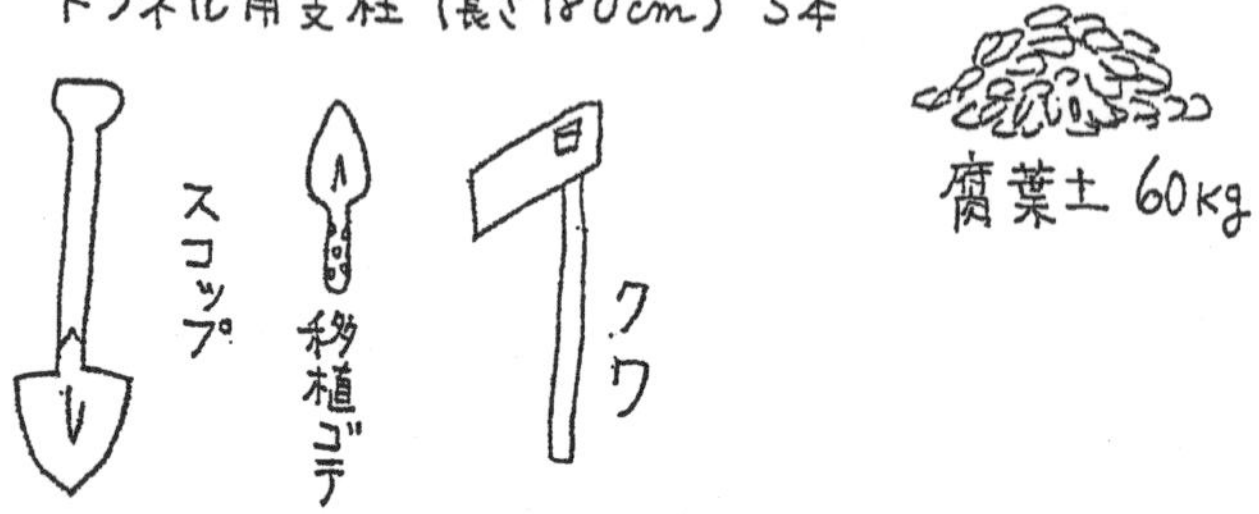

① 3月 ひな祭りが過ぎたころ苗床の準備をします

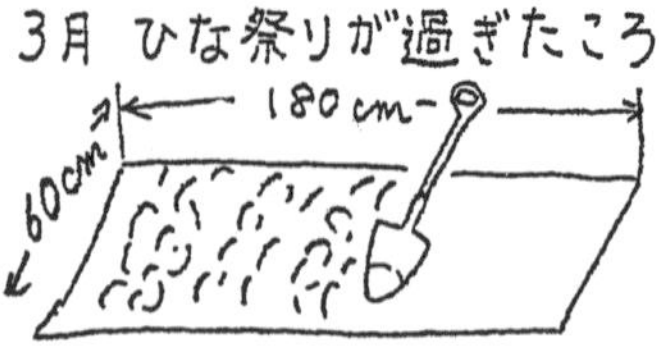

けい糞 5Kg
有機石灰 3Kg
油かす 3Kg
腐葉土 10Kg
をすき込む

② 3月20日ごろまき溝をつくり種をまく

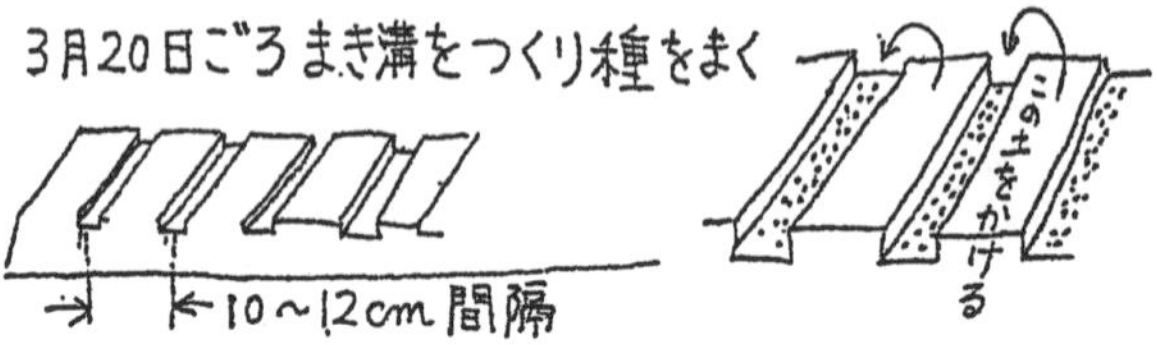

③ 防鳥のため寒冷紗のトンネルをつくる

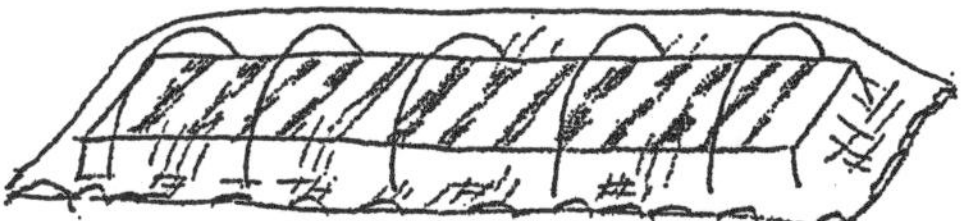

※ 鳥 特にすずめは藍の種が大好物です。
すっかりと食べられてしまいますから、必ず覆いが必要です。

④ 5月の連休明け畑の準備をします。

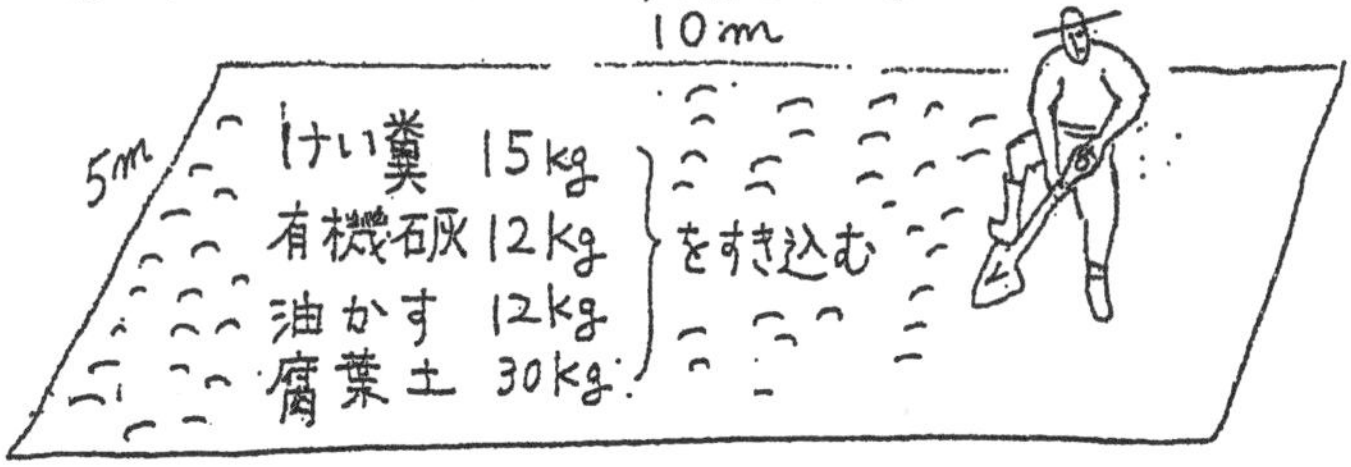

⑤ 5月下旬 苗を植え替える (畝間隔 60cm・苗間隔45~50cm)

・溝をきる

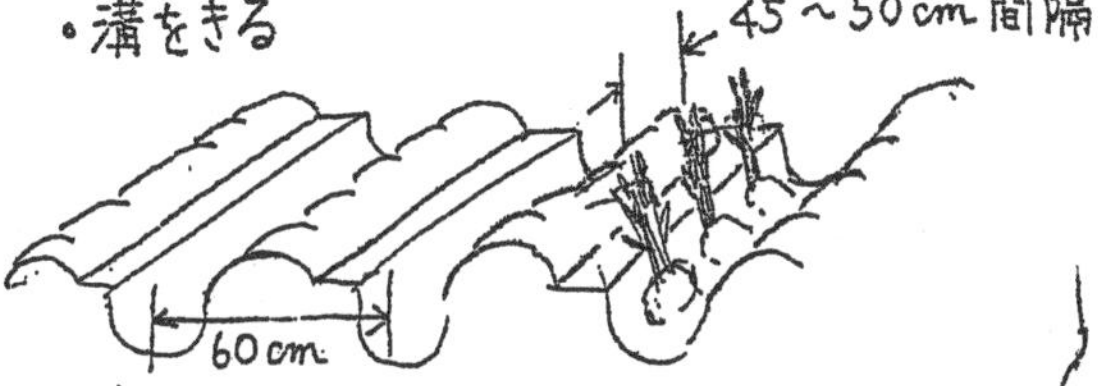

・苗の根を洗う
藍は根についた土を洗い
落して植えると根つきが
良くなるそうだ。

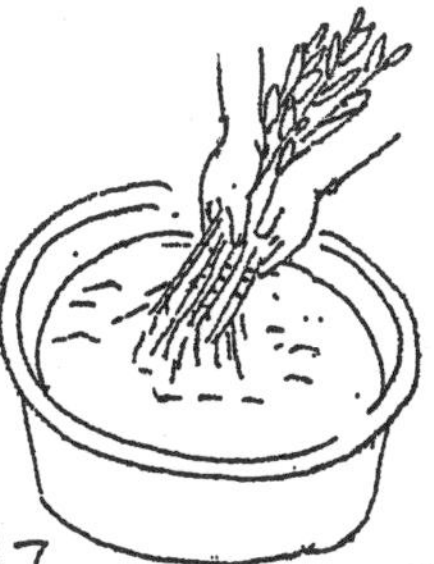

・5~7本の苗を1株としてまとめて
植え替える

・根がつくまで毎日水をかける

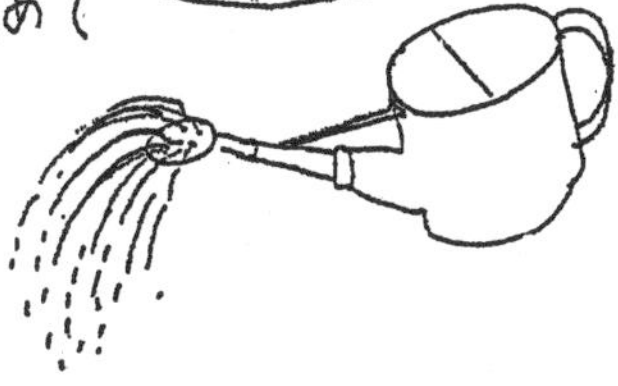

⑥ 6月初旬　根がついたら、根元から少し離して腐葉土・けい糞・油かすを置き 土寄せする。

5×10m＝50m²の畑におよそ160株植え替えし、株間に

腐葉土 20kg
けい糞 10kg
油かす 5kg
置き、土寄せする。

梅雨に入ると藍はグングンと生長し、大きな葉を繁らせます。

〈絹布・毛糸・毛織物を染める〉

材料　藍の葉 300g　（被染物の200%以上）
　　　オキシドール 8cc

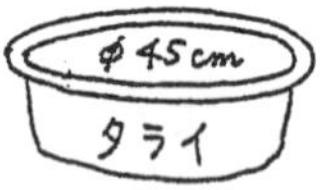

道具

① 葉が大きく繁ったら、根元から15cmほど残して刈り取る。
② 茎から葉をはずす。

根元に向って抜《こ》く。

③ 葉を洗う

④ 葉に少量の水を加えてミキサーにかける

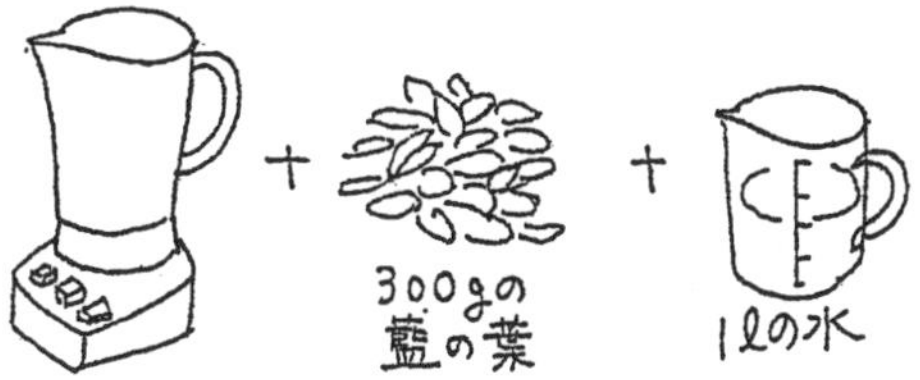
300gの藍の葉
1lの水

⑤ ミキサーにかけた葉を漉して汁をとる

軽くしぼると抹茶のような緑色の汁がとれる

⑥ 絹布・毛織物を汁に浸す（10分）

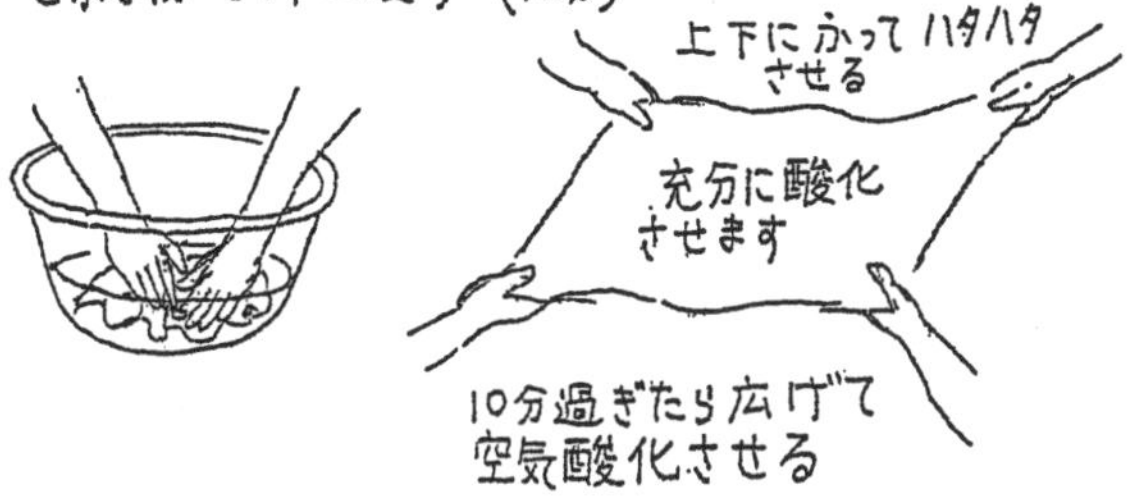
上下にふってハタハタさせる
充分に酸化させます
10分過ぎたら広げて空気酸化させる

⑦ オキシドールを水に溶く
水1lに対しておよそ4CC

2l
染めた布を5分間つける
2lの水に8cc溶く

⑧水洗いしてから日向に乾す

〈藍の生葉叩き染め〉

材料　絹・木綿ハンカチ　　画用紙 B3 1枚
　　　藍生葉　20～30枚　（この時は葉は洗いません。にじんでしまいます。）

道具　うすい透明なフィルム
　　　かなづち
　　　厚板（画板でも良い）45×45cm

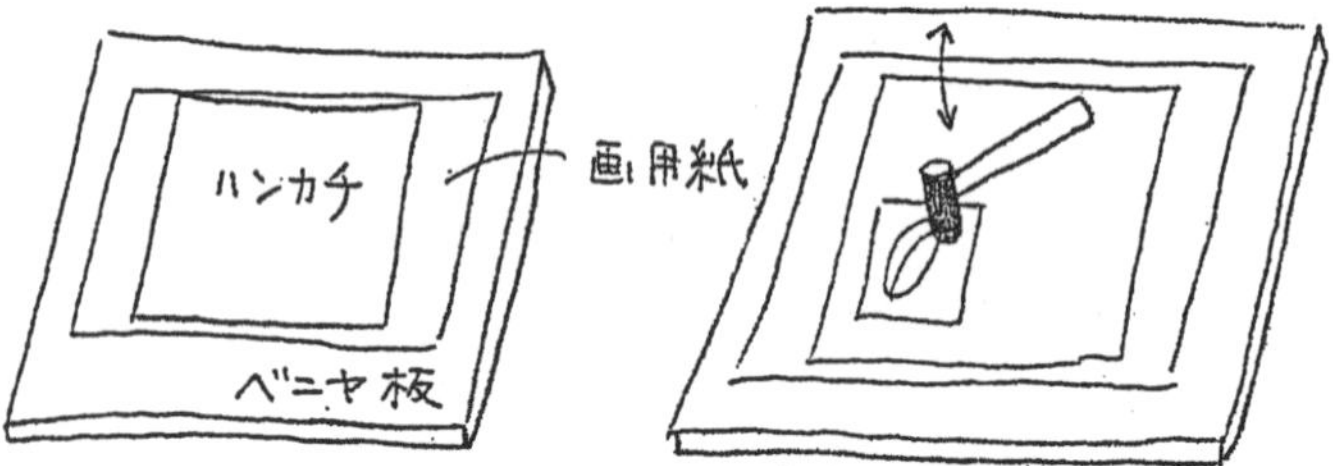

ハンカチの上に葉を置き
その上にフィルムを置いて
叩くだけ

葉っぱの形が美しく浮き出てくるようにトントントントンという音を聞きながら、ていねいに叩きましょう。　口絵参照

〈課題について〉

植物を育てるなど自然を相手にする仕事は、予定どおりにことが進まない場合が多いものです。それが、さまざまな備えをしておく先を見通す力を育て、粘り強さを培ってくれるように思います。子供たちには、植物を育てる体験を是非させたいものです。
自分たちが育てた植物で青い色が染まると、ほんとうに感動します。

チューリップの花びらの繊維で
紙を作る

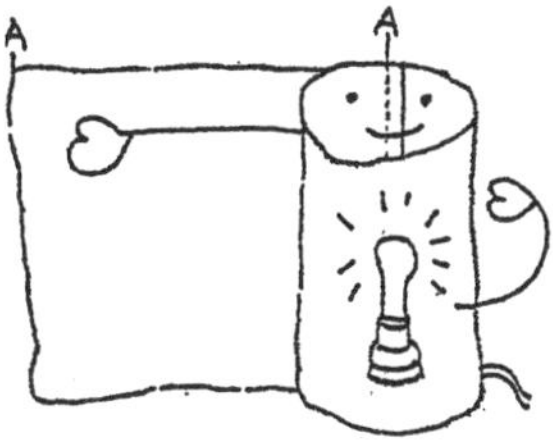

チューリップの花びらが紙になるなんて驚きです。染色に使った花びらの滓が、紙を漉く原料（パルプ）になるのです。
チューリップの花びらを漉いた紙で、ランプシェイドを作ってみませんか。茎・葉でも紙を漉くことができますし、ハハコグサやカラスノエンドウでもできますよ。

〈材料〉

	チューリップの花	350輪	約2kg
	苛性ソーダ	花の重さの2%	40g
	粉石ケン	〃	40g
	粘剤（とろろ葵の汁と同じ成分の化学粘剤）		200cc

〈道具〉

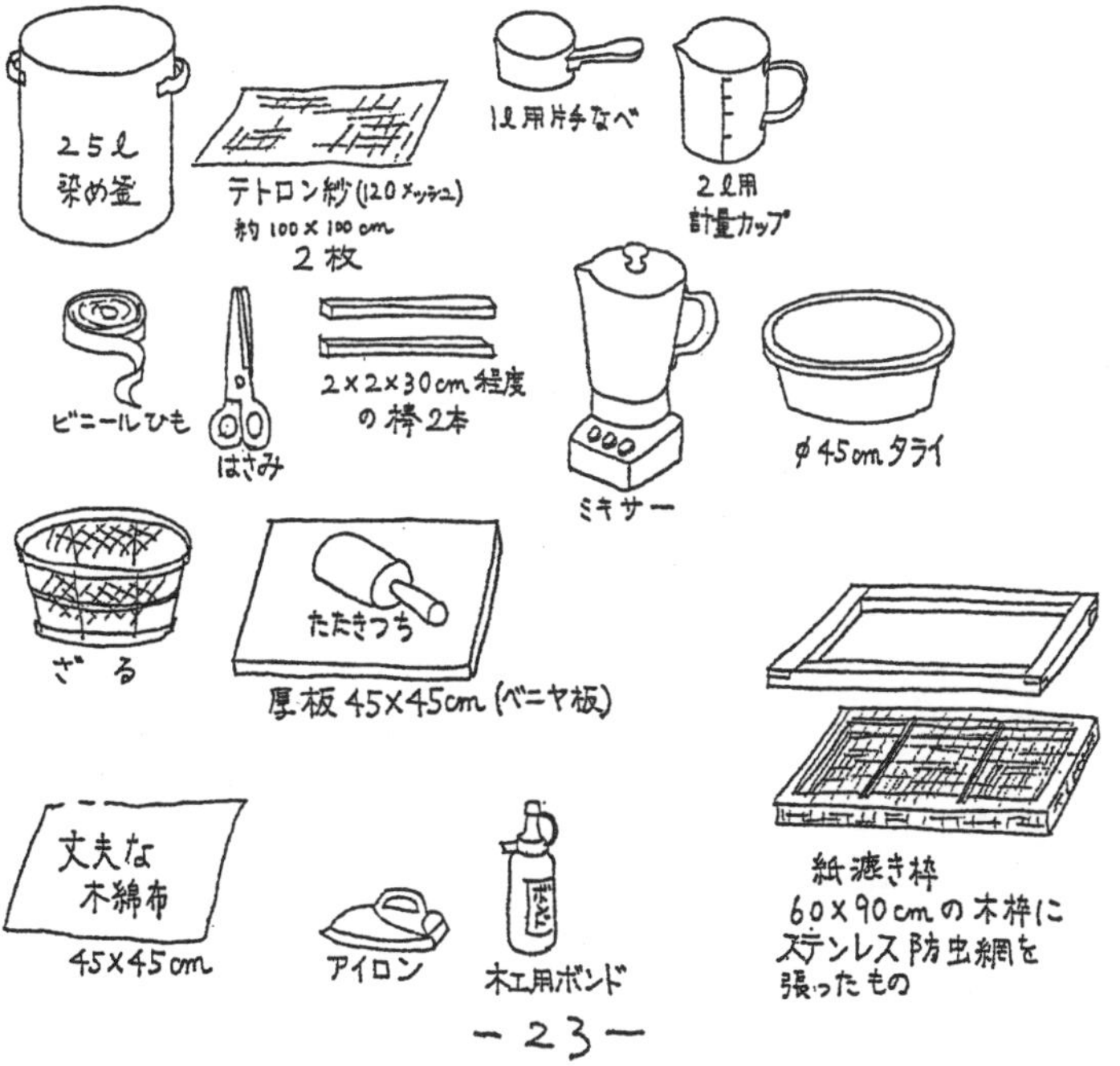

工程

〈パルプを作る〉

①染色したあとに花びらの滓が残る

②花びらの糖質類・脂肪類を溶かし出す

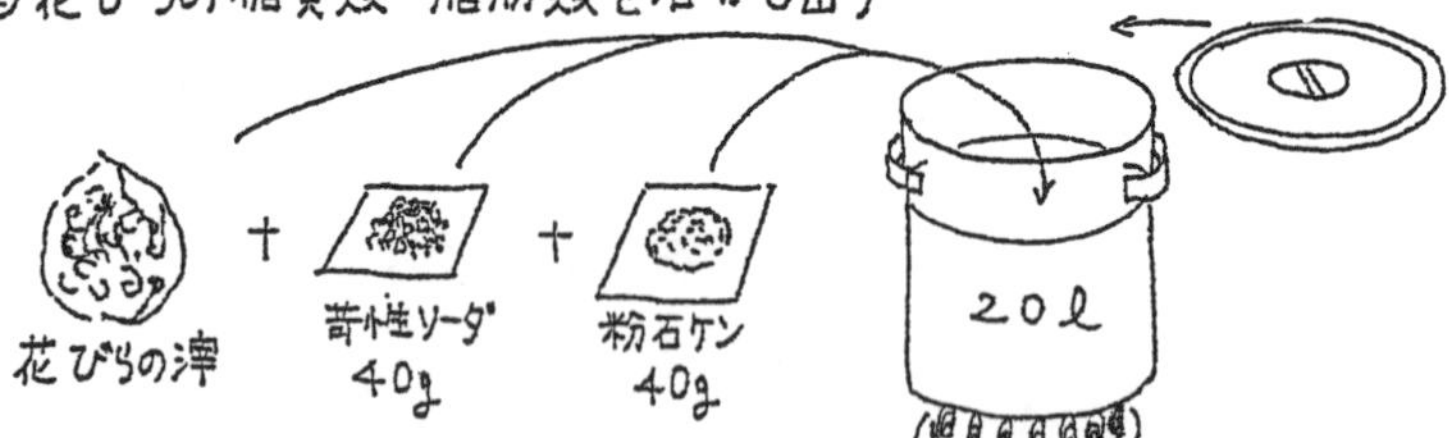

花びらの滓と苛性ソーダ40gと粉石ケン40gに花びらの10倍量の水(20ℓ)を加えて煮る。沸騰後1時間弱火で煮る。

③花びらの繊維を漉す

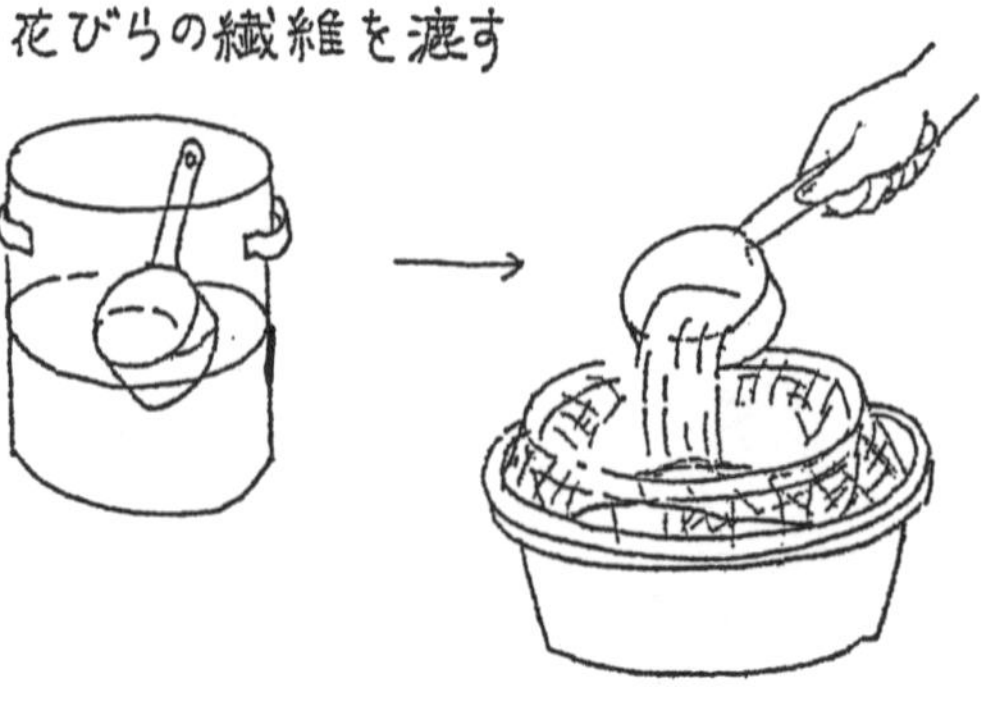

④ 糖質類・脂肪類を洗い流す

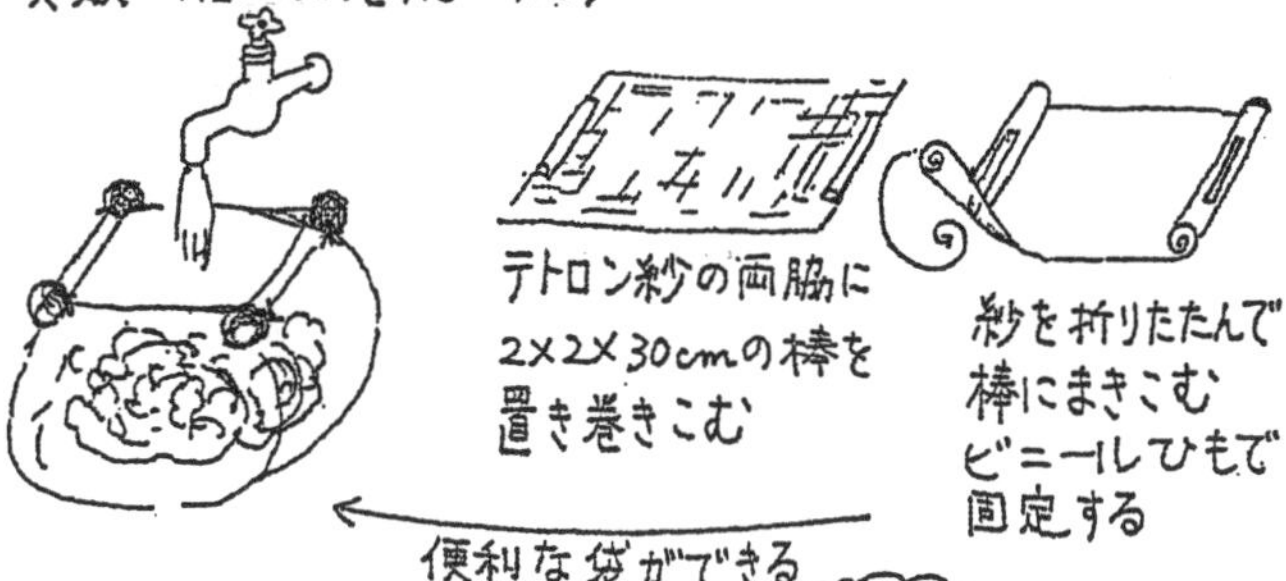
テトロン紗の両脇に
2×2×30cmの棒を
置き巻きこむ
紗を折りたたんで
棒にまきこむ
ビニールひもで
固定する
便利な袋ができる

よく洗い流して，しぼると パルプの できあがり

〈パルプを鍛える〉

① パルプに少量の水を加えてミキサーにかける

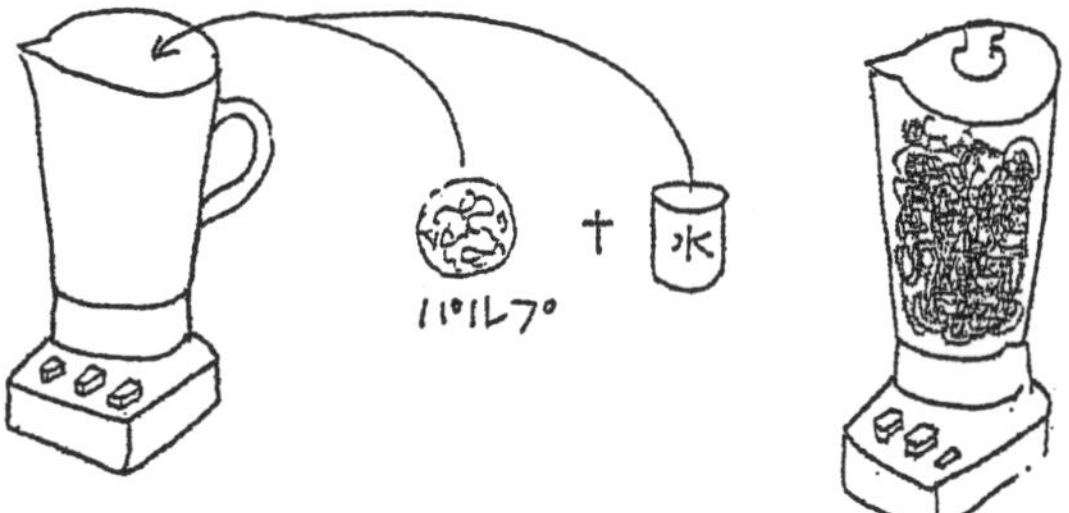
パルプ
水

② 丈夫な布にパルプをつつんで叩く

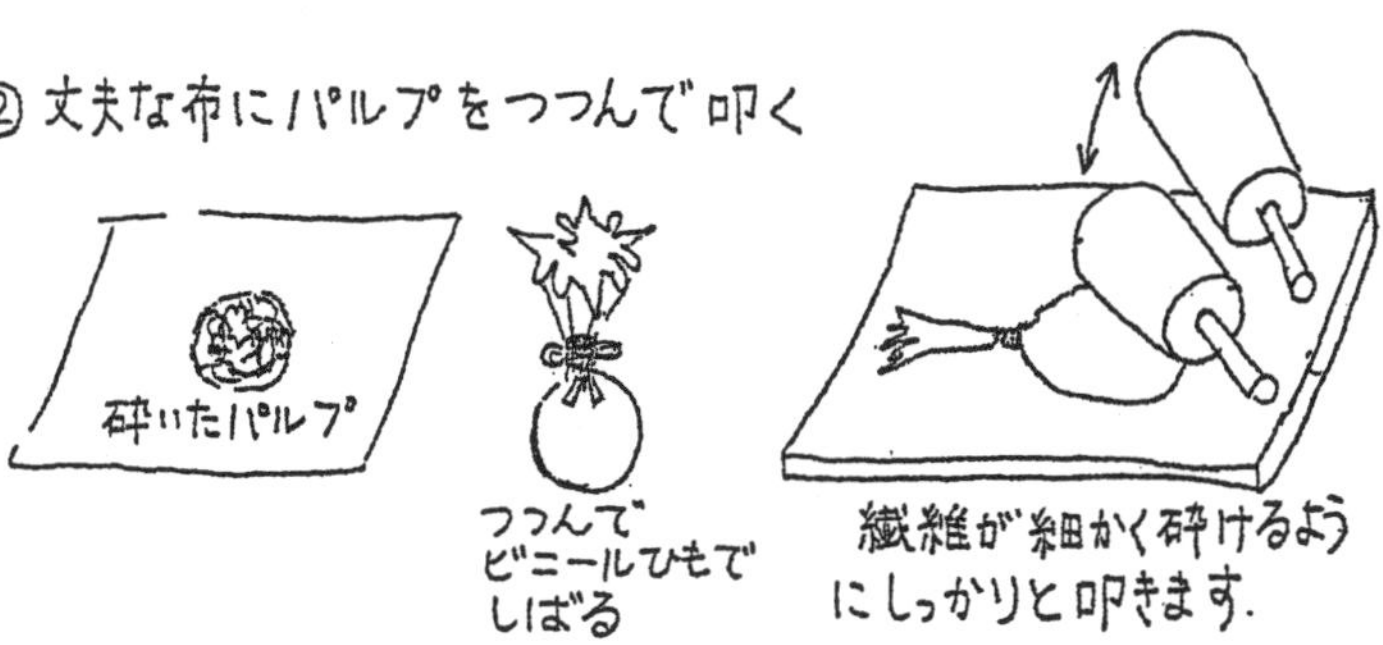
砕いたパルプ
つつんで
ビニールひもで
しばる
繊維が細かく砕けるよう
にしっかりと叩きます.

〈パルプを水に溶く〉

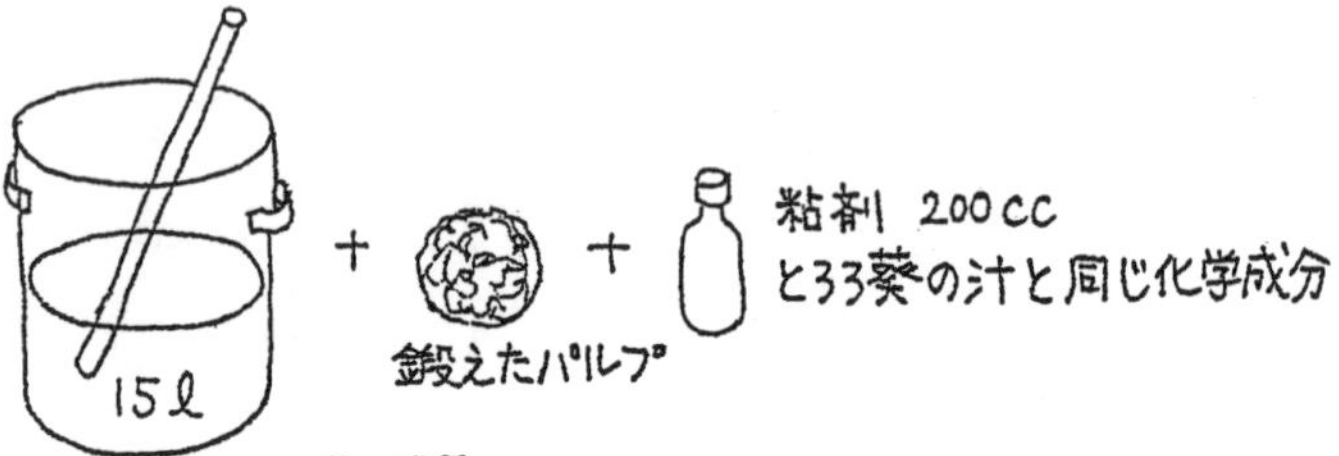

※よく撹拌して混ぜる。

〈紙を漉く〉パルプの量が少ないのでため漉きの技法で行いました。

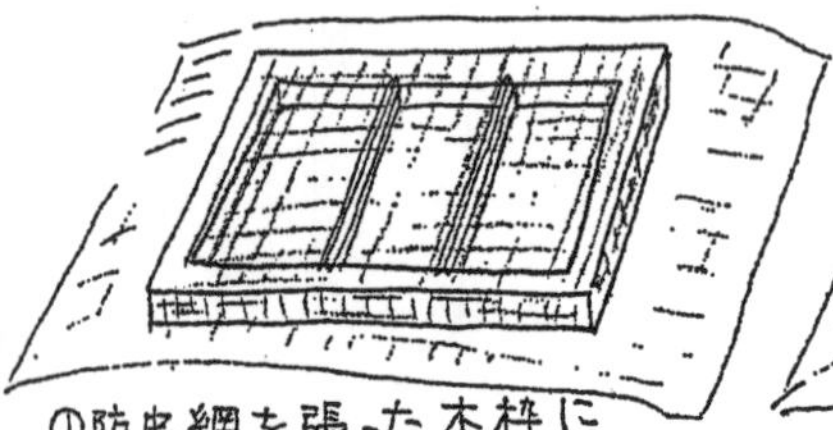

①防虫網を張った木枠にテトロン紗をのせる

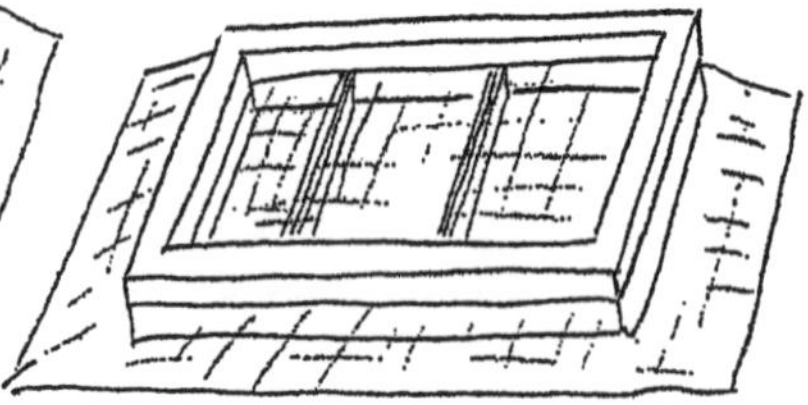

②さらに木枠をのせる

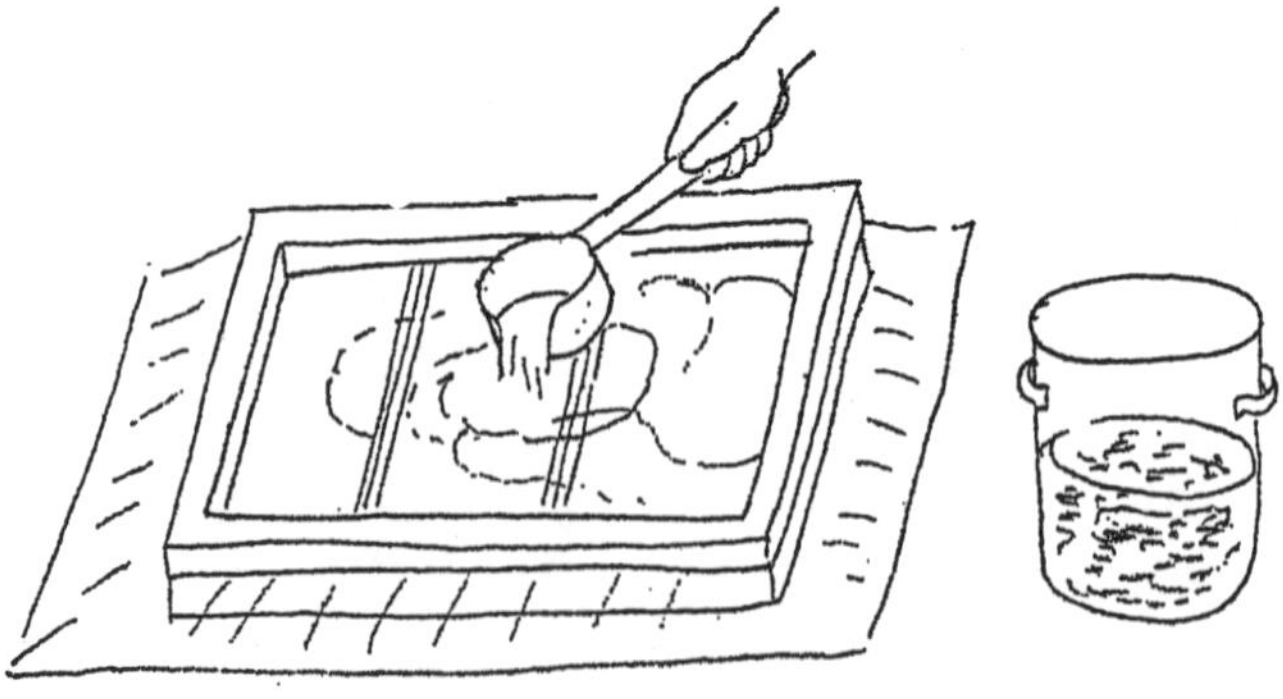

③パルプを流し込む
④流し終ったら日陰で乾す（2〜3日）

〈アイロンをかける〉

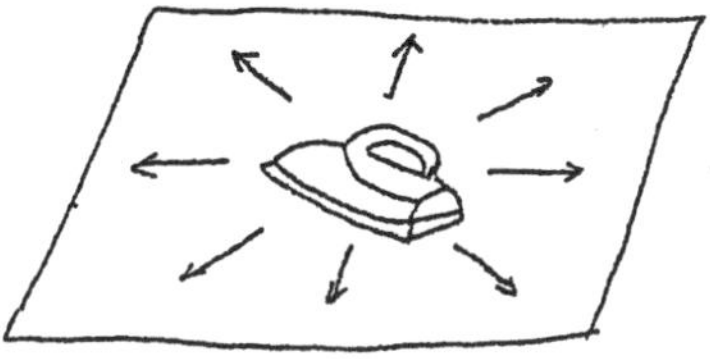

ゆっくりとていねいに

チューリップ紙
完成

〈ランプシェイドを作る〉

木工用ボンドをぬる

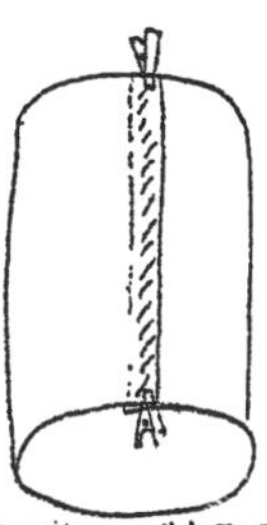

せんたくばさみで
固定する

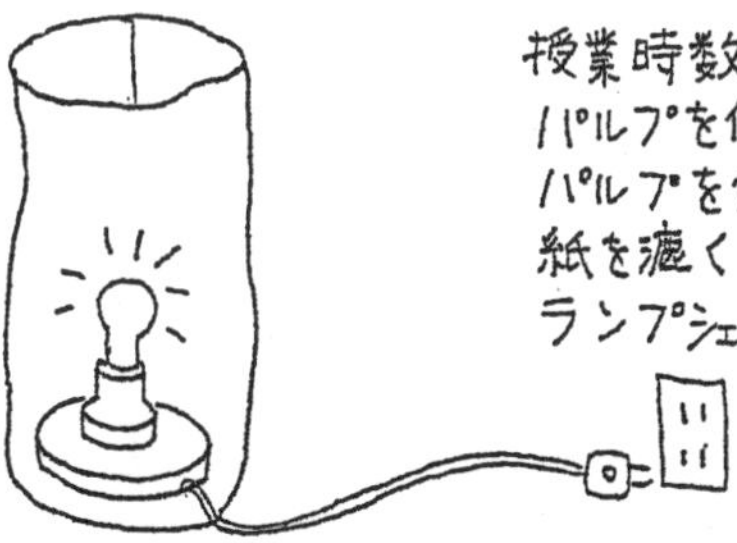

授業時数	6時間
パルプを作る	3時間
パルプを鍛える	1時間
紙を漉く	1時間
ランプシェイド作り	1時間

〈課題について〉チューリップの花びらで紙が作れると知ったのが、1990年の新聞記事からです。授業で実践したのが、1998年で実現するまで8年が過ぎたことになります。身近にある植物が、しかも不用とされているものが紙になる、その驚きと作る過程にある多様な行為の体験が、「生きる力」を育んでくれると感じました。

共同制作

木の葉のフロッタージュ

木の葉のフロッタージュ(こすり出し)で
すてきな照明を作ってみませんか。
木の葉の色・色紙の色・クレヨンの色など色彩いっぱい
の課題です。共同作品や個人の作品として制作できます。

〈材料〉木の葉
色がみ(トーナルカラー角型20色組)
蜜ろうクレヨン(美しくぬり重ねができます)
でんぷんのり
台紙(マーメイド紙をおすすめします。B1・B2・B3判。
色は、桜・うす黄・浅黄など淡い色が光の通りがよいです)
ドライポイント用透明樹脂板(ランプシェイドの補強材に使用)

〈道具〉

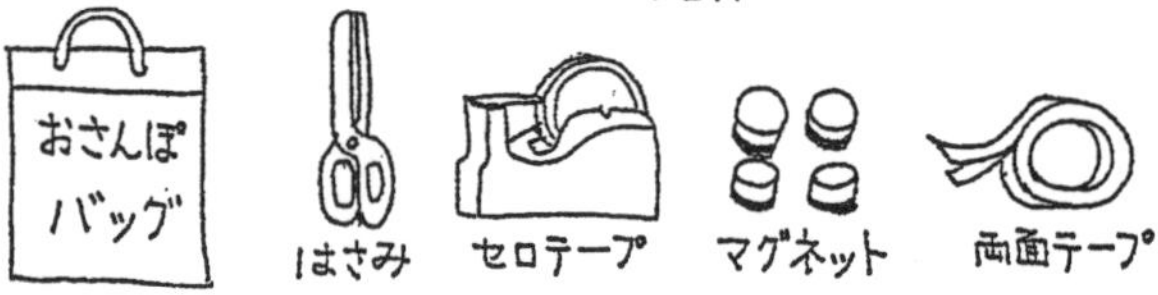

〈木の葉の採集〉
おさんぽバッグを持って外へ出ましょう。
美しい色と形の木の葉・草の葉をいっぱい集めてね。

〈台紙の準備〉
黒板にマーメイド紙をはります

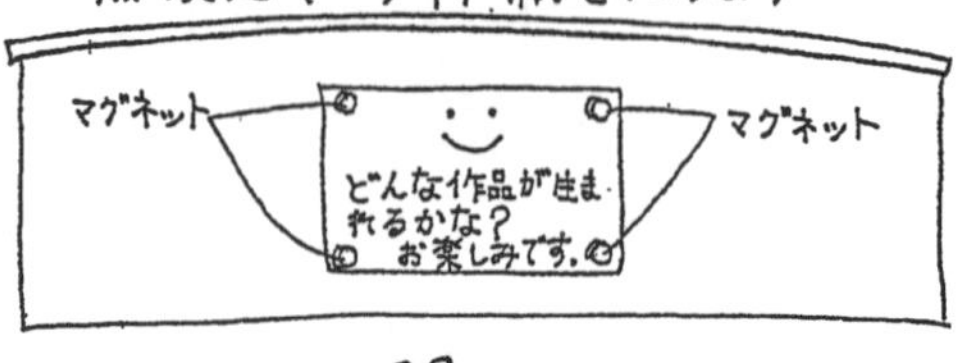

〈木の葉をフロッタージュする〉

①おさんぽバッグから美しい木の葉を1枚選びます

②葉の色を引き立てる色がみを1枚選びます

③色がみをひっくり返して裏にする

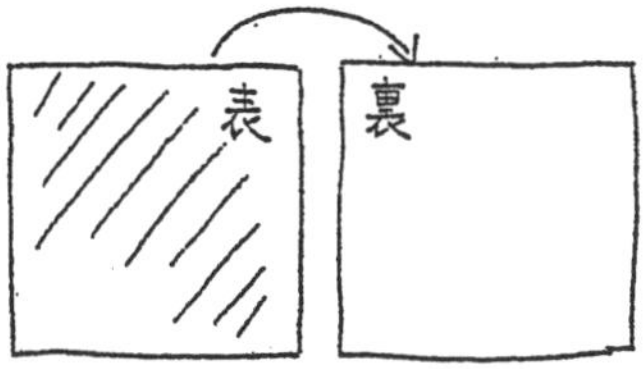

④木の葉を色がみの上にのせてセロテープで固定する

⑤表に返す

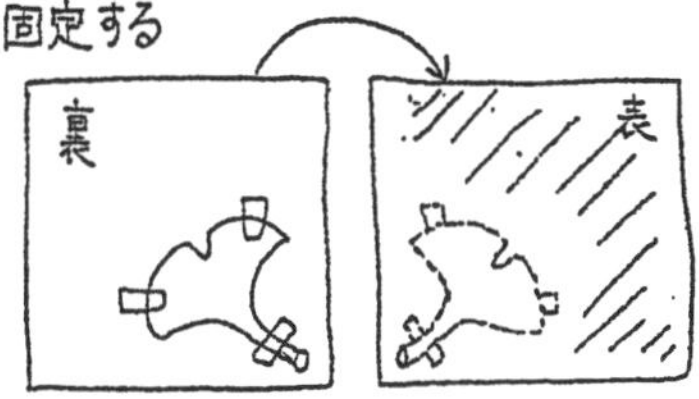

⑥手のひらで触り木の葉の形を確めます

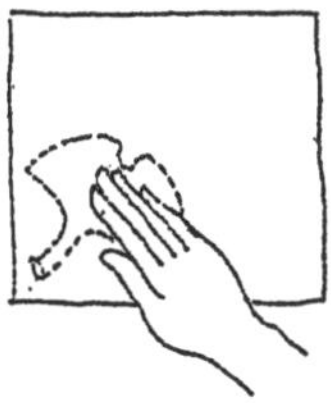

色がみの下にある葉の形を手のひらで触り確めていると葉の色と色がみの色の重なりの中からクレヨンの色が浮び上がってきます。

⑦やさしく木の葉に触るようにしてクレヨンでこすり出します

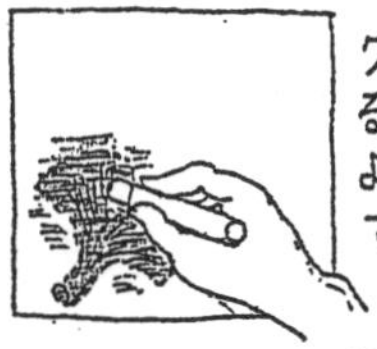

クレヨンの色を重ねると深みがでてより美しく浮き出てきます

木の葉のフロッタージュ1枚でき上がり

〈木の葉のフロッタージュを台紙にはる〉

①こすり出した木の葉の形をはさみで切取る

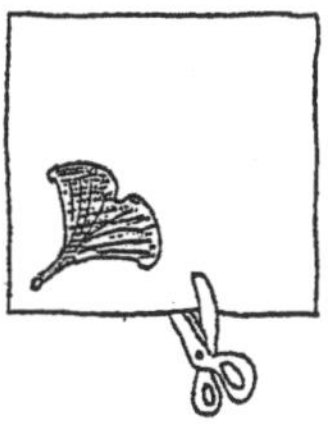

②隅から隅まで全体にのりづけする

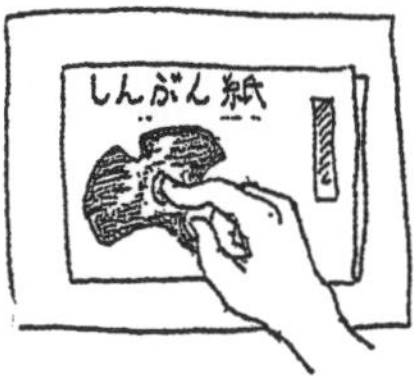

③ のりづけした フロッタージュ
を台紙にはる

④ フロッタージュをたくさん
作ってはる

〈ランプシェイドを作る〉
でき上がった作品の一方に両面テープをはって筒を作る

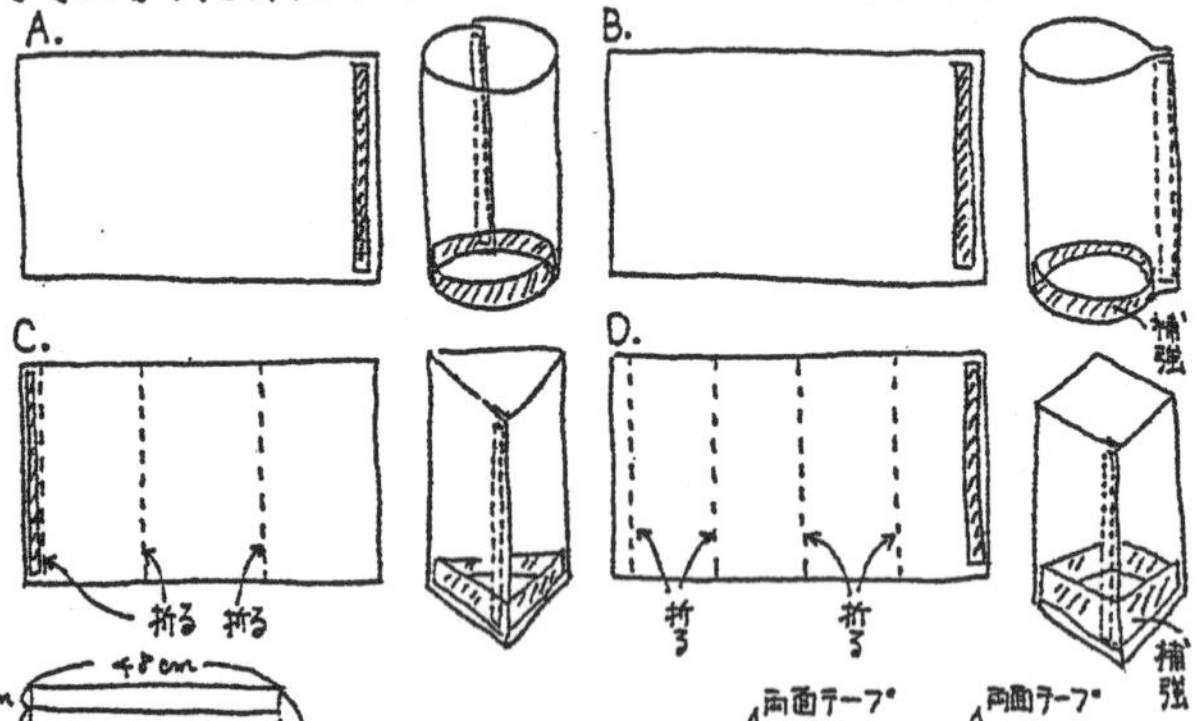

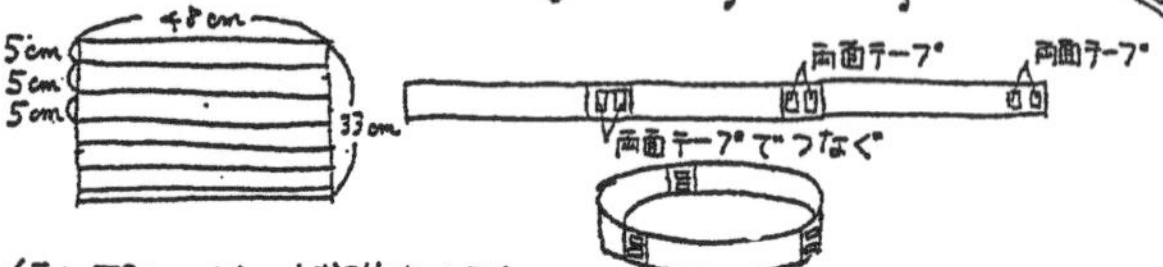

〈ランプシェイドの補強をする〉
ドライポイント用透明樹脂板が便利です。

〈電燈をともす〉

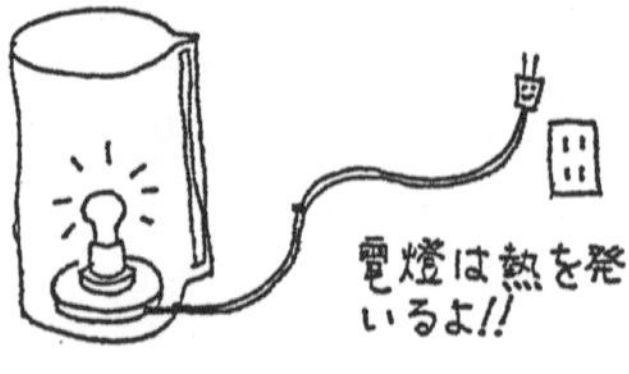

〈授業時数〉 4時間
- 木の葉を集める 30分
- フロッタージュ　2時間
- ランプシェイド 組み立て 10分

電燈は熱を発して
いるよ!!

〈課題について〉
この課題は、色彩に満ちていて、一見作業的に見えますから、描画を苦手にしている生徒の警戒心を起こさせません。知らず知らず、画面に触るように描く体験をさせてくれます。「やさしく、ていねいに、触るように描いてごらん」という言葉を体で理解することができ、素直に思いを表現する力を育ててくれます。

きる・おる・はるI
三角形の構成

表裏に色のあるカラードフォルム紙で
楽しい平面構成をしてみませんか。

〈材料〉 カラードフォルム紙 B4判・のり
〈道具〉 はさみ

〈工程〉
1. 三角形をきる・はる
① 三角形を手のひらで自由に描いてみる　② きっぱりした気持ちできる

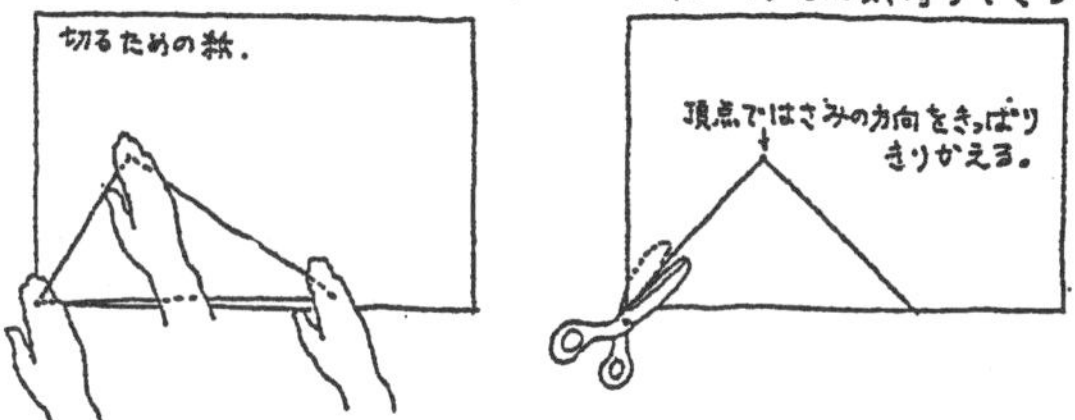
切るための紙.
頂点ではさみの方向をきっぱり
きりかえる。

③ 切った三角形を表裏自由にはる　④ ①〜③をくり返し、貼り加える

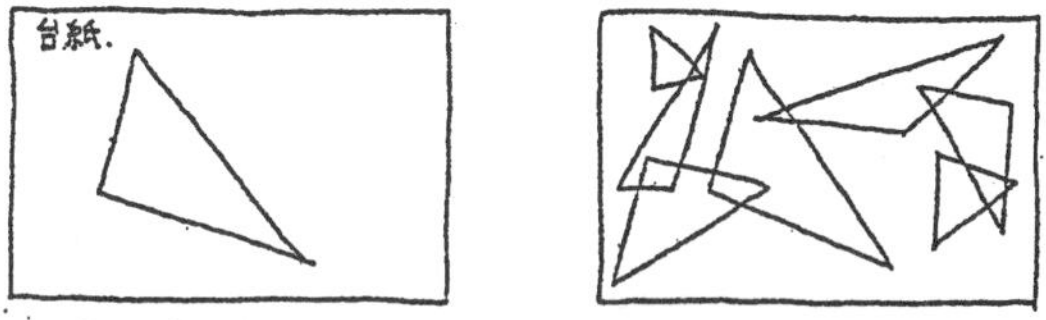
台紙.

2. 三角形をきる・おる・はる　(三角形から生まれた形)
①・② は 1 と同様に行なう
③ 三角形を自由におる

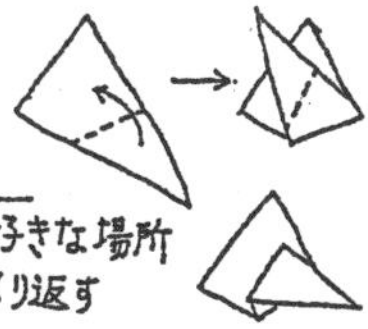

④
台紙の好きな場所
に貼り、くり返す

〈課題について〉
意識の目覚めが遅れている生徒にとって、角のある形を切ることは、なかなか難しいことのようです。しかし、実際にこの課題を実践してみると、切ったり、折ったり、貼ったりすることが、なぜか生徒たちの気持ちを積極的にしてくれることに出会います。
切る・折る・貼るという行為が、生徒たちの内面にどんな働きかけをしているのか、じっくり考えてみる必要を感じました。
どの生徒にとっても楽しく、集中できる課題でした。

きる・おる・はるⅡ
円の構成

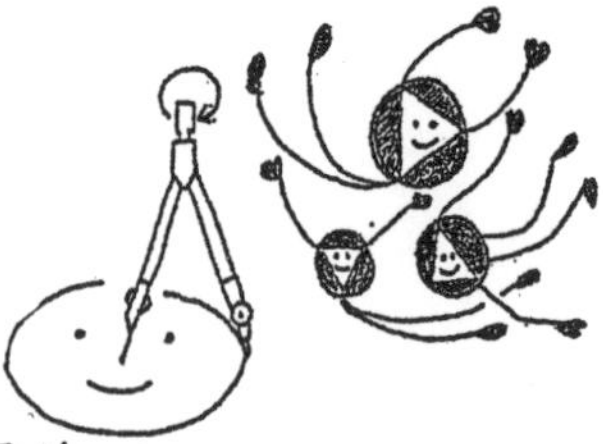

表裏に色のあるカラードフォルム紙を用いて、円の不思議を楽しんでみませんか。

〈材料〉カラードフォルム 2枚 ・のり
〈道具〉はさみ・コンパス

〈円に内接する三角形〉

①カラードフォルム1枚に円を描く

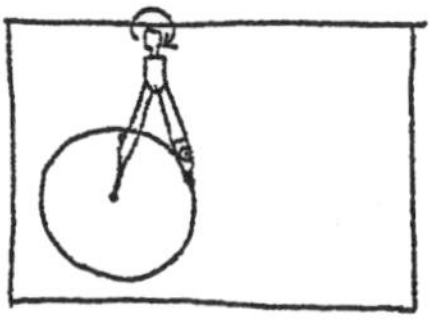

②円周上に3点をおき結ぶ

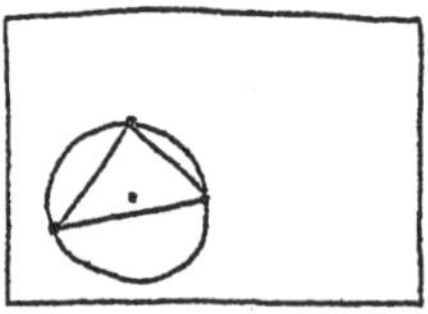

③円を切り三角形を切る

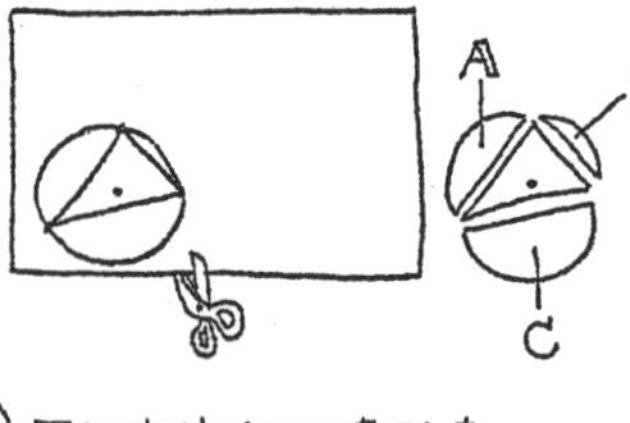

④もう1枚のカラードフォルムを台紙にして切り取った円と三角形をはる

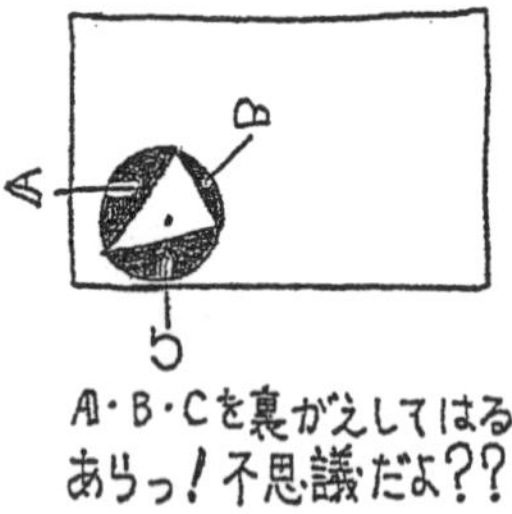

A・B・Cを裏がえしてはる。
あらっ！不思議だよ???
裏がえしても円の形はくずれない。

⑤円に内接する三角形をたくさん作って構成する

〈授業時数〉2時間

〈課題について〉
円には中心があります。コンパスの針が中心を動いてしまうと、上手に円を描くことはできません。基準（起点）を持つ体験を重ねるために行いました。本文にあるように円の空間を具体的に動くことが助けになります。

〈ふろく教材集について〉

この教材集は、全国心身障害児造形美術研究会が1991年に編集発行した「造形教育の教材集 No1」ー心身障害児における実践事例ーに書いたものを基にして、その後の実践事例を加えたものです。
母子・父子の色彩造形体験や教育実践の手がかりにしていただけたらと思います。

《参考図書》

中村桂子『生命科学と人間』（NHKブックス、日本放送出版協会）
中村桂子『生命誌の世界』（NHK人間講座、4月〜6月期テキスト）
養老孟司『考えるヒト』（ちくまプリマーブックス、筑摩書房）
正高信男『ヒトはなぜ子育てに悩むのか』（講談社現代新書、講談社）
正高信男『0歳児がことばを獲得するとき―行動学からのアプローチ―』（中公新書）
澤口俊之『「私」は脳のどこにいるのか』（ちくまプリマーブックス、筑摩書房）
澤口俊之『幼児教育と脳』（文春新書、文芸春秋）
田沼靖一『遺伝子の夢―死の意味を問う生物学―』（NHKブックス）
田沼靖一『アポトーシスとは何か―死からはじまる生の科学―』（講談社現代新書）
宮本常一『民具学の提唱』（未来社）
宮本常一『家郷の訓・愛情は子供と共に』（宮本常一作集6、未来社）
F・ギーレルト著／上松恵津子訳『壊れた仮面―動きと光（1・2・3）』
西岡常一『木のいのち木のこころ 天 』（草思社）
E・S・モース『日本その日その日』（東洋文庫、平凡社）
米安晟『絵でわかる野菜づくり』（日東事院）